How to Navigate University Life

75 Letters to University Students

| 增订本 |

大学该怎么读

给大学生的75封回信

南振中 著

新华出版社

图书在版编目（CIP）数据

大学该怎么读：给大学生的 75 封回信 / 南振中著 . 增订本 .
-- 北京：新华出版社，2025.3.
-- ISBN 978-7-5166-7893-0

Ⅰ . G645.5

中国国家版本馆 CIP 数据核字第 2025F4D952 号

大学该怎么读——给大学生的 75 封回信（增订本）
著者：南振中

出 版 人：匡乐成	出版统筹：王永霞
特约编辑：孙保营	责任编辑：田丽丽

出版发行：新华出版社有限责任公司
（北京市石景山区京原路 8 号　邮编：100040）
印刷：河北鑫兆源印刷有限公司

成品尺寸：170mm×240mm　1/16	印张：24.75	字数：260 千字
版次：2025 年 4 月第 1 版	印次：2025 年 4 月第 1 次印刷	
书号：ISBN 978-7-5166-7893-0	定价：89.00 元	

版权所有·侵权必究
如有印刷、装订问题，本公司负责调换。

2013年5月23日，作者在郑州大学校园

南振中简介

南振中，1942年5月10日出生于河南省灵宝市。

1964年7月，毕业于郑州大学中文系，同年8月到新华通讯社从事新闻工作，先后担任新华社山东分社文教记者、农村记者，新华社山东分社副社长、社长。

1985年4月担任新华社总编辑室副总编辑，1986年1月担任新华社总编辑室总编辑，1993年4月担任新华社副社长兼总编辑室总编辑。

2000年6月至2007年8月，担任新华社总编辑。

从20世纪90年代起，先后被北京大学、清华大学、中国人民大学新闻与传播学院聘为兼职教授。2013年4月至2016年9月担任郑州大学新闻与传播学院院长。

1984年11月被中华全国新闻工作者协会评选为"全国优秀新闻工作者"；1991年11月获中华全国新闻工作者协会颁发的首届"范长江新闻奖"。"范长江新闻奖"评委会的评语是："在中国农村改革的巨变中，南振中经常深入到贫穷的鲁西北地区和沂蒙山区蹲点调查，同农村干部群众一起探索和总结摆脱贫困的经验，采写了大批讴歌农村改革、反映农村变化的新闻通讯。他采写的有关农村的报道，题材新颖，有思想深度。"他采编的新闻作品、撰写的新闻学论文多次获得中国新闻奖。

南振中出版的主要著作有：《我怎样学习当记者》《记者的眼睛》《记者的思考》《南振中作品选》《记者的发现力》《记者的战略眼光》《与年轻记者谈成才》《亲历中国民主立法》《学习点亮人生》和5卷本的《南振中文集》。

新华通讯社

世君、保营同志：

你们好！

昨天上午一年级学生"读书座谈会"开得很好，同学们提出的问题很有意思。由此想到，可否从一年级新生中任选30人，采用书面形式，请他们谈谈从中学到大学有无不太适应的地方？在学习方面遇到哪些困难，有哪些困惑？学习过程中碰到的哪些问题希望老师帮助解答？每人可提5-10个问题，并注明系、班级、姓名、学院不必综合。搜集好以后可发到我的邮箱。

南振中
2014年12月26日

作者书信手迹1

新华通讯社

焦书记、孙书记：

你们好！

昨晚我把一年级学生围绕读书提出的问题读完了。这些问题反映了大学新生的学习状况及困惑，读后增进了对大学生的了解。

为了全面了解不同年级学生的学习状况及困惑，建议从二、三、四年级本科生及研究生中各选10名同学，让他们书面回答4个问题：

1. 据报道，有些国家的年轻人"读书兴趣下降"。作为郑大新传院的学生，你的读书兴趣如何？2014年你读了几本书，对你启发最大的是哪

作者书信手迹2

新华通讯社

本书？促使你读书学习的动力是什么？

2、在读书学习过程中你采取了哪些自认为有效的方法，有什么心得体会，积累了哪些经验？

3、在读书学习过程中遇到了哪些矛盾，有什么困惑？

4、在读书学习方面，你有哪些问题需要向老师提出并希望得到回答？

这件事不是太急，2015年1月上旬办完就行。汇总后传到我的邮箱。对学生提出的问题进行思考，将是我的"寒假作业"。

祝

工作顺利、身体健康、元旦快乐！

南振中
2014年12月31日

作者书信手迹 3

序

作为新中国一代名记者，南振中同范敬宜、郭超人、段连城、艾丰等并肩而立。三十年来，"范长江新闻奖"已经评选18届，近两百位获奖者各领风骚，而1991年第一届最令人难忘。这届评选时，几轮投票都难产第十位，第一届遂成绝无仅有的一届只九人获奖，包括南振中。

2010年，清华大学新闻与传播学院首任院长范敬宜遽归道山，我曾期盼南振中能够成为继任者。遗憾的是，他只接受母校郑州大学的邀请："如果不是母校，我哪里也不会去的！"于是2013年就任郑州大学新闻与传播学院院长。

在我心目中，南振中与范敬宜无论立德立功，还是为人为学，都恰似双峰并峙。他们先在新闻战线建功立业，退役后又转战新闻教育，同样功绩卓著。他们不仅政治坚定、业务精湛、作风优良、而且学养深厚、学识渊博，更致力于培养新闻事业的建设者与接班人。范敬宜把面向主流、培养高手确立为清华新闻的办学宗旨，南振中把穆青名言"勿忘人民"作为郑大新闻教育的座右铭,并且镌刻在石碑上,竖立在学院前。

南振中到任院长的第一件事,就体现了人民记者的作风——"深入实际,不尚空谈"。他风尘仆仆一下车,首先展开广泛的、深入的、细致的调查研究,悉心听取本科生、研究生以及老中青教师的意见。一年多时间,召开了17次师生座谈会。然后利用2015年寒假春节,针对调查研究中师生反映的种种困惑以及大学教育问题,经过分析、提炼、思考而写出《大学该怎么读——给大学生的75封回信》一书,当年由新华出版社付梓,十年后又有这部增订本。

书当快意读易尽。我曾第一时间拜读了本书第一版,如同拜读范院长惠赠的《敬宜笔记》,一气读完,意犹未尽。由于自己好读书而不求甚解,对于好书,总是没有耐心细嚼慢咽,恨不得一气看到"再见",否则"居则忽忽若有所亡,出则不知其所往"。《大学该怎么读》一书也是如此。

这部书谈大学、谈读书、谈人生、谈新闻,取精用弘,举重若轻,娓娓道来的字里行间,熔铸了南老师平生做人做事做文章的精华,也可谓"两个结合"的一部典范,既体现了马克思主义的立场、观点、方法——也是范敬宜念念不忘的要义,又蕴含着中华文明及其立德树人的宝藏,让人不禁想起《礼记·大学》:

大学之道,在明明德,在亲民,在止于至善。知止而后有定,定而后能静,静而后能安,安而后能虑,虑而后能得。物有本末,事有终始。知所先后,则近道矣。

这部古典名著及其哲理千百年来静水流深,滋润着一代代中国人的心田。《大学该怎么读》又赋予大学之道以现代中国的清新气象，以及一位新闻大家文化人的家国情怀阅历学识，知人论世，清通简要，寓大道之行于平易近人，看似寻常却奇崛，既是大学生的入门书，也是有志者的教科书，对涉世未深的青年学子来说，更是求学问道的指南。或者说读《大学该怎么读》如读经典，不指望"扬名立万"，但可望立身正道，俯仰自得。

正因如此，2023年"新华荐书·青春书单"（第一季）评选十部佳作，《大学该怎么读》名列其中，还有清华才俊夏莹的《青年马克思是怎样炼成的？》，北大讲席教授陈晋的《读书有法：毛泽东的读书故事》等。夏莹的"马克思"、陈晋的"毛泽东"，我也是一气读完。趁此机会，把《大学该怎么读》介绍给清华大学党委研究生工作部部长梁君健教授，他不仅把此书列为研究生的建议阅读书目，而且热心地多方推荐。

2018年，《南振中文集》在清华大学出版社付梓，由于我曾介入文集的前期策划，南老师便"请君入瓮"，责我为其《我怎样学习当记者》（增订本）撰写一篇书序。下面是那篇拙文结语，也可作为本篇读后的体会：

香港城市大学原校长张信刚，年轻时在美国读研究生，一次出席名家云集的研讨会，同他合作的资深教授让他主讲。不得已，他先用了一个中文谚语"江边卖水"，用英文一翻译，得到一片会心赞赏。此时，我的心情也同当年张信刚一样，不管怎样用心用力，都像江边卖水。如果说南振中是新闻界静水流深的大江大河，那么我只能取一瓢饮。南老师美意将拙文置于书前，而我知道其实是一点学习心得与杂感，既不敢冒称评价，更不敢自视书序，谨以此就教于作者与方家。

李　彬

清华大学新闻与传播学院教授

2025年1月

前言

  收入这本书的 75 封信，是 2015 年寒假期间分别写给郑州大学新闻与传播学院本科生、硕士生、博士生的。逐一回答同学们提出的问题，是为了给年轻朋友做一点实实在在的事情。收到回信的同学心里一高兴，就把信件翻拍成照片，贴到网上去了。有的同学留言："收到回信的同学快转起来，我想看看写给大家的回信。"于是，这件事引起了媒体和网民的关注。有网民发帖说："我也想看南先生的回信。"一些网民发帖询问："从哪里能读到这些回信的'完整版'？"正是网民的热心关注，才催生了这本书。

  《大学该怎么读》出版后受到读者的欢迎，新华出版社一印再印。该书上架"微信读书"平台后也获得好评，不少读者撰写了"推荐语"。"新华社客户端"还专门编发了一期"微信读书平台读者对《大学该怎么读》的评论"。

  2023 年 6 月举行了"新华荐书·青春书单"（第一季）评审会议。经过前期全国各大出版社自荐、专家推荐、专家初选和网络投票，

20多位来自新闻界、出版界和高等院校的评审专家进行了现场评议和实名投票，最终确定《读书有法：毛泽东的读书故事》《大学该怎么读——给大学生的75封回信》《青年马克思是怎样炼成的？》《中国哲学史》《中华民族多元一体格局》《话里画外民法典》《我与地坛》《平凡的世界》《创新的起源》《艺术：让人成为人——人文学通识（第11版）》10本图书入选"新华荐书·青春书单"（第一季）推荐图书。"十大好书"书单的评定和公布，是对图书作者莫大的鼓励。

2024年12月25日，新华出版社社长匡乐成对我说，《大学该怎么读》出版快十年了，最好能修订再版。根据这一提议，我首先想到讲述穆青感人事迹的《"勿忘人民"的警示价值》一文。如今，"勿忘人民"已经成为郑大新传院的院训，似应将这篇文章收入书中。此外，在开学典礼、毕业典礼上的几篇讲话，比如"警惕校园中的'快活三里'现象""心中别有欢喜事 向上应无快活人""毕业生是母校的'形象代言人'""走出校园'不要怕' 30年后'不要悔'"，在同学们心中也留下了印记，似应收入，于是就有了"增订本"的第七辑。关于前六辑的75封回信，增订时未做实质性修改。

作者

2024年12月29日

2015 版前言

2013年3月我卸下全国人大常委会委员、全国人大外事委员会副主任委员的担子，当月就接到母校郑州大学的邀请，让我出任新闻与传播学院院长。年逾古稀之人，重返校园同"90后"大学生打交道，面临的挑战无疑是严峻的。

赴任前夕，我阅读了美国人类学家玛格丽特·米德所著的《代沟》一书。作者写道：

"真正的交流是一种对话，而对话的双方却缺乏共同语言。""这也是两代人的问题。一旦年轻人和老年人认识到有一条深深的、新的、史无前例的、世界性的代沟存在的事实，交流才能重新建立。"

玛格丽特·米德把认识到"代沟"存在的事实作为重新建立交流的条件。她认为年长的一代若不想落伍于时代，只能努力向年轻人学习。只有通过年轻一代的直接参与，利用他们广博而新颖的知识，才能够建立一个富于生命力的未来。

我还阅读了美国教育哲学协会前任主席内尔·诺丁斯所著《学会关心：教育的另一种模式》一书。书中写道："现在学生们最大的抱怨是：'没有人关心我们！'他们感觉自己游离于学校功课之外，与教师也格格不入。"

读着玛格丽特·米德和内尔·诺丁斯写下的这段文字，我受到了震撼！实事求是地分析，大多数高校教师非常关心学生。他们既要从事教学和科研工作，又要给学生批改作业、修改论文，勤勤恳恳，兢兢业业，就连寒暑假也不能照常休息。既然如此，为什么有的学生会发出"没有人关心我们"的慨叹呢？从《代沟》和《学会关心》两本书中我找到了"答案"：师生之间存在着"代际沟通障碍"，未能建立起"关心和被关心"的双边关系。

2013年4月2日担任郑州大学新闻与传播学院院长之后，围绕与"90后"大学生的"代际交流沟通"问题，我从以下三个方面开始学习和探索。

一、沟通的第一要义是关注，跨越"代沟"必须从关注学生做起

关心学生就应给予他们充分的关注。2013年5月6日，我召开了郑大新传院30多名学生代表参加的座谈会，了解入学新生能否适应大学的新环境，在学习和生活中遇到了哪些困难，思想上有什么困惑。广告学专业一位同学发言说："高中阶段学习目的明确，苦熬苦拼，就是为了考上一个好大学。走进大学校门，老师管得不那么紧了，自由支配时间明显增多，目标也越来越模糊，失去了拼搏的动力。"还有一位同学说："高考前的冲刺太苦了，该喘喘气了。"

通过几次座谈，我了解到大学生与高中生学习环境、学习方式有很大差异。高中生学习主要靠老师传授，大学生学习主要靠个人领悟。走进大学校门，家长不可能再在耳边"唠叨"，老师也不会整天催促大家读书。自主学习、自我管理会导致两极分化：大部分学生珍惜来之不易的大学时光，刻苦吸收各类知识，努力提高专业素养；少数大学生有可能放纵自己，白天睡觉，夜晚上网，周末逛街，假日聚餐，潇洒地消费着自己的青春。年轻大学生的发言让我对"90后"有了一定的了解。如果你不关注他们，他们怎么会把你当作可以"谈心""交心"的朋友呢？

二、沟通的第二要义是倾听，不要试图"屏蔽信息"，要能听到大学生的"心声"

倾听不同于一般意义上的"听"，而是认真听、虚心听、耐心听。为了全面了解大学生的学习状况，2014年5月13日，我草拟了一份《关于大学生读书的调研提纲》，提出了18个问题，包括："你常去图书馆吗？在大学学习期间，图书馆的馆藏对你有哪些具体帮助？假如有机会重返校园，你将会怎样利用图书馆的各类资源？""大学期间你参加过哪些社会实践活动？举例说明社会实践活动对你改变学习态度、调整知识结构起了哪些促进作用？""你认为大学一年级课程重要吗？假如有机会重返校园，你准备怎样学习一年级课程？""你怎样看待大学生'逃课'现象？""你们即将离开母校，在学习方面对学弟、学妹有哪些忠告？"这份"调研提纲"印发给2014届毕业生中的国家奖学金获得者、河南省三好学生、河南省优

秀毕业生、郑州大学优秀毕业生,在中文核心期刊发表论文的毕业生以及在各项作品大赛中获奖的主创人员、获奖论文作者。每人从"调研提纲"中选择3至5个问题,作出了具体回答。5月19—20日,我用了两天时间,阅读了本科生、研究生提交的答卷,觉得他们敞开了自己的心扉。一位同学在谈到"选修课必逃、必修课选逃"现象时说,这一方面是大学生对课程的重要性认识不足,另外一方面反映了课程内容比较枯燥艰涩。他建议提高教学的趣味性,把更多的同学吸引到教室里。广播电视学专业的一位同学在答卷中写道:"学习不是一朝一夕的事情,千万不要前两年疯玩,第三年为了考研再开始学习。每天都要学习,持之以恒必有所成。"读着这些答卷,我仿佛听到了大学生的心声。

三、沟通的第三要义是坦诚对话,要多作探讨式交流,少搞"标准答案"

从2013年到2014年,学生向我提出的问题,我大都采取专题讲座的形式来回答。乔纳斯·索尔蒂斯说:"关心意味着一种关系,它最基本的表现形式是两人之间的一种联系和接触。两个人中,一方付出关心,另一方接受关心。"受这段话的启发,2014年12月下旬,我首先向30名一年级本科生发放了调查问卷,接着从二、三、四年级本科生及硕士研究生中各选10名同学,请他们书面回答4个问题:一是据报道,有些国家的年轻人"读书兴趣下降"。作为郑大新传院的学生,你的读书兴趣如何?2014年你读了几本书,对你启发最大的是哪本书?促使你读书学习的动力是什么?二是在读书学习过程中你采取了哪些自认为有效的方法，有什么心得体会，积累了哪些经验？三是在读书学习过程中遇到了哪些矛盾，有什么困惑？四是在读书学习方面，你有哪些问题需要向老师提出并希望得到回答？

2015年1月6日，郑大新传院不同年级学生的70份答卷传到了我的电子邮箱。同学们提出了几百个问题，经过梳理，去掉交叉重复和过于琐细的问题，我筛选出了70多个问题。这是郑大新传院学生留给我的"寒假作业"。整个假期，包括春节，我常常凌晨三四点钟起床，研究孩子们提出的问题，分别给他们写回信。为了充分沟通，我注意了以下三点：

（一）不回避尖锐的问题

一位三年级本科生提交答卷之后，在微博上发了帖说："人应该捍卫自己的选择权吗？我们能在多大程度上忠于自己的内心？这个问题是不是太过尖锐了？"我试图回答她的这一带有挑战性的问题。我说，选择是一种取舍和决断，常常是在"两难"中作出决断。你选择了安逸舒适，就应承担安逸舒适带来的后果；你选择了吃苦，就要甘于寂寞，不必与别人攀比。这样的选择才算是忠于自己内心。这位同学收到回信后说："太出乎我的意料了，居然给了这么一个回答。能被老师理解，真是一件幸福的事！"

（二）设身处地、换位思考

一位硕士研究生在答卷中提出："作为跨专业进入新闻与传播专业的研究生，新闻理论积累薄弱，写论文时常有力不从心的感觉。"我觉得这是"跨专业"研究生的普遍困惑。俗话说"隔行如隔山",大学本科阶段没有学习新闻传播学的有关课程,读硕期间学习专业课程和撰写论文感到吃力,我完全能够理解,因为我在郑州大学读的也不是新闻学专业,而是汉语言文学专业。根据我的亲身体验,我告诉这位同学,除了"恶补"新闻传播学专业知识,没有捷径可走。与此同时,我还告诉这位同学,"跨专业"研究生至少有三个优势:原专业会对现专业起助推作用;容易形成复合式知识结构、造就复合型人才;有助于形成独具特色的思维方式和研究方法。通过"恶补",弥补新闻传播专业知识的不足,通过交叉碰撞,尽量扬原有专业知识之长。拥有这双重优势,等待你们的就是成功。

(三)与学生作"探讨式交流"

对话应该是无固定答案的,是开放性的。对话应该是真正的探寻,人们一起探寻一个在开始时不存在的答案。在给同学们回信的过程中,我信守这一原则。比如,在题为"如何摆脱拖延症"的回信中,尽管我提出了三点建议,但信的结尾仍然写了这样几句话:"拖延症虽然常见,但属于一种疑难杂症,至今尚未发现快速治愈的良药。你走进大学校门不久就开始思考这个问题,说明你已经下了摆脱拖延症的决心。在今后的实践中,你有什么好做法和新感悟,可以告诉我。我愿同你一起探寻摆脱拖延症的办法。"在题为"为什么书读得越多越觉着知识有限?"一信的结尾我写道:"不知是否回答了你的问题?学习中如遇到其他困惑,尽管提出来,我们可以相互切磋。"

陶行知先生说:"真教育是心心相印的活动,唯独从心里发出来的,才能打到心的深处。"我愿沿着这个方向去学习、思考和探索,为学生做一点实实在在的事情。这就是我的心愿。

作者

2015 年 3 月 5 日

目 录

序 …………………………………………………………… 1

前 言 ………………………………………………………… 5

2015版前言 ………………………………………………… 7

第一辑

一部分学生珍惜来之不易的大学时光，刻苦吸收各类知识，努力提高专业素养；少数学生可能会放纵自己，白天睡觉，夜晚上网，周末逛街，假日聚餐，潇洒地消费着自己的青春。

走进大学校门，是立即起跑，还是在"起跑线"附近悠闲地遛达？大学生今天所作的选择，将会影响自己的前途和命运……

大学有没有"起跑线"？ ………………………………… 2

应聘者应该具备的品格和能力 ………………………… 7

被动选择并不妨碍对新闻事业的热爱 ………………… 12

摆脱干扰需要内在定力 ………………………………… 15

学会"关心"与"被关心" ……………………………… 19

如何摆脱拖延症 ………………………………………… 22

从枯燥中寻求趣味 ……………………………………… 26

"舍友"之间的交流与共享 ……………………………… 30

三笔终身受益的精神财富 ……………………………… 33

第二辑

基础不坚实，要想取得成功是不可能的。我们在吸收知识的时候，应该冷静分析各种类型的知识与我们未来从事的专业有多大的关系，根据与本职工作密切的程度，形成一环套一环的"知识圈"。

新闻后备军的知识圈…………………………………………… 38

不要小看大学一年级的课程…………………………………… 42

怎样培养自己的"新闻发现力"……………………………… 45

对理论课的兴趣靠领悟………………………………………… 49

学会从专业教材中汲取营养…………………………………… 53

必须有一个中心去维持读书兴趣……………………………… 57

专注是记忆力的"增强剂"…………………………………… 60

倡导"硬读"和大胆提问的学习风格………………………… 64

养成联系思维的习惯…………………………………………… 67

阅读专业书不必平均使用力量………………………………… 68

要有问题意识…………………………………………………… 71

第三辑

读点经典，读点有用的书，读点感兴趣但暂时没有用处的书，三者兼顾，你的知识积累会越来越雄厚，知识结构也会越来越合理。

文学名著不可不读……………………………………………… 74

当个"杂家"不容易…………………………………………… 78

开口就要说重点………………………………………………… 82

跨专业"拜师"并不难……………………………………… 86

古代典籍值得一读……………………………………… 89

如何组织读书会………………………………………… 93

"厚积薄发"与"边积边发"……………………………… 96

兼收并蓄　择善而从…………………………………… 100

不要盲目追求"阅读GDP"……………………………… 104

"跨专业"研究生的优势………………………………… 107

"跨专业阅读"是为了撞击思想火花……………………… 112

不妨读点"没有用"的书………………………………… 116

如何把话说得得体……………………………………… 120

博士生读书的两个层次………………………………… 121

第四辑

研究生与大学生不同。大学生的主要任务是接受知识、积累知识和学会运用知识；研究生除了学习，还应创造新的知识。这就要求你们更加刻苦地学习，更加辛勤地浇灌自己的"知识树"。

培育好自己的"知识树"………………………………… 124

养成连环搜书的习惯…………………………………… 128

精读与泛读可以分类使用……………………………… 132

你关心的才是重点……………………………………… 135

自主选择与选择焦虑…………………………………… 138

不可尽信荐书单………………………………………… 142

如何解决电子阅读的高遗忘现象…………………………………… 145

既要记新知识　又要记新感悟…………………………………… 148

围绕不同观点进行"主题阅读"…………………………………… 152

电子书和纸质书各有千秋………………………………………… 156

读书时间碎片化不等于知识碎片化……………………………… 160

"听书"是利用碎片时间的好办法………………………………… 164

怎样选择重点阅读书目？………………………………………… 168

数字化时代的"笔记系统"………………………………………… 172

拓宽实践能力培养路径…………………………………………… 176

精读一本胜过粗读五本…………………………………………… 181

读书要注意比较…………………………………………………… 182

第五辑

长时间里持续不断地爱好同一项运动，就会养成不容易改变的习惯，苦和累也就融入了快乐的感受之中。既然如此，为什么我们不能像喜爱运动那样，把学习选择为个人爱好，进而培养成为一种良好习惯呢？

把读书培养成为一种个人爱好……………………………………… 188

新闻后备军的人格修养…………………………………………… 192

"勿忘人民"是新闻后备军的军魂………………………………… 196

把文学作品当作生活的教科书…………………………………… 201

为什么书读得越多越觉着知识有限？…………………………… 205

努力提升格局和境界……………………………………………… 209

开启"修心炼身"之门 …………………………………… 211
一旦开始就要坚持到底 ………………………………… 213
"健心要诀" ……………………………………………… 215
分清轻重缓急 学会时间统筹 ………………………… 217
不要把时间消耗在无效思考上 ………………………… 218

第六辑

实现人生价值有三重境界：第一重境界是勤学苦读，默默奉献；第二重境界是作出贡献；第三重境界也是最高境界是"奉献、贡献、造诣相统一"。

实现人生价值的三重境界 ……………………………… 220
读书计划应与人生志趣相吻合 ………………………… 224
阅读的直接价值与间接价值 …………………………… 228
天天学习是终身学习的基石 …………………………… 231
好习惯可以改变命运 …………………………………… 235
读史可以增强忧患意识 ………………………………… 236
导师以引导学生学习为重点 …………………………… 238
博士生的阅读要广博 …………………………………… 240
读书要力求和研究课题联系起来 ……………………… 241
如何防止断章取义 ……………………………………… 242
如何减压 ………………………………………………… 243
做一个有学养的好人 …………………………………… 244
丢掉"拐棍依赖" ……………………………………… 245

第七辑

穆青同志题写的"勿忘人民"体现了马克思主义的"群众观",其警示价值至少有三个方面:勿忘人民的主体地位,殚精竭虑为"民族脊梁"立传;勿忘人民的哺育之恩,身居高位与基层百姓鱼水相依;勿忘人民的根本利益,谨防"惹怒上帝"的不正之风。

"勿忘人民"的警示价值 ………………………………………… 248

珍惜回母校深造的机会 ………………………………………… 268

警惕校园中的"快活三里"现象 ……………………………… 271

心中别有欢喜事　向上应无快活人 ………………………… 277

毕业生是母校的"形象代言人" ……………………………… 279

走出校园"不要怕"　30年后"不要悔" …………………… 284

从母校带走一把"钥匙" ……………………………………… 289

"准记者"的新闻发现力 ……………………………………… 292

聚合资源　协同育人 …………………………………………… 310

"学到老"不容易 ……………………………………………… 320

附录

《给大学生的75封回信》引发师德师风讨论 ……………… 338

鸣　谢 …………………………………………………………… 364

第一辑

一部分学生珍惜来之不易的大学时光,刻苦吸收各类知识,努力提高专业素养;少数学生可能会放纵自己,白天睡觉,夜晚上网,周末逛街,假日聚餐,潇洒地消费着自己的青春。

走进大学校门,是立即起跑,还是在"起跑线"附近悠闲地遛达?大学生今天所作的选择,将会影响自己的前途和命运……

大学有没有"起跑线"?
——写给王竹林同学的信

> 大学有没有"起跑线"?这道"起跑线"在哪里?大学入学新生是磨蹭到二年级再起跑,还是一开学就起跑?

王竹林同学:

你好!

你在答卷中说:"虽然入学已经好几个月了,但我还是很迷茫。每天很多时间花费在手机和电脑上。我也知道18年的奋斗和高三的拼搏不是让我来大学享乐的,我也想过改变现状,奋起学习,但总是支持不了多久,觉得自己少了些动力和目标。"

看了你的答卷,首先要感谢你的坦诚。如果不把我当朋友,你是不会说出心里话的。我愿意就你提出的话题,同你交流沟通。

2014年9月13日,郑州大学新闻与传播学院召开新生见面会。也许你还记得,我当时讲话的题目是"大学有没有'起跑线'?"为什么讲这个题目?主要是受兄弟院校一份大学低年级学生学习状况调查的启发。这份调查报告显示,10%的受访者对大学学习不感兴趣;36.7%的受访者对本专业不感兴趣。

• 第一辑

2014年9月13日,作者在郑州大学新闻与传播学院新生见面会上谈"大学有没有'起跑线'"。

近几年社会上热议"能不能输在起跑线上"。对小学生甚至幼儿谈"起跑线",着实有点儿荒唐。我想同你商讨的是:大学有没有"起跑线"?这道"起跑线"在哪里?大学入学新生是磨蹭到二年级再起跑,还是一开学就起跑?

为了思考这个问题,我研究了运动员的起跑。澳大利亚短跑运动员舍里尔从1881年开始采用站立式起跑练习100米跑,练了将近一年,成绩停滞不前,他非常苦恼。舍里尔的妻子劝他到郊外散散心。在一望无际的草原上,舍里尔看到一群袋鼠在狂奔。他对妻子说："我要是袋鼠就好了，全世界没有人能跑过我！"妻子笑着说："那你就模仿袋鼠跑跑看！"一句话点醒了舍里尔。他坐在那里，静静地观察起袋鼠来。舍里尔发现，袋鼠跑跳前总是先向下屈身，然后一跃而起。这个起跑姿势与跑得快有没有关联？舍里尔向一位动物学家请教。动物学家告诉他：袋鼠弯下身体，重心降低，起跑时会增加向前的巨大冲力。舍里尔兴奋极了。他开始模仿袋鼠做蹲式起跑训练，一个月之内百米跑的成绩提高了 0.15 秒。舍里尔创造的这种起跑姿势被称作"袋鼠式起跑"，后来又改名为"蹲踞式起跑"。1927 年，美国教练布雷斯纳汉又发明了起跑器。运动员使用起跑器可将短跑成绩提高 0.3 秒左右。你看，起跑的时机和速度对运动员来说是何等重要！

然而，并非每个大学新生都知道起跑的重要性。从实际情况观察，他们大体有三种情况：一是目标明确、主动性强，争分夺秒，抓紧起跑，刻苦吸收各类知识，努力提高专业素养。二是随大流，看见别人往前跑，自己也跟着往前跑；别人要是睡大觉，自己也跟着睡大觉。三是"发令枪"响过之后忘记或者不愿起跑，白天睡觉，夜晚上网，周末逛街，假日聚餐，滞留在"起跑线"上，"潇洒"地消费着自己的青春。

我从"微信朋友圈"看到一则帖文：假如把地球上的 70 亿人浓缩为 100 人，那么，93 人没有上过大学，只有 7 人有上大学的机会。你无疑是幸运的"7%"中的一分子。你是否意识到上大学是一种难得的机遇？历经 12 年苦读赢得的学习机会，你该不该倍加珍惜？

起跑带有打基础的性质，一步赶不上，有可能步步赶不上。《光明日报》曾经刊登经济学博士秦春华写的一篇文章，谈到他在美国芝加哥大学经济系做访问学者时的一段经历。他选了一门希腊思想史的讨论课。这门课程很难，从一开始就必须非常努力，不能逃课。有一次因为要参加一个会议，落了一节课，结果后面上课时立即陷入听不懂的状态。大学大多数课程循序渐进、环环相扣，前面的课程是理解后面课程的基础，如果在起跑时无所用心，在后面的赛程中有可能频频踏空，这就是在起步阶段不能耽搁的理由！

在我们国家，高三学生是最辛苦的一个群体，他们常常从凌晨苦读到深夜。考上大学以后，学习环境、学习方式、学习氛围发生了变化：高中生奋斗目标单一，大学生追求的目标多元；高中生学习主要靠"灌输"，大学生学习主要靠"领悟"。走进大学校门，家长不可能再在你耳边唠叨，老师也不会整天盯着你，催促你读书。"自主学习""自我管理"必然导致分化。你在答卷中说："我的爸爸对我说，大学只培养两种人：一种是人才；一种是'人渣'。"我不赞成"人渣"的表述，因为它主要用来描述那些品行败坏、道德低下的人。但是，我能够理解你爸爸说这话时的心境。他是在为你担心，他是在为你着急，他是唯恐你浪费了来之不易的宝贵机会！你说"觉得很对不起自己和父母"，这表明你是个孝顺孩子，你爸爸说的话你基本听进去了。

大学4年看似漫长，其实只有1461天，按每天学习10小时测算，总共14610小时。假如半年不起跑，就会比别人少拼搏182.5天、1825小时，将损失大学学习时间的八分之一；假如一年不起跑，就会比别人少拼搏365天、3650小时，将损失大学学习时

间的四分之一。

  开学典礼就是"发令枪"。是采用"站立式起跑"还是采用"蹲踞式起跑",是立即起跑、延迟起跑还是在"起跑线"附近悠闲地溜达,老师和家长不能替你们做主,必须由你们自己作出选择。不过有一点需要提醒:你们今天所作的选择,将会影响你们的前途和命运,因为起跑状态是生命经历的重要构成因素!

  祝

  好好学习、天天向上!

南振中
2015年2月11日

应聘者应该具备的品格和能力
——写给马天同学的信

> 要本着"缺什么、学什么、补什么"的原则，形成以增强择业能力为重点的"倒逼学习机制"。这样安排学习和实践活动，目标明确，重点突出，对未来的择业和就业大有好处。

马天同学：

你好！

在答卷中你提出："如果您作为一个单位的应聘主考官，您最注重应聘者哪方面的能力？"这是一个看得较远的问题，我愿意试着回答。

不知你看没看过天津电视台的《非你莫属》？这是一档招聘人才的节目，每期有12名企业高管到节目录制现场，以挑剔的目光品读应聘者的简历，听取应聘者的自我介绍，对应聘者现场展示的专业才能和实战经验进行评判。2013年4月我担任郑大新传院院长之后，开始关注这档节目。我发现企业高管对求职者的要求有以下几个方面：

——为什么要选择这个行业，对所选专业的酷爱程度如何？

——有无从事这一行业的实战经验，有无比较成功的实践案例？

——对工作岗位所需的基础知识和专业知识掌握得是否牢固？

——反应能力、适应能力、应变能力如何？

——创新意识和创新能力如何，能否举出"创意策划"的具体案例？

——可塑性和潜在能力如何，有无进一步提升的空间？

——对事业的忠诚度如何，有无较强的责任心和抗挫折能力？

2013年12月12日，作者为郑州大学新闻与传播学院师生作"把择业压力转化为学习动力"的报告。

具体到新闻与传播专业人才，主考官会关注五个方面：

第一，是否有坚定的理想信念。当代大学生的理想信念建立在对科学理论的科学认同上，建立在对我国基本国情的准确把握上。你知道，缺钙会导致骨质疏松。有了坚定的理想信念，就有了一种内在的坚定性，可以避免"精神缺钙"。正因为如此，坚定的理想信念成为主考官很看重的一种品格。

第二，能不能做到踏实肯干。在参加集体劳动时，谁愿意同"耍奸磨滑"的人分在一个小组？用人单位更不喜欢"耍奸磨滑"的人。1964年3月，新华社制定了《工作人员培养规划纲要》，提出用7年时间增加编制2000人。当年计划从河南省高校中文系招收18名应届毕业生。因为郑大是一所新学校，第一年只给了8个名额，另外10个名额拨给了另外一所学校。经过一年试用，新华社发现郑大毕业生有一个显著特点，就是踏实肯干。第二年，河南省的18个名额全都给了郑州大学。由此可见，"踏实肯干"是用人单位评价应届毕业生的一项硬指标，也是应聘者应当具备的一种基本品格。

第三，是否爱岗敬业。同一所大学毕业的年轻人，到工作岗位之后为什么会出现差异？爱岗敬业的程度是一个决定性因素。假设人的聪明程度可以用从一到十的数字来表示，"十分聪明"的人小算盘打得很勤，只舍得把"八分聪明"用到工作中去，另外"两分聪明"用到患得患失上去了；"九分聪明"的人杂念较少，舍得把全部聪明才智用到本职工作中去。几年之后，哪一个毕业生进步得更快一点呢？当然是"九分聪明"的人。实践证明，在工作岗位上不分心或者少分心的人，成才的机会就会多一些；对待工作三心二意，即使"聪明绝顶"，也难成正果。因此，"爱岗敬业"是主考官非常看重的基本品格。

第四，有无创新意识和创新能力。 创新是民族进步的灵魂。用人单位不喜欢因循守旧、不思进取、坐享其成的人，常常把机会留给善于创新的人。你们正值青春年华，最具创造精神和创造能力。要上下求索、开拓进取、创新创造，争取早日取得丰硕成果。因此，创新意识是主考官非常看重的基本品格。

第五，是否具备"再学习"的能力。 从学校到工作岗位是人生旅途的重大转折。要适应新的环境，单靠在学校学习的书本知识是远远不够的，必须具备"再学习"的能力。这好比汽车加油。汽车设计师为了让"嘎斯69"越野吉普车多跑一段路程，不仅设计了60升的主油箱，而且设计了25升到30升的副油箱。在汽车出厂的时候，即使工人替你把主油箱和副油箱全都灌满，按照每升汽油跑7000米来计算，充其量能从郑州开到北京。你们必须学会加油，必须知道什么地方有加油站，在什么时间、用什么方式加油。要根据新的工作需要，随时补充新的知识。因此，"再学习能力"是主考官十分关注的基本能力。

既然你了解了用人单位对应届毕业生专业素养的基本要求，那么，你可不可以提前进行自我测试、自我评价，看看自己已经具备了哪些条件，哪些方面表现突出，哪些方面还有欠缺，在实战经验和业绩方面还存在哪些不足？要本着"缺什么、学什么、补什么"

的原则，形成以增强择业能力为重点的"倒逼学习机制"。这样安排学习和实践活动，目标明确，重点突出，对未来的择业和就业大有好处。

以上建议，供你参考。

祝

好好学习、天天向上！

南振中

2015年2月14日

被动选择并不妨碍对新闻事业的热爱
——写给刘昱煊同学的信

> 新闻工作不仅有苦,而且有乐,可以说是"苦中有乐、乐在苦中"。

刘昱煊同学:

你好!

在答卷中你提出:"在我们同学中,有人是主动选择了新闻这个专业,一部分同学则是被动接受新闻这个专业。您觉得如何激发'被动选择'的同学对新闻事业的热爱?"

我的看法是,被动选择并不妨碍对新闻事业的热爱。我在郑州大学学的是汉语言文学专业,毕业前夕填报的第一志愿是文学研究工作;第二志愿是语文教学工作;第三志愿是服从分配。1964年7月,郑州大学中文系宣布分配方案的前一天晚上,我们班的班长在走廊里悄声对我说:"你的工作分得不错,是走南闯北的。"我叫他说得具体一点,他不肯说。回到宿舍,我翻来覆去睡不着,老是在捉摸"走南闯北"这四个字的含义。第二天一大早,中文系应届毕业的200多名同学都集中到会议室,静听着中文系负责同志宣布分配方案。这时我才知道被分配到新华社山东分社当记者。你看,这是不是属于被动选择?经过几年的采访实践,我渐渐懂得了新闻工作不仅有苦,而且有乐,可以说是"苦中有乐、乐在苦中"。当记者至少有四个方面的乐趣:

第一,新闻记者活动在整个社会的前沿阵地,每日每时都敏锐地捕捉能激起浪花和波涛的重大问题。一旦他们的报道真正起到了推动实际工作、推动社会前进的作用,那么,再苦再累,也会感到幸福。

第二,新闻记者生活在人民当中,他真诚地和人民共患难、同甘苦、齐爱憎。他们把自己从生活里倾听来的东西公开地报道出去,通过自己的报道充分反映人民群众的愿望、要求和呼声。一旦反映

2008年3月,时任全国人大代表的作者看望新华社"两会"报道组人员。

出来的东西给人民带来了切切实实的好处，就会感受到新闻记者的乐趣。

第三，新闻记者的乐趣还在于每日每时都可以学到新鲜的、有趣的知识。 高等学校本科生的学制为四年，如果读硕士学位，再加三年。可是，新闻记者在自己的工作岗位上可以学习三四十年。高等学校分系、分专业，大学生在校学习期间可选择的专业有限。新闻记者以社会为课堂，所学的课程交叉进行，可以学习许多专业。新闻记者在几十年的记者生涯中，可以向数以千计的学者、教授和各种各样的著名专家请教，从他们那里了解各个领域的最新科研成果。高等学校的学生在校学习主要限于书本知识；新闻记者既可以学到理论，又能够面向实际，容易获得较完全的知识。无穷无尽的新的知识，给新闻记者带来了无穷无尽的新的欢乐。

第四，新闻记者工作的领域海阔天空，可以从多方面施展自己的才能，用不着担心"英雄无用武之地"。

新闻记者的乐趣还可以列出许多条，仅以上四个方面，就足以令人神往。这也许是许多年轻人迷上这个苦差事的原因。所以，无论是主动选择还是被动选择，既然命运把你安排到新闻与传播学院，那就多想想从事新闻工作的乐趣，这样可以点燃你学好专业课的激情。

祝

好好学习、天天向上！

南振中

2015 年 2 月 14 日

摆脱干扰需要内在定力
——写给杨瑶斯同学的信

> 近年来校园诱惑明显增多：隔三岔五的聚餐，去还是不去？无目的的逛街，去还是不去？有些活动很没意思，碍于情面，去还是不去？大量事实说明，要想做到简单很不容易。大学生应该好好研究"简单"这门学问。

杨瑶斯同学：

你好！

看了你的答卷，知道你2014年读了12本书。你说自我危机感和突然涌现的看书欲望促使你去阅读。这表明你已经有了读书的内在动力。

在答卷中你提出："如何让自己真正沉浸下来读书学习，如何摆脱外界的诱惑和干扰。"要回答这一问题，先要弄清诱惑和干扰来自何方。近几年妨碍大学生刻苦攻读的主要有三个因素：读书无用论的干扰；网络成瘾的干扰；无效杂事的干扰。

孟德斯鸠说："不要试图同诱惑争辩，躲开它，躲得远远的。"这是抗拒诱惑的重要方法。为排除干扰，提三点建议：

> **延伸阅读**
>
> 孟德斯鸠（1689—1755），法国启蒙思想家、社会学家，西方国家学说和法学理论的奠基人。一位百科全书式的学者。曾被选为波尔多科学院院士、法国科学院院士、英国皇家学会会员、柏林皇家科学院院士。代表作有《波斯人信札》《罗马盛衰原因论》和《论法的精神》等。

第一，当读书无用论流行时，不要跟风。少受干扰，潜心读书，积以时日，你就会成为一个有学养的人，几年之后，有可能成为社会急需的稀缺人才。

二十世纪六七十年代，读书无用论一度盛行，不少人把家里的藏书卖给了古旧书店。我花了1.6元，从北京中国书店旧书部买了一套《列宁文选》两卷集，后来又从山东买了新版《列宁选集》《马克思恩格斯选集》和《毛泽东选集》，从头至尾认真阅读。有了理论根底，分析问题就容易做到实事求是。1980年春天，我到山东沂蒙山区了解农村变革中的新情况。蒙阴县有一个贫穷的小山村，实行农业生产责任制以后改变了落后面貌。上级领导却批评他们说："谁还不知道这个办法能多打粮食！管用是管用，方向不对就是不能用！"为了搞清"方向"问题，我重新阅读了毛泽东在《论联合政府》一文中写的一段话："中国一切政党的政策及其实践在中国人民中所表现的作用的好坏、大小，归根到底，看它对于中国人民的生产力的发展是否有帮助及其帮助之大小，看它是束缚生产力的，还是解放生产力的。"在学习和调研的基础上，我撰写了一篇《"方向"辩》的评论文章，刊登在1980年4月28日的《人民日报》上。这篇评论被人民日报社优秀作品评选委员会评选为优秀作品。所以，不管在什么情况下，都不要抱怨社会浮躁，不要轻信读书无用。沿着你所确定的目标刻苦攻读，你会天天有收获、年年有进步。

第二，增强自控能力，防止网络成瘾。《中国石油大学学报（社会科学版）》2014年12月第6期刊登了牛庆燕写的《当代大学生网络成瘾障碍的原因与对策》一文，其中谈到80%的网络成瘾者倾向于网络聊天、网络游戏和微博互动等双向互动内容。作者还提出了"网络成瘾障碍综合征"的诊断标准。在大学校园里，达到"网络成瘾障碍综合征"标准的人数并不多，但值得注意的是一些人对使用网络的开始、结束及持续时间难以掌控，下线后仍然想着上网的情形。一旦出现这种情况，就应及时调整心态，提高自控能力，千万不要患上"网络成瘾障碍综合征"。

第三，有作为的大学生应该学会简单。中国工人出版社2009年出版了孙铨著的《简单就是财富》。作者引用了建筑大师贝聿铭的一句话："最美的往往是最简单的。"简单的需求，简单的人际交往，简单的生活方式，简单的工作状态，这些都能给人留下美好的回忆。近年来校园诱惑明显增多：隔三岔五的聚餐，去还是不去？无目的的逛街，去还是不去？有些活动很没意思，碍于情面，去还是不去？大量事实说明，要想做到简单很不容易。大学生应该好好研究"简单"这门学问。

摆脱干扰和诱惑，说到底，要靠一个人的内在定力。不知道你看没看过沙叶新写的话剧《陈毅市长》？剧中讲述1949年冬的一天深夜，上海市市长陈毅与化学家齐仰之会面的故事。这位化学家住在一间简陋破旧的房子里。书桌上堆满书籍和化学仪器，墙上贴着一张醒目的字条："闲谈不得超过三分钟。"齐仰之惜时如金，这张字条不仅是对客人的提醒，也是对自己的约束。有了这样的内在定力，还有什么事情能对他产生干扰？

祝

好好学习、天天向上！

南振中

2015年2月24日

学会"关心"与"被关心"
——写给李家宝同学的信

> 要学会体谅,学会包容,学会理解,学会互助。遇到磕磕碰碰的事情,不要抱怨,而要多从自己身上找原因。

李家宝同学:

你好!

在答卷中你提出:"大学生活并没有自己想象中的那么充实,和同学的相处似乎做得也不好。如何更好地与大学同学相处呢?"你提出的问题,使我想起新东方创始人俞敏洪在北京大学2008年开学典礼的演讲中讲的故事:

有一个企业家上大学时,班里一个同学家庭比较富有,每个星期会带六个苹果到学校来。宿舍里的几个同学原以为是一人一个,结果他是自己一天吃一个。尽管苹果是他的,不给你也不能抢,但是从此这位富家子弟给同学留下了一个印象,就是太自私。后来,这个企业家成功了,独自吃苹果的同学希望加入这个企业家的队伍里来。企业家没有同意。原因很简单,因为在大学的时候他从来没有体现过分享精神。俞敏洪说:"大学时代的第一个要点,就是你

得跟同学们分享你所拥有的东西，哪怕只有一个苹果，也可以分成六瓣大家一起吃！"

最近，我读了美国教育家内尔·诺丁斯写的《学会关心：教育的另一种模式》一书。作者主张学校必须建立一个充满关心而不是竞争的环境。围绕这一主旨，书中详尽阐述了学校怎样教育学生学会关心自己，关心身边最亲近的人，关心与自己有各种关系的人，关心与自己没有关系的人，关心动物、植物和自然环境，以及关心知识和学问。顺便摘几段话，愿与你分享：

——关心和被关心是人类的基本需要。我们接受关心，生活在关心所营造的一种氛围之中。没有这种关心，我们就无法生存下去。同样，我们也需要关心他人。

——当我真正关心一个人，我就会认真去倾听他、观察他、感受他，愿意接受他传递的一切信息。

——被关心者接受他人的关心，然后显示他接受了关心。这种确认反过来又被关心者认知。这样，一个关心的关系就完成了。只要我们真正投入关心，那么即使是这些没有生命的东西也会给予我们一种反应。

你要学会关心他人，也要习惯被他人关心。生活在同一个班级、同一个宿舍，总会有一些矛盾。正像俗语所说："哪有马勺不碰锅沿的？"你要学会体谅，学会包容，学会理解，学会互助。遇到磕磕碰碰的事情，不要抱怨，而要多从自己身上找原因。

衷心希望你能与同学和谐相处，让大学生活多给你留下一些美好的记忆。

祝

好好学习、天天向上！

南振中

2015年2月17日

如何摆脱拖延症
——写给薛玉琼同学的信

> 当你下决心摆脱拖延症的时候，不要信誓旦旦地说"今后我绝不再拖延"，而是从具体的事情做起、从小事做起，为自己确立一个可操作、能接受、好检查的最低目标……

薛玉琼同学：

你好！

你信中提到关于"如何摆脱拖延症"的问题，我愿就此与你交换意见。

顾名思义，拖延就是把时间延长，该办的事情不及时办，或者拖到最后期限才开始办。2013年6月，上海应用技术学院城建学院土木工程专业2012级学生在网上发布了《关于大学生拖延症现象的报告》。"报告"描述性统计结果显示，在受访者中，低度拖延大学生的检出率为45.5%；中、高度拖延大学生的检出率为32.0%，其中高度拖延大学生的检出率为12.3%。"报告"列举了产生拖延症的十条原因，第一条就是"自我控制能力较差，容易受外界的影响和干扰"。

为帮你思考拖延问题,向你推荐美国心理学家简·博克和莱诺拉·袁撰写的《拖延心理学》。两位作者基于他们的心理咨询从业经验,对拖延问题作了仔细的探索,并且提出了许多摆脱拖延症的建议。他们开出的药方并不完全符合大学生的实际,但我觉得至少有三点值得借鉴:

第一,当你下决心摆脱拖延症的时候,不要信誓旦旦地说"今后我绝不再拖延",而是从具体的事情做起、从小事做起,为自己确立一个可操作、能接受、好检查的最低目标。比如,你可以说"每天花一个小时阅读各类书籍"。小目标一旦确定,就要跟踪检查,看是否有拖延现象发生。具体目标比空泛目标好理解,小目标比大目标好实现。随着时间的推移,小目标会累积成大目标,小改进会累积成大改进。

第二,保护好你的时间,对于外界的干扰和诱惑,要学会说"不"。你每天要办的事情很多,可将其分为三类:重要而且必须完成的事情;可办可不办的事情;不重要、不必办的事情。应集中精力、集中时间把第一类事情办好,争取按时完成。对于第三类事情,则可以置之不理。

第三,梳理你曾经使用过的借口。比如"我累了,等以后再做吧""太忙了,等以后再做吧""心里烦,等以后再做吧"。凡是使用过的借口,就不要再用。随着时间的推移,支撑拖延行为的借口会越来越少。

摆脱拖延症要靠自觉。古今中外,一些在学术上较有成就的人,自觉性都很强,极少拖延。1903年,数学家科尔证明2的67次方减去 1 是个合数，解开了该数 200 年来一直被人当作质数的谜团。别人问他"解决这个问题花了多少时间"，科尔回答说："3 年内的全部星期天。"

但是根据我的体验，在许多时候，我们的自觉性是有限的。要摆脱拖延症，还得靠自我加压。举一个例子：2011 年 2 月 15 日，团结出版社社长兼总编辑王大可与我商谈《学习点亮人生》一书的写作和出版事宜，希望能在 2011 年 4 月 5 日以前将书稿交给出版社。但 2 月下旬我要参加全国人大常委会会议，3 月上中旬要出席十一届全国人大四次会议，其间，全国人大外事委员会还给我安排了一些重要的外事活动，工作比较繁忙。写作过程中我曾给王大可社长

2013 年 5 月 21 日上午，作者给《三门峡日报》全体采编人员作了题为"学习点亮人生"的讲座。

打过一个电话，希望将交稿时间推后一个月，王大可社长答应了这一要求。撂下电话，我想：几十年都不曾食言，这一次也不该例外。为了加快写作进度，我每天3点多起床，用了45个凌晨和白天的缝隙时间，终于赶在4月1日这一天将16万字的书稿送交团结出版社，比原先承诺的交稿时间提前了4天。多次抵制拖延的实践，使我悟出了一个道理：每个人都有一种潜在的爆发力。在平常的日子里，这种爆发力容易被自己忽视，一旦外界给了自己一种压力，或者自己给了自己一种无法改变、无法撤回的压力，这种潜在的能力就会爆发出来，从而取得意想不到的成效。

拖延症虽然常见，但属于一种疑难杂症，至今尚未发现快速治愈的良药。你走进大学校门不久就开始思考这个问题，说明你已经下了摆脱拖延症的决心。在今后的实践中，你有什么好做法和新感悟，可以告诉我。我愿同你一起探寻摆脱拖延症的办法。

祝

好好学习、天天向上！

南振中

2015年2月18日

从枯燥中寻求趣味
——写给李晓青同学的信

> 怎样从书籍中寻找趣味,可以从三方面入手:第一,寻找启发,感受趣味;第二,边学边用,感受趣味;第三,触发联想,感受趣味。

李晓青同学:

你好!

看了你的答卷,知道你每次看书都将触动自己的话语或者片段记录下来,看完一本书就写下这本书的梗概和读后感悟。每隔一段时间,回头翻阅一下笔记,在重温时也会有新的感悟。这些做法很好,望能坚持。

你在答卷中提出:"阅读比较枯燥乏味的书会有懈怠的心理,看了很久,还不知道作者要说什么。对于此类书籍怎么才能让自己愉快地读下去?"

枯燥指的是单调、无趣味;乏味指的是缺乏情趣兴味。你所说的"枯燥乏味的书"有两种可能:一种是真的单调、无趣味;一种是由于没有读透,书中蕴含着的趣味未被领悟。如果属于前者,尽可放弃，毫不可惜；如果属于后者，建议从以下三个方面入手寻求"趣味"：

第一，寻找启发，感受趣味。

2014年10月，我阅读美国作家克莱·舍基写的《认知盈余》。顾名思义，盈余就是多而充足，有富余、有剩余。翻开这本书，有不少这类表述："如果我们将每个人的自由时间看成一个集合体，一种认知盈余，那么，这种盈余会有多大？""接触成本的降低，不可避免地使得互联网用户呈现爆发式增长。""网络世界越来越接近现实世界，意味着基于这个概念建立起来的互联网商业模式将要被重新架构。"你看，这些内容是不是有点儿"枯燥"？可是，当读到"奶昔错误"一节时，我从中受到很大启发。麦当劳想提高奶昔销量，因此雇用了一些研究员来弄清楚顾客最关注奶昔的哪种特质。几乎所有研究员关注的都是产品，其中一个叫杰拉德·博斯特尔的研究员却选择了对顾客进行研究。他每天坐在麦当劳店里长达18小时，观察哪些人在什么时候买奶昔。他发现很多奶昔都是在早上被销售出去的。这些早餐喝奶昔的人都是上班族，打算在开车上班途中喝奶昔。在开车的时候进食，必须选一些可以用一只手吃的东西。它不能太烫，不能溅得到处都是，也不能太油腻，同时必须可口。没有一种传统早餐符合这些诉求，因此那些顾客会购买奶昔来取而代之。这些行为被其他研究人员忽略了。这就是"奶昔错误"。受"奶昔错误"的启示，我们在观察和研究互联网现象时，是关注"产品"还是关注网民，网民上网的目的是什么，随着移动互联网的普及，他们的需求会

发生什么变化？如果能不断地从阅读中找到启发，就会感受到阅读的乐趣。

第二，边学边用，感受趣味。

我当农村记者的时候，要阅读农学著作，包括《小麦栽培技术》。这类书没有情节、没有故事，不可能不枯燥。但是，我从书内、书外发现了一种现象：小麦从播种到收获，要历经耙压、施肥、除草、浇灌浆水和麦黄水、开镰收割等22个生产环节。每500克小麦，出售后农民赚到手的钱是以角和分来计算的。到了第23个环节和第24个环节，即加工和销售环节，企业就开始赚大钱。饼干的成分是什么？是面粉、蔗糖和水。500克面粉加工成的饼干，卖好几元钱；加点牛奶或巧克力，改换一下包装，变成"曲奇"，身价就大不一样。由此我想到，种地的农民要想赚钱，必须延长产业链，开发小麦生产的第23、第24、第25个环节，使农民不仅从粮食生产中得到收益，而且能够分享加工和销售环节的利润。在九届全国人大一次会议上，我在河南代表团提出了发展"餐桌经济"、尽快增加农民收入的建议。"两会"闭幕之后，我把这个想法告诉了新华社记者吴锦才和蒲立业，让他们撰写一组推动"餐桌经济"的系列稿件。这组报道见报后，受到社会的好评。当时，有的地方正在开经济工作会议，《餐桌经济》组稿被列为会议参考文件。从书本里学到的知识一旦派上用场，就不会觉得专业书籍"枯燥乏味"了。

第三，触发联想，感受趣味。

元末明初政治家刘基所著《郁离子》，有些章节晦涩难懂，边阅读、边联想，就会觉得有滋有味。比如《贿亡》一文，说的是荆山出产麝脐，是东南一带的名贵物品。那里的人们有专门追捕麝的，麝一遇见他们就慌忙逃走。当情况危急之时，麝就剔出它的脐并扔到草丛中去。追捕麝的人为了得到麝脐，赶紧到草丛中去寻找，麝因而得以逃命。令尹子文听说这事后大发感慨，说："不少人为了贪财货而丧命，甚至连累一家子倒霉，为什么他们的智慧竟连麝都不如呢？"联想到当前的贪腐现象，这则寓言发人深思！

以上是我阅读过程中的一些零星感悟，写出来，供你参考。

祝

好好学习、天天向上！

南振中

2015年2月28日

"舍友"之间的交流与共享
——写给赵宇同学的信

> "卧谈会"是舍友交流的重要形式。舍友之间的交流与共享，可以使自己更快地融入集体，并有利于形成良好的宿舍文化。

赵宇同学：

你好！

看了你的答卷，知道你2014年读了25本书。你能够选择自己感兴趣的来读，边读边思考，还注意记读书笔记，这些做法应该坚持。

在答卷中你谈道："我和身边人交流时发现，不同的人看书所关注的焦点不同：喜欢思考的人总喜欢以批判的眼光审视书中的每个文字；有浪漫情结的人关注对人物和场景的描写；较为敏感的人则留意一本书的结构安排。这些习惯都不能用好坏评判，只要读书时形成自己的思考方式并加以提升，都非常有用。"读了你这段描述，感受到了你同身边人交流时的喜悦，也引发了我对大学生"宿舍文化"和"舍友交流"的思考。

2014年5月16日，郑州大学网刊载了《"学霸宿舍"再现郑州大学商学院》一文，报道商学院柳园2号楼616宿舍4名女同学全部被国内高校研究生院录取；118宿舍4人也同时收到国外大学攻读研究生的录取通知书。无独有偶，2014年6月19日，中国江西网刊文报道九江学院一男生宿舍6名学生全部考取名校研究生的事迹。据九江学院官方网站介绍，6名学生分别考取了复旦大学、上海交通大学、华中科技大学同济医学院、中山大学、厦门大学和天津医科大学。他们的一条重要经验是舍友之间相互学习、互相督促、相互激励。备考期间，有4位舍友在江西九江实习，他们同留在南昌的舍友每天通过电话或网络交流学习心得。发现专业课视频、专业复习资料和好的学习方法，舍友都会相互推荐，做到资源共享。这种学习型宿舍文化使每个舍友都受到激励和感染，这种学习氛围令人羡慕！

20世纪80年代和90年代，我国大学生宿舍条件不那么好，不仅没有电脑，而且为了节电，还规定了晚上熄灯的时间。即便如此，也没有影响舍友之间的交流与沟通。有的大学生宿舍熄灯后要进行半个多小时的卧谈，取名为"卧谈会"，话题涉及政治、经济、文化、教育及专业课知识。这可以说是舍友交流的初级形式。近几年，大学生宿舍硬件条件有所改善，网络环境越来越好，在宿舍就可以获取各种信息，越来越多的大学生把宿舍当成"家"。在新形势下，可不可以把"小组合作学习"的理念引入大学生宿舍呢？四五个、六七个舍友，为达到共同目的，在学习上相互配合、相互激励、互惠互补。有一位硕士研究生告诉我，他们宿舍的同学合作交流的时间很多。在导师张淑华的带领下，几个同门建立了"学习型QQ群"，经常在群里分享一些观点和有参阅价值的论文。

这种方式可供你参考。在舍友合作学习的过程中，你可以学会把自己融入群体，还会养成倾听和择善而从的良好习惯。这种宿舍文化一旦形成，对每个舍友都有好处。

半个世纪以前，我在郑州大学中文系学习时，就得益于这种宿舍文化氛围。到了新华社山东分社当记者之后，与山东大学中文系毕业的杨凤山、潘广武志趣相投，经常在一起学习和讨论哲学问题。有一次，我们到济南千佛山下散步，边走边讨论"矛盾的转化"。我说："既然事物无不在一定条件下向其相反的方向转化，那么，对新闻工作不熟悉可以转化为比较熟悉，不适应可以转化为基本适应，关键在于能不能确定转化目标、把握转化方向、创造转化条件。"杨凤山说："人这一辈子不可能只干一种工作，懂得了'转化规律'，今后无论从事什么工作都知道怎样去熟悉它，再大的困难也不会害怕！"千佛山下的议论使我们对"弱点转化"有了清晰的认识：千方百计创造条件，促使弱点向其相反的方向转化。这是新闻工作者成长的"杠杆"。掌握了这个"杠杆"，只要舍得花费气力，每个新闻工作者都有可能到达光辉的顶点。这就是与"身边人"交流沟通受到的启发。

既然你喜欢同"身边人"交流，而且已经从交流沟通中受益，那么，你可不可以在舍友合作学习方面作一点尝试呢？

祝

好好学习、天天向上！

南振中

2015年3月2日

• 第一辑

三笔终身受益的精神财富
——写给乔珂同学的信

母校留给我的"三笔精神财富"伴随着我走过了半个世纪的征程，让我终身受益。

1964年7月11日，郑州大学中文系64届5班同学毕业前夕与部分老师在文史楼前合影留念。后排右六为作者。

乔珂同学：

　　你好！

　　你在答卷中提出："大学是生命中一个重要的求知阶段，在大学生涯中，您得到的最大一笔财富是什么？"我愿意回答你提出的问题。

　　首先，母校给了我们"艰苦的磨炼"。在母校学习期间，适逢国民经济三年暂时困难时期，吃的是"菜包饭"，喝的是菜叶子汤。半饥半饱，还要到建校工地提灰、搬砖、推车。中文系党总支郝书记激励大家："人要有一股子气，没有这股子气，就不会有太大的出息！"我常想，为什么郑州大学培养出来的学生特别坚强？

1996年9月，作者参加郑州大学40周年校庆并到新闻系参观。

为什么多数毕业生在几十年的风风雨雨中,有勇气、有毅力克服一个又一个的困难,历尽艰辛,终生不悔?一个重要原因就是母校重视对学生进行艰苦的磨炼。这是意志的磨炼,这是耐力的磨炼,这是作风的磨炼,这是品格的磨炼。这是母校给我们的一笔终身受益的精神财富。

其次,母校激活了我们的科学思维方式。德国哲学家雅斯贝尔斯在《什么是教育》一书中写道:"学生在大学里不仅要学习知识,而且要从教师的教诲中学习研究事物的态度,培养影响其一生的科学思维方式。"母校老师抛弃了"填鸭式"的授课方式,采用启迪式、探讨式、互动式教学方法。在这种环境中培养出来的学生,观察事物的角度发生了变化,容易发现世间万物之间的内在联系,能够把握事物发展的方向和趋势。这种科学的思维方式,是母校给我们的第二笔终身受益的精神财富。

最后,母校促使我们养成了学习爱好和习惯。1960年刚一入学,我就

1996年9月15日,作者(前排右一)回母校郑州大学看望老师。

被学校图书馆60多万册藏书吸引住了。半个多世纪以前，喜欢读书的学生会被说成走"白专道路"。就在这一背景下，时任国务院副总理的陈毅在广州发表了一篇讲话。他说："帝国主义是个敌人，封建势力是个敌人，愚昧——几万万人没有知识、没有科学知识，也是很大的敌人。""不重视专业学习，我们国家的科学文化就将永远落后。"这篇讲话传到郑州大学以后，在师生中引起强烈反响，全校很快就兴起了学习热潮。教务处把北京大学中文系500种"阅读书目"印发给全校师生，供大家选读。图书馆延长了开馆时间；开架阅览室向学生开放。浓厚的教学和科研空气、良好的阅读环境，为我们开启了"知识之门"。白天，除了上课，我就到开架阅览室读书；夜晚，把从图书馆借来的小开本图书带到宿舍，仔细阅读；星期日早饭后步行到河南省图书馆，涉猎中外名著，吸收人类的文明成果。从大学毕业到现在，我的读书爱好未改、阅读兴趣未减。这是母校给我们的第三笔终身受益的精神财富。

"三笔精神财富"伴随着我走过了半个世纪的征程，让我终身受益。

祝

好好学习、天天向上！

南振中

2015年3月5日

第二辑

基础不坚实，要想取得成功是不可能的。我们在吸收知识的时候，应该冷静分析各种类型的知识与我们未来从事的专业有多大的关系，根据与本职工作密切的程度，形成一环套一环的"知识圈"。

新闻后备军的知识圈
——写给吴一凡同学的信

> 我们在吸收知识的时候,应该冷静分析各种类型的知识与我们未来从事的专业有多大的关系,根据与本职工作密切的程度,形成一环套一环的"知识圈"。

吴一凡同学:

你好!

在答卷中你提出:"怎样有效构建新闻专业人才的知识圈?"

无论从事什么专业,渊博的知识都是获得成功的基础。这有点像盖高楼大厦。广州有一座现代化的33层大楼——白云宾馆。这座大楼估计有8万多吨重。为了支撑这样重的大楼,建筑工人往地下打进287根钢筋混凝土基桩。钢筋混凝土基桩好比一个人获得成功所需的知识基础。基础不坚实,要想取得成功是不可能的。我们在吸收知识的时候,应该冷静分析各种类型的知识与我们未来从事的专业有多大的关系,根据与本职工作密切的程度,形成一环套一环的"知识圈"。新闻后备军的"知识圈"至少有3个层次:

第一,作为未来的社会科学工作者,新闻后备军应该具备社会科

学知识，包括哲学、经济学、政治学、社会学、法学、心理学等。一年级课程中的中国近现代史纲要、思想道德修养和法律基础、军事理论等，就属于社会科学知识。在这方面，哈佛大学设置"核心课程"的做法给了我们很大启发。为了让每一位毕业生不仅受到专业训练，而且能受到广泛的通识教育，哈佛大学把核心课程划分为7个板块：外国文化、历史学、文学和艺术、道德伦理、定量推理、科学和社会分析。按照校方的解释，设置"核心课程"就是为了让学生在开始研究"树木"之前，能够先看一眼"森林"，最好能把这个"森林地图"印在大脑里，以后走到再细小的道路上，也不会迷失方向。

第二，新闻后备军的培养目标主要是从事新闻采编工作，因而需要具备新闻学、传播学等方面的专业知识。一年级课程中有新闻理论、公共关系学、广告学概论、传播学概论、外国新闻传播史、

2015年3月，郑州大学新闻与传播学院学生在灯下阅读南振中写给他的回信。

中国现当代文学、语法与修辞、古诗文鉴赏等。"推荐阅读书目"也开列了新闻传播理论基础、新闻传播业务知识、新闻传播史、新媒体理论与实践，还有写作基础知识、语言学基础知识、逻辑学、修辞学、国家标准标点符号用法等书目。之所以开设这些课程、开列这些书目，就是为了让同学们掌握新闻工作的基本规律，提高新闻采编基本技能，以便把自己培养成为合格的新闻工作者。

第三，郑州大学新闻与传播学院有3个系，设置了新闻学专业、广告学专业、广播电视学专业以及播音与主持方向。不同专业的学生需要具备不同的专业知识。一年级有少量按专业设置的课程，比如播音发声学、播音创作基础训练等。"推荐阅读书目"中也有80本专业类书目。学好这些课程，选读这些书籍，可以帮助不

2013年4月2日，作者（左一）受聘为郑州大学新闻与传播学院院长。

同专业的学生掌握本专业的基础知识。

还有一点需要注意，就是较大的新闻单位编辑记者会有专业分工。采访体育新闻的记者应该对体育有系统研究；采访公检法等部门的记者应该具备渊博的法学知识；采访经济新闻的记者应该具备经济学、统计学、社会学等方面的知识。实际上，许多著名新闻工作者在专业知识方面有很高的造诣。美籍华人、专栏作家赵浩生著的《漫话美国新闻事业》一书中记载了这样一个故事：有一次，科学家爱因斯坦在普林斯顿大学讲学，《纽约时报》的一个记者前去采访，把爱因斯坦写在黑板上的数学公式原原本本地抄了下来，回报馆后写了一条消息，拿给总编辑看。总编辑有渊博的数学知识，一看抄来的数学公式，觉得不对，让记者打电话到普林斯顿大学找数学系主任询问。数学系主任将记者抄下来的数学公式同爱因斯坦写在黑板上的数学公式认真比对，发现记者没有抄错。总编辑还是觉得有疑问，一定要记者找到爱因斯坦本人核对。爱因斯坦仔细一看，承认是自己写错了。由此可见，在新闻后备军的"知识圈"中，应该包括一定的新闻学之外的专业知识。新闻专业学子可根据自己的兴趣选择专攻方向，力求使自己成为某一方面的专家。

构建了上述3个层次的"知识圈"，新闻后备军的知识基础就会比较坚实，几年后当你们走出校门时，选择职业的回旋余地就会更大一些。

祝

好好学习、天天向上！

南振中

2015年2月12日

不要小看大学一年级的课程
——写给何秋瑶同学的信

> 爱因斯坦说过:"用专业知识教育人是不够的。通过专业教育,他可以成为一种有用的机器,但是不能成为一个和谐发展的人。"

何秋瑶同学:

你好!

你在答卷中提出,考上大学之后,上课时很难集中注意力。作为大学新生,怎样提高一年级课程的听讲效率?你提出的问题,正是我关心的问题。

2014年5月中旬,我给新传院即将离校的2014届毕业生出了一道问答题:"你认为大学一年级课程重要吗?假如有机会重返校园,你准备怎样学习一年级课程?你对大学一年级新生有何忠告?"有3份答卷可供你品味:

——获得河南省"优秀毕业生"称号的周志勇写道:"大一的基础课程对于大一新生来说比较生涩、枯燥,但是之后的专业学习让我明白,这些基础的东西是我们进行后续学习的必需。在大一新生入学时,一定要提醒他们意识到基础课的重要性。"

——郑州大学第一届读书达人秀获奖者姜鑫写道:"我觉得大学一年级的课程很重要。回想当年,除了感兴趣的,自己并没有尽全力去对待每一门基础课程。9月份新一届学弟、学妹即将到来,请他们认真对待每一门课程,把初学时略显晦涩的理论知识读懂弄通,为自己进一步的学习奠基。"

——郑州大学"优秀毕业生"李秋洁写道:"如果重返大一,我将从三个方面努力:一是吃透课本。一年级课程理论知识偏多,必须牢固掌握知识点。二是多与导师探讨、沟通,增进对基础知识的理解。三是温故知新。对一年级的课程千万不能考试结束就放到一边,要经常复习和回顾。"

听完师兄学姐的寄语,你觉得这算不算是他们的肺腑之言?

爱因斯坦说过:"用专业知识教育人是不够的。通过专业教育,他可以成为一种有用的机器,但是不能成为一个和谐发展的人。"大学一年级课程中既有公共基础课、专业基础课,又有人文通识课。学好一年级课程,有利于开阔视野,培养自己的基本能力,是大学生素质教育必不可少的重要环节。忽视大学一年级课程,整个大学阶段的学习都会受到影响。

在我国,许多知名大学非常重视大学一年级的课程。中国科学技术大学建校初期,华罗庚、钱学森、严济慈等一批国内当时最有声望的科学家都曾亲自登台为一年级本科生上课,中国科学院每年到中国科大授课的科研人员达300人次。郑州大学也要求教授每年至少为本科生上课32学时。

诺贝尔化学奖获得者、美国康奈尔大学教授罗尔德·霍夫曼的话或许可以从另一个方面给我们以启发。有人曾经问霍夫曼对将要进入化学领域的年轻人有什么建议。霍夫曼说："我觉得他们应该主动去教大学一年级的化学课，通过教学，他们会成为更出色的研究人员。"霍夫曼解释说："我在大学和研究生阶段的热力学课程成绩是 A+，但直到我给一年级学生讲课时才真正理解热力学。从一年级学生那里，可以学到简洁和阐述的方法。"

在这里，霍夫曼揭示了大学一年级课程的两大特色：一是简洁；二是通俗。由于简洁，你可以记住一年级课程的基本框架和知识点；由于通俗的阐述方法，你可以加深对课程的理解，激发延伸阅读的兴趣。有了这两把钥匙，一年级课程的听讲效率就会逐步提高。

祝

好好学习、天天向上！

南振中

2015 年 2 月 11 日

怎样培养自己的"新闻发现力"
——写给赵凡瑜同学的信

> "发现力"是什么?是经过研究、探索,看到或者找到前人没有看到的事物或规律。顾名思义,"新闻发现力"就是把前人没有报道过的新鲜事物和规律及时而准确地传播出去。

赵凡瑜同学:

你好!

在答卷中你提出:"写新闻稿时常常掂量不出事件的新闻价值,不知道有没有报道的必要。如何寻找新闻点呢?有没有比较好的寻找新闻点的方法呢?"这涉及"新闻发现力"的问题。为了便于理解,先讲一个故事:

2013年9月30日,《中国教育报》刊登题为"郑州大学五名保安考上名校研究生"的消息。报道说,郑州大学保卫处王强强等5名校卫队队员,分别被西南政法大学、北京航空航天大学、郑州大学、华南理工大学、河海大学录取,成为在读硕士研究生。2009年王强强高中毕业后,从农村老家来到郑大当上了一名校卫队队员。几年间,在完成值班和巡逻工作之余,靠自学考试先后

获得大学专科学历和本科学历，并于2013年6月以高分考取了西南政法大学宪法学与行政法学专业硕士研究生。

郑州大学5名校卫队队员考上名校研究生的消息被报道之后，在互联网上引起围观。有网友戏称："想考研的学子们，现在要首先考虑去郑大做保安了！"在郑大南校门值班的一名校卫队队员上年考研失利，但他不灰心、不放弃，业余时间仍在继续努力拼搏。不少大一新生表示："连'保安哥'都这么刻苦，我们更要珍惜大学的学习时光！"

需要说明的是，这一新闻线索并不是专职记者最早发现的。郑州大学新闻中心记者团一名成员曾前往郑州大学保卫处了解有关情况，准备采写一篇"郑大保安考上名校研究生"的新闻稿。由于有的保安不想将这件事传扬出去，这位"准记者"放弃了追踪采访的念头，因而与这篇重点稿件失之交臂。

这个故事告诉我们，大学校园里并不缺少新闻，而是缺少发现，缺少锲而不舍、刨根问底的执着精神。

"发现力"是什么？是经过研究、探索，看到或者找到前人没有看到的事物或规律。顾名思义，"新闻发现力"就是把前人没有报道过的新鲜事物和规律及时而准确地传播出去。新传院的学生是新闻战线的"预备役部队"。从入学之日起，你们就要锻炼自己的新闻发现力，力求发现或者找到迄今还没有通过大众传播媒介传播的、鲜为人知的新鲜事实；发现或者澄清社会上众说纷纭、莫衷一是的重大事件的事实真相；发现或者提炼出有助于解决各种社会矛盾的新鲜经验；发现和捕捉能给人以启迪的新思想和观念上的新变化；发现体现时代精神、对人们有较大激励作用的典型人物；发现体现事物发展规律的新苗头、新动向，准确预测和描绘事物的发展趋势；揭露"党和政府明令禁止、人民群众深恶痛绝"的不正之风。

你也许会问："我是个学生，还没有走向社会，怎么去'发现'呢？"如果反问一句"大学校园是不是社会的组成部分"，你该怎么回答？

先说报道对象。郑州大学有46个院（系），在校学生六七万人，是一个"小社会"。近6000名教职工中，既有两院院士、知名教授、国家教学名师，又有国家杰出青年基金获得者、国家级有突出贡献的中青年专家和"中原学者"，他们的成才之路大都带有传奇色彩，是不是很有向省内外推介的价值？

再说发表渠道。郑州大学有校办报刊和网站；河南省有许多报纸、电台、电视台。全国各地的新闻媒体就更多了。再加上现在每个人都拥有的传播平台"自媒体"，只要你写出了好作品，还用愁找不到渠道发表？从新传院的实践经验来看，2013届毕业生在校学习期间，在新华社、中央电视台以及《人民日报》《光明日报》《工人日报》《第一财经日报》《河南日报》《大河报》等主流媒体和一些知名网站发表的新闻作品数以千计。这充分说明，在校大学生发现新闻的潜力是巨大的。

在"人人都有麦克风"的时代，新传院的学生应该到学校所在地去发现；到实习基地同记者一起去发现；在校园里搜寻和发现。你们应该成为"河南新闻"和"校园新闻"的发现者、采集者和

传播者。几年之后，当你们把学习期间撰写的《新闻作品选》提交给招聘单位时，负责招聘的工作人员会对你们的专业素养和采写能力作出公正评价。

　　祝

　　好好学习、天天向上！

南振中
2015 年 2 月 12 日

对理论课的兴趣靠领悟
——写给方雅轩同学的信

> 哲学是一种使人聪明、启发智慧的学问。无论你将来从事什么工作,在大学学习期间打好哲学理论基础,将会使你终身受益。

方雅轩同学:

你好!

在答卷中你提出:"上了一学期的课,收获不是太大,觉得理论知识很无聊。您在郑州大学学习时,一开始就对这些理论知识感兴趣吗?"

首先我要坦诚地回答你:"我刚上大学时跟你一个样,对理论课不感兴趣。"你们现在学的是《马克思主义基本原理》,20世纪60年代还没有开这门课,本科生学的是《辩证唯物主义历史唯物主义》,俗称"哲学课"。教我们哲学课的老师讲得很认真,语速较慢,基本上是照本宣科,不补充,不发挥。有一次我突发奇想:用蓝色活动铅笔在教科书上点点儿,老师讲一个字,我就在那个字的下面点一个蓝点儿。45分钟,我点了2400多个蓝点儿。我这才弄明白，老师在课堂上背的是艾思奇主编的教科书。这次"点点儿"，差一点使我丧失了对哲学课的兴趣。

后来我寻思：艾思奇是中国一流哲学家，老师原原本本地将他主持编写的教科书念给我们听，这是吸收知识的好机会，与其走神，不如专心致志地听讲。就这样，我把哲学课的一些知识点基本记在脑子里了。比如，《辩证唯物主义历史唯物主义》第四章谈道，一方面矛盾着的各方面在一定条件下互相依存；另一方面矛盾双方在一定条件下，各向其相反的方面转化。离开郑州大学之后到新华社山东分社当记者，由于采访连连失利，一度对能否当好一名记者产生了怀疑。就在这样的关头，大学学习的哲学理念成了

2013 年 12 月 12 日，作者与学生交流。

我的精神支柱。我想，既然事物无不在一定条件下向其相反的方向转化，那么，暂时对新闻工作不熟悉可以转化为比较熟悉，对新闻工作不适应可以转化为基本适应。我把这一漫长而艰难的转化过程写成了一本《我怎样学习当记者》，1985年10月由新华出版社出版发行，第一版第一次印了24000册，销售一空；第二次印了20000册，又卖光了。如果没有辩证唯物主义和历史唯物主义作指导，很难实现从"不适应新闻工作"到"比较适应新闻工作"的转化。

哲学是一种使人聪明、启发智慧的学问。无论你将来从事什么工作，在大学学习期间打好哲学理论基础，将会使你终身受益。据《列夫·托尔斯泰》第四章的记述，托尔斯泰在俄国喀山大学法学系学习时，迷恋上了思辨哲学。他有时处在兴奋状态，夜里"在梦中也看到和听到新的伟大真理和规则"。他不得不准备两个笔记本：一本记录自己思考的"新哲学"基本原理；另一本记录这些哲学原理在生活上的应用，即行为准则。这年夏天，托尔斯泰开始接触卢梭的著作。托尔斯泰说："我永远不会忘记卢梭《忏悔录》给我留下的强烈的欢快的印象以及使我感受的那种憎恶虚伪、热爱真理的情感。"哲学思考使年轻的托尔斯泰的生活方式发生了变化。他不再注意自己的仪表，力求简化自己的衣着和住所。哲学功力助推托尔斯泰走向成功。

学好《马克思主义基本原理》这门课，有助于你把握唯物辩证法的基本原理，了解物质统一性和实践的基本观点，掌握唯物辩

证法的基本规律和基本方法，为树立科学的世界观打下理论基础。只要能联系实际深入思考，就会有一种豁然开朗之感，怎么能说理论知识"枯燥乏味"呢？

以上看法，供你参考。

祝

好好学习、天天向上！

南振中

2015年2月16日

学会从专业教材中汲取营养
——写给李艺同学的信

> 既然这堂课我已支出了时间,那就力求多学到一点新知识,或者获得一点新感悟!要收大于支,不要支大于收,更不能只有时间支出,而没有知识收获。

李艺同学:

你好!

看了你的答卷,知道你对读书很有兴趣,2014年读了20多本书。而且看到精彩的片段会记下来,写上自己的理解和感悟。这种习惯很好,应保持。

你在答卷中说:"作为文科生,个人觉得专业教材很无趣,只有生硬死板的理论,对实际指导作用不大。如何在专业书中汲取更多知识?"你对教材提出的意见不无道理,你谈到的困惑有一定的代表性。

为了提升高等院校本科教材的质量,2011年4月28日,教育部印发了《关于"十二五"普通高等教育本科教材建设的若干意见》。"意见"提出,要适应不同类型高等学校需要和不同教学对象需要，编写推介一大批符合教育规律和人才成长规律的普通高等教育本科教材。要改革创新，鼓励对优秀教材不断修订完善，将学科、行业的新知识、新技术、新成果写入教材。随着这些措施的落实，专业教材的质量会逐步提高，对大学本科生的吸引力也会进一步增强。

问题在于专业教材的修订需要时日。你在大学学习的时间有限，等教材修订好了，也许你已经毕业、离校。务实的办法是想一想当下应该怎么办。建议你多搜集一些新闻界的实例，联系实际对专业教材中谈及的问题进行深度思考，这可能是从专业教材中汲取营养的有效办法。

以高等教育出版社和人民出版社出版的重点教材《新闻学概论》为例。教材第二章专门讲授新闻真实，强调"准确地报道事实，向人民群众如实反映客观世界最新发生变动的情况，是新闻报道的基本要求，也是新闻工作的基本原则"。为了坚守这一原则，教材强调了四个方面：一是构成新闻的要素"五个W"要准确无误；二是事实的细节描述要有根有据，符合实际；三是新闻中使用的背景材料要真实可靠；四是新闻中所概括的事实要符合客观实际。这一章节是对多年来新闻采编实践经验的概括。2015年1月下旬，根据社会举报，中国记协查处并公布了3起虚假、失实事件，头一件就是2014年9月29日《中国经营报》关于"发改委海南国际旅游岛评估报告未通过专家评审"的报道。经查，国家发改委未就海南国际旅游岛评估报告组织过专家评审，《中国经营报》的报道严重失实。联系这一典型案例，重读《新闻学概论》第二章，你就不会觉得

"专业教材很无趣"了。

再以"21世纪新闻传播学系列教材"中的《新闻采访学》为例。你可以联系新闻界的不正之风领悟教材中的一些基本观点。2014年11月下旬，中国记协发出关于查处3起违反新闻职业道德的案例通报。通报说，2008至2011年间，原《今日信息报》（现更名为《慈善公益报》）记者郭某某私自接受他人请托，采写了《沙中村民何时能拿到征地补偿款？》的报道，并收取了6万余元的"办事"费用。郭某某的行为严重违反了新闻行业法规和新闻职业道德。你再看看《新闻采访学》对这个问题是怎么论述的。该教材第五章"保持廉洁奉公的作风"一节写道："记者虽不掌握党权、政权、军权、财权，但掌握舆论权。有些人为了谋取个人私利，就要千方百计利用舆论权……在社会上存在不正之风和少数干部贪污腐败的情况下，新闻媒介加强清正廉洁宣传的责任更重了。正人先正己。强调记者提高职业道德素质，不以舆论权谋私，保持廉洁奉公的作风，也更有必要。"联系新闻界以稿谋私的实例，品读新闻专业教材，你就能感受到新闻专业教材对新闻实践的指导作用。

大学本科4年，8个学期，其中第8学期要实习和写毕业论文，实际上课时间为7个学期。假定每学期上课18周，每周24节课，"读大学"上的课只有大约3000课时。有的家庭建立了"收支明细账"。你能不能建立一本"课堂时间利用情况明细账"？要好好想一想自己课堂时间的利用率是高还是低，有没有白白浪费过？你要确立这样一个理念：既然这堂课我已支出了时间，那就力求

多学到一点新知识，或者获得一点新感悟！要收大于支，不要支大于收，更不能只有时间支出，而没有知识收获。

　　祝

　　好好学习、天天向上！

南振中
2015 年 2 月 20 日

必须有一个中心去维持读书兴趣
——写给周元杰同学的信

> 读书必须有一个中心去维持兴趣，或是科目，或是问题。

周元杰同学：

你好！

看了你的答卷，知道你比较喜欢读书，2014年读了10本左右。每天你还根据读到的内容写读书心得，以锻炼思考力。这种做法很好，望能坚持。

你在答卷中提出："是根据自己的兴趣读书，还是根据书的实用程度读书？"为了回答这个问题，让我们共同学习美学家朱光潜在《朱光潜谈读书》中说的两段话：

——有些人读书，全凭自己的兴趣。今天遇到一部有趣的书就把预拟做的事丢开，用全副精力去读它；明天遇到另一部有趣的书，仍是如此办，虽然这两书在性质上毫不相关。这种读法有如打游击，亦如蜜蜂采蜜。它的好处在使读书成为乐事，对于一时兴到的著作可以深入，久而久之，可以养成一种不平凡的思路与胸襟。它的坏

图为作者给郑州大学新闻与传播学院学生的回信。

处在使读者泛滥而无所归宿，缺乏专门研究所必需的"经院式"的系统训练，产生畸形的发展，对于某一方面知识过于重视，对于另一方面知识可以很蒙昧……一个人如果抱有成就一种学问的志愿，他就不能不有预定计划与系统。

——读书必须有一个中心去维持兴趣，或是科目，或是问题。以科目为中心时，就要精选那一科要籍，一部一部的从头读到尾，以求对于该科得到一个概括的了解，作进一步作高深研究的准备。读文学作品以作家为中心，读史学作品以时代为中心，也属于这一类。以问题为中心时，心中先须有一个待研究的问题，然后采关于这问题的书籍去读，用意在搜集材料和诸家对于这问题的意见，以供自己权衡去取，推求结论。

你看，朱光潜先生将兴趣与实用的关系讲得多么清楚！

在几十年读书的过程中，我也尝试着"以中心维持兴趣"，渐渐地收到了一些成效。比如，进入21世纪以来，新闻工作者遇到的一道难题是舆论监督。我将破解舆论监督难题确定为中心研究课题，在一段时间里，围绕这一中心集中阅读马克思、列宁、毛泽东有关舆论监督的论述。1848—1849年，马克思和恩格斯在创办《新莱茵报》时，非常重视报刊的"监督权"。马克思认为，报刊是"无处不在的耳目"，是"热情维护自己自由的人民精神的千呼万应的喉舌"。恩格斯在《路易·勃朗在第戎宴会上的演说》一文中说，"团结并不排斥相互间的批评""没有批评就不能相互了解，因而也就谈不到团结"。他还认为，在多种批评中，报刊批评是最厉害、最有效的批评。列宁也十分重视发挥舆论监督的作用，他在《苏维埃政权的当前任务》一文中明确要求报纸刊物"把那些顽固地保持'资本主义传统'，即无政府状态、好逸恶劳、无秩序、投机活动的公社登上'黑榜'"。通过学习和思考，我认识到舆论监督至少有三项功能："纠误"功能；评判功能；警示功能。舆论监督可起到提醒、告诫的作用，个别人受到批评和监督，会使更多的人引为警诫、受到教育。我把学习心得写成了一篇题为"舆论监督是维护人民群众根本利益的重要途径"的论文，《求是》杂志2005年第12期全文刊登。实践使我认识到，确定一个中心去钻研，是维持读书兴趣的有效办法。我把这种方法介绍给你，供你参考。

祝

好好学习、天天向上！

南振中

2015年2月24日

专注是记忆力的"增强剂"
——写给陈薇伊同学的信

> 大学生的记忆有两个关键环节：一是记，就是把学习到的新知识保存在记忆的仓库里；二是忆，就是对知识进行回忆和重温。在学习过程中只记不忆，是记不住的一个重要原因。

陈薇伊同学：

你好！

看了答卷，知道你很喜欢读书，2014年读了11本。在读书时，把自己有感触的话勾画一下，加深印象。这些做法很好，望能坚持。

你在答卷中说："看完的书总会记不住内容，这让我很苦恼，我想问问老师，怎样才能最大限度地记住自己看过的内容？"这个问题使我想起半个世纪以前郑州大学的一次专题讲座。

1960年，李準在《人民文学》杂志上发表了《耕云记》，郑州大学教务处约请他给师生作专题报告。那天李準就讲到《耕云记》：春天，作者到玉山人民公社去，走在路上，雨淅淅沥沥地下起来。大路旁有个小草棚，人们都挤在下边避雨。从大路上跑来一个姑娘，在草棚边上找了一块刚能避雨的地方。天上亮出了几块黄色的云，雨停了。大伙儿急着赶路，像放开闸门的水一样，一下子都涌到了路上。姑娘抬头望了望天空，喊道："同志们，还有雨！"果然没跑二百步远，一阵急雨，像筛豆子一样又哗哗地下起来。有人说："春天雨就是多！"姑娘说："这里春天雨不多。上年4月1日到12日就没下雨。13日只下了4指雨。"原来这位姑娘是自学成才的公社气象员萧淑英。大伙儿夸她好记性。姑娘说："其实人的记性都差不多，就看你专在什么事上。我娘就常骂我'没脑子，好忘事'"。

50多年过去了，萧淑英这句话我依然没有忘记。"人的记性都差不多，就看你专在什么事上"，你看专注是多么重要！

很多人都知道电话号码难记，我就记不住自己手机号码，只好把它添加在自己的通讯录里，可电话接线员就能记住数以千计的电话号码。我在北京住了30年，上街还是记不住路，可出租汽车驾驶员就能记住全市主干道、景点、宾馆的地理位置。前些年，一位"的哥"将北京市地图摊开，把两粒黄豆丢下去，无论滚落到哪两个点，他都能说出两点之间最近的路该怎么走。不是因为他特别聪明，而是由于他的勤奋和专注。

一些心理学家在研究"选择性记忆"。能满足自己需求的知识记忆起来比较容易；自己感兴趣的知识记忆起来比较容易。拿破仑曾在法国皇家陆军学校专攻炮兵学，后来被授予炮兵少尉军衔。他善于将各种军事策略运用到实战之中，主张将火炮集中使用。这种对火炮的偏好，使他能准确记住设置在法国海岸的大炮种类和位置。如果部下关于大炮位置的报告有误，他能及时纠正。无产阶级革命家列宁关注经济建设，因而能准确记住俄罗斯国民经济统计数字。弄懂了"选择性记忆"，你就会知道为什么专注会成为记忆力的"增强剂"。

大学生的记忆有两个关键环节：一是记，就是把学习到的新知识保存在记忆的仓库里；二是忆，就是对知识进行回忆和重温。在学习过程中只记不忆，是记不住的一个重要原因。当今世界，吸收知识的渠道越来越多，每个人的脑子里都存储着大量的知识。只有经常回忆和重温，用得着时才能将相关知识拎出来。我给这种本领起了个名字，叫"人脑搜索功能"。举一个例子：

2014年4月7日出版的《人民日报》刊登了《从楚王失弓说开去》一文，其中有一段话："《吕氏春秋》里记载着一则楚王失弓的故事，讲的是楚王去云梦泽打猎，不小心把自己心爱的弓丢了，侍从们要循原路寻找，楚王说，算了吧，不必去找了，楚人失之，楚人得之，到不了别处的。侍从们都很佩服楚王的豁达与胸怀。"

我读过《吕氏春秋》，通过回忆，我怀疑作者引述有误，就去查《吕氏春秋》。《吕氏春秋·孟春纪第一》的记载是"荆人有遗弓者，而不肯索"。这里说的是"荆人"，并未说"楚王"。荆人即楚人或南方人，将"荆"改为"楚"，还说得过去；而将"荆人"改为"楚王"，显然是一种错误。现存文献中有"楚王遗弓"的记述，但不是《吕氏春秋》，而是《公孙龙子·迹府》和《孔子世家·好生》。估计《从楚王失弓说开去》一文的作者引述时并未同原著核校。于是我给《人民日报》一位副刊编辑发了一则手机短信，指出这一错误。

编辑同志很快回复:"这篇文章既然标明典故引自《吕氏春秋》,那么,将原文'荆人'翻译成'楚王'显然是不准确的。谢谢您的提醒。"

如果你在学习过程中不仅学会了记,而且学会了忆,养成经常回忆、重温、联想、检索的习惯,你所学知识就不会轻易忘掉了。

祝

好好学习、天天向上!

南振中

2015年2月25日

倡导"硬读"和大胆提问的学习风格
——写给陈咨霖同学的信

> 学会在提问中学习、在提问中思考、在提问中创新。

陈咨霖同学：

你好！

看了你的答卷，知道你除了读专业书，还喜欢读人物传记和历史类著述。你采用图表方式或列提纲方式，把书的逻辑架构整理出来，以加深理解和记忆。这些做法很好，望能坚持。

你在答卷中提出：读理论书籍，很多专业名词不懂。即使弄清楚了名词，放在整个语境里还是理解不了。"遇到读不懂的书时，不知道是硬着头皮读下去还是放弃？"为了回答这一问题，先向你推荐鲁迅先生说过的一段话："在读一本书的时候，你常常会觉得很难懂。不要紧，把它放在一边，换一本来读。几个月或半年后再将第一本书看一遍，你肯定会比以前理解要好得多。""先放一放"是鲁迅经常采用的一种办法。

宋代文学家苏轼采用的则是"各个击破"读书法。他认为一本书的内容非常丰富，不可能一下子就全都读懂，每读一遍只要读懂和消化一个问题，读懂一点是一点。这种办法也不妨一试。

至于"硬读"，也不失为一种可供选择的有效办法。《珍惜自己读不懂的书》的作者杨照就喜欢"硬读"。上初中时，杨照开始读德国作家黑塞的作品，《彷徨少年时》《漂泊的灵魂》《乡愁》《流浪者之歌》，一本接着一本地读。每天早上五点半，他用闹钟将自己叫醒，然后坐在书桌前，摊开书一字一字地读，一行一行地读。之所以这样认真，是因为读不懂。一方面是不服气，觉得只要坚持下去，陌生的字句意义总有一天会在眼前豁然开朗；另一方面是好奇，那读不懂的字句间，偏偏有一种奇特而神秘的魅力，吸引他一直想看下去。杨照说："少年时代最大的珍宝之一，就是极度善感的心，随时吸收，随时感应，就算对于看来陌

2018年6月26日郑州大学新闻与传播学院举行2018届毕业生学位授予仪式，作者（右中）与学院教授合影。

生、疏远的东西，也不要轻易拒绝。"如今，杨照对黑塞的作品已经非常熟悉。前些年，一家出版社重新出版赫尔曼·黑塞的《彷徨少年时》，特约杨照撰写了评介文章，可见他已成为研究黑塞作品的专家。

除了上面介绍的几种办法，还有一种是不懂就问。郑州大学有46个院（系），在近6000名教职工中，既有两院院士、知名教授、国家教学名师，又有国家杰出青年基金获得者、国家级有突出贡献的中青年专家和"中原学者"。只要你大胆提出自己不懂的问题，一定会有人给你指点。遗憾的是，一些大学生不善于提出问题。以课堂提问为例，清华大学教育研究院几年前曾经发布过一份本科教育学情调查报告，在"课上提问或参与讨论"题项上，选择"从未提问"的学生超过20%；选择"经常提问"的学生只有10%。在一个信息大爆炸的时代，每时每刻都会遇到一些难以理解的问题。在吸收知识的过程中，大胆说出你的疑惑，提出各种各样的问题，包括富有挑战性的问题，有助于扩大你的"知识圈"。建议你积极开发自己的提问潜能，学会在提问中学习、在提问中思考、在提问中创新。

祝

好好学习、天天向上！

南振中

2015年3月1日

养成联系思维的习惯
——写给博士研究生的短札

每周精读一本专业书籍的计划很好。拿《中国新闻舆论史》来说吧，尽管这本书被学者指出"硬伤"太多，"不十分严谨"，但就舆论史而言，还是值得一读的。

我读《中国新闻舆论史》时，结合阅读了其他书籍。比如，林语堂引用了"天视自我民视，天听自我民听"和"民可使由之，不可使知之"。我记起《鬼谷子·摩篇第八》中有类似的记载，就去翻看，果然找到了一段话：

"故曰：主事日成，而人不知；主兵日胜，而人不畏也。圣人谋之于阴，故曰神；成之于阳，故曰明，所谓主事日成者，积德也，而民安之，不知其所以利。积善也，而民道之，不知其所以然；而天下比之神明也。主兵日胜者，常战于不争不费，而民不知所以服，不知所以畏，而天下比之神明。"

这些主张与人民群众的知情权背道而驰，在研究知情权问题时可作为反面材料。将来你的书读得多了，就会养成联系思维的习惯。

2014年5月26日

阅读专业书不必平均使用力量
——写给周安祺同学的信

> 读书要选择不同的方法。有些书只要读其中的一部分就够了；有些书可以全读，但不必过于细心地读；还有不多的几部书则应当全读、勤读，而且用心地读。

周安祺同学：

你好！

看了你的答卷，知道你喜欢读文学方面的书。你在读书过程中能记下感触较深的文字，捕捉"心中所想而笔下全无的道理"，并与作者传递的思想产生共鸣。这说明你不仅读了，而且读进去了。这样读书可以增进你对社会生活的理解。

你在答卷中提出："很多专业书比较难读，是否可以挑选书的精华阅读，而不通读全书？"为了回答这个问题，向你推荐培根的《论学问》。

培根认为读书"要以能权衡轻重、审察事理为目的"。有鉴于此，他提倡有区别的读书方法，即有些书可供一尝，有些书可以吞下，有不多的几部书则应当咀嚼消化。这就是说，有些书只要读其中的一部分就够了，有些书可以全读，但是不必过于细心地读；还有不多的几部书则应当全读、勤读，而且用心地读。培根把详读与略读、全读与节选讲得很清楚，这些意见可供你参考。

研究生阅读专业书籍有三个目的：一是弥补专业知识缺陷。研究生需要熟悉本学科领域的研究现状，掌握学术研究基本方法。这需要打下坚实的专业知识基础，拓宽知识领域，开阔学术视野。二是围绕课题及初步形成的论点，沿着肯定、否定两个方向搜集佐证，调整思路，增强观点自信。三是从专业书籍中发现未知领域或尚未引起关注的领域，捕捉新苗头，探究新课题。对于能满足上述需求的经典著作，要全读、精读、反复读；对于不能满足上述需求的一般性读物，可粗读或有选择地阅读。

精读、粗读不是一种简单划分，划分之后也不可能一成不变，而是一个辩证发展的过程。不管是谁，也不管他的学问有多大，一开始都要经历"全读、精读、细读"的阶段，即使部分内容晦涩难懂，枯燥乏味，也要硬着头皮坚持读下去。以舆论传播研究为例，对《公众舆论》《幻影公众》《大数据时代》《零边际成本社会》《认

延伸阅读

《论学问》：《论学问》（Of Studies）是《培根散文集》58篇散文中最著名的一篇。文章分析了学习的主要目的，不同人采取不同的学习方法，以及学习是如何对人的性情品格产生潜移默化的影响的。全书结构简练而紧凑，语言很有说服力。

知盈余》《乌合之众——大众心理研究》《马克思恩格斯列宁斯大林论新闻出版》《精神交往论——马克思恩格斯的传播观》《浅薄：互联网如何毒化了我们的大脑》《媒体融合与融合新闻》等专业书籍，要全读、精读、细读。假如每10天读一本，用200天可精读20本经典专业书籍。有了这个基础，再读同类的书就会发现一些章节大同小异，有的书只有几个章节有参考价值，这时，你就自自然然地进入了选择性阅读阶段。革命家徐特立说过："读书常患'走马观花''狼吞虎咽''囫囵吞枣'，随读随忘。不切实际的贪多，既不能理解又不能记忆。我的读书方法总是以'定量''有恒'为主。"这一读书方法，对指导阅读经典著作非常有用。

当你们的专业知识积累到一定程度，阅读就有了很大的"自由度"。据说大数学家华罗庚拿到一本书，不是从头至尾地阅读，而是对着书思考一会儿，然后闭目静思。他猜想书的谋篇布局，斟酌完毕再打开书，如果作者的思路与自己猜想的一致，就不再读了。这种读书方法不仅为华罗庚节省了时间，而且培养了他的思维能力和想象力。然而，要达到这种阅读境界，必须下一番"笨功夫"。

建议你在导师的指导下，精选10至20本经典著作，从头至尾静心阅读。"如果一个人足够认真地读上10本书，他就能成为一个圣人。"福楼拜的这句话明显带有夸张的成分，但作为对读书人的一种善意劝诫，不能说完全没有道理。

祝

好好学习、天天向上！

南振中

2015年1月21日

要有问题意识
——写给博士研究生的短札

一周汇报收到。你信中提到"要是不给自己一点压力，就很难完成每周读一本专业书的任务"。人对时间的支配分为自觉支配和强制支配，仅靠自觉难以完成比较艰巨的任务，因为人的自觉性有限，最舒服的状态是"斜靠在沙发上，手持电视机遥控器，频频换台"。如果在自觉的基础上，适当加一些"强制支配"，潜能就容易被激发出来，你会活得更加精彩！

明后天你要整理《舆论学》的书摘和感想，别忘了读书主要是为了寻找启发。举两个例子：

《舆论学》阐述了法国历史学家丹纳的舆论观："大众像个人一样有时会有错误的判断、错误的理解，但也像个人一样，分歧的见解互相纠正、摇摆的观点互相抵消以后，会逐渐趋于固定确实，得出一个相当可靠相当合理的意见，使我们能很有根据很有信心地接受。""每个人在趣味方面的缺陷由别人的不同的趣味加以弥补；许多成见在互相冲突之下获得平衡；这种连续而相互补充逐渐使最后的意见更接近事实。"对这两段文字，学界有一些不同看法。但作为研究和探索，可不可以思考一下"网络舆论场上各种意见相互抵消、弥补、纠正的'自净功能'"？海洋是有"自净能力"的，网络舆论场有没有类似的"自净能力"？通过分歧见解的互相纠正、摇摆观点的互相抵消，以及个人趣味缺陷的相互弥补，在适当的调节之下能否做到"趋于自净"？

再比如，《舆论学》分析了态度的表现形式：以语言形式的表达，构成显舆论；以情绪形式的表达，构成潜舆论；以规模行为的表达，构成行为舆论。现在许多机关重视"舆情监测"和"舆情分析"，但是分析出来的产品带有"滞后性"。可不可以思考一下"潜舆论监测"的可行性，以及"潜舆论监测"的舆情预报功能？

博士生读书与大学生和机关干部读书明显不同。博士生要有"问题意识"，要敏锐地发现值得继续关注和潜心研究的新鲜课题。

以上供你整理书摘和感想时参考。

2014年7月6日

第三辑

读点经典，读点有用的书，读点感兴趣但暂时没有用处的书，三者兼顾，你的知识积累会越来越雄厚，知识结构也会越来越合理。

文学名著不可不读
——写给杨壮阔同学的信

> 文学名著是经过历史检验流传下来的经典之作，是传统文化的精华。文学名著的"真"是将社会状况和人的面貌、心态真实地再现出来；文学名著的"善"是倡导对生命的尊重和对幸福的向往；文学名著的"美"是力求满足人们的审美需求，带给人们精神上的愉悦。阅读讴歌真善美的文学名著，有利于丰富人生经验，提升人生境界，可见文学名著值得一读。

杨壮阔同学：

你好！

看了你的答卷，知道你读书兴趣很浓，一年翻阅了上百本书。在读书过程中你采取抄录或者拍照记录的办法，将有用的资料存到云盘，反复阅读。这些做法很好，望能坚持。

你在答卷中说："我只看经营管理、广告营销和传播类书籍。对文学名著不感兴趣，一看名著就头疼。"这不是你一个人的困惑，一些年轻人都有类似的感受。2012年7月16日，《中国青年报》刊登了一篇题为《"读图时代"青少年已远离文学名著》

的文章，其中谈到，该报社会调查中心对 11671 人进行的调查显示，56.0% 的人坦言"读图时代"导致越来越多青少年远离名著。有人认为时代或文化背景差异导致理解困难，没共鸣；有人觉得名著篇幅太长，没耐心读下去。

文学名著是经过历史检验流传下来的经典之作，是传统文化的精华。文学名著的"真"是将社会状况和人的面貌、心态真实地再现出来；文学名著的"善"是倡导对生命的尊重和对幸福的向往；文学名著的"美"是力求满足人们的审美需求，带给人们精神上的愉悦。阅读讴歌真善美的文学名著，有利于丰富人生经验，提升人生境界，可见文学名著值得一读。

许多人的成长经历都留有文学名著的烙印。肖风在《冰心传》中写道：作家冰心小时候就喜欢听她舅舅讲《三国志》的故事。舅舅因为忙，有时接连几天都没有时间讲，7 岁的冰心急于知道故事情节的发展，只得自己拿起书来边猜边看，居然把一本《三国志》看完了。随后，冰心又读了《水浒传》和《聊斋志异》。冰心 10 岁时开始读《论语》《左传》《唐诗》《女诫》和《饮冰室自由书》。巴金对冰心的评价是："一代代的青年读到冰心的书，懂得了爱：爱星星、爱大海、爱祖国，爱一切美好的事物。"冰心一生能达到这样的境界，与她深厚的文化底蕴分不开。

中国作家是这样，外国作家也是如此。卢梭是法国哲学家、文学家。他的父亲嗜读书，常常在晚饭后和卢梭互相朗读名著，有时通宵达旦。日复一日地读书，卢梭养成了良好的读书习惯。7 岁的卢梭就将家里的书籍遍览无余。后来，卢梭成为法国 18 世纪伟

大的启蒙思想家和浪漫主义文学流派的开创者，这与他从小对文学名著的热爱不无关系。

有人对文学名著不感兴趣，很可能是觉得读名著没有多大用处。我在写给郑大新传院三年级本科一位同学的信中，把阅读价值分为直接价值和间接价值。读文学名著很难产生直接价值，也不可能在短时间内见到成效。文学名著对读者的影响是潜移默化的，是持久的，甚至过了一二十年，读者还会偶然记起名著的精彩片段。以英国作家丹尼尔·笛福的小说《鲁滨孙漂流记》为例。我是20世纪80年代初读完这本书的。1997年3月27日，新华社山东分社记者杨凤山向新华社总社汇报典型人物朱彦夫的采访情况。朱彦夫14岁参军入伍投身革命，在抗美援朝战场上失去了四肢和左眼。在和平建设时期，他主动放弃荣军休养所的特护待遇，回到家乡山东省沂源县担任村党支部书记长达25年，把一个贫穷落后的小山村，建成远近闻名的先进村。退休后，他用嘴衔笔、残肢抱笔，创作完成了自传体长篇小说《极限人生》和《男儿无悔》。杨凤山准备采写一篇人物通讯。听完介绍，我讲了一段话，就用上了十多年前从《鲁滨孙漂流记》一书获得的知识。我说：公元18世纪，英国作家笛福在《鲁滨孙漂流记》中塑造了一个英雄，就是鲁滨孙。他是一个坚强的人：只要还能划水，就不肯被淹死；只要能站立，就不肯倒下。经过无数艰难曲折，他终于脱离险境，而且得到了大量产业。鲁滨孙是资本主义上升时期的英雄人物。如今我们搞社会主义市场经济，也需要发现这个时代的英雄人物，朱彦夫的现实意义就在这里。杨凤山经过深入采访，不仅写出了关于朱彦夫的长篇通讯，而且出版了一部关于朱彦夫的报告文学作品。十多年过去了，朱彦夫这个典型仍在激励着人们。2014年3月31日，中共中央宣传部等部门再次向全社会宣传"时代楷模"朱彦夫的先进事迹，号召社会各界向朱彦夫同志学习。

  为了使你能够很容易地找到文学名著，顺便向你推荐"在线读书网"，在那里你可以下载60部世界文学名著，包括查尔斯·狄更斯的《雾都孤儿》、简·奥斯丁的《傲慢与偏见》、维克多·雨果的《巴黎圣母院》、巴尔扎克的《欧也妮·葛朗台》、大仲马的《基督山伯爵》、小仲马的《茶花女》、罗曼·罗兰的《约翰·克利斯朵夫》、肖洛霍夫的《静静的顿河》、海明威的《老人与海》、薄伽丘的《十日谈》、塞万提斯·萨维德拉的《堂吉诃德》、加西亚·马尔克斯的《百年孤独》等。如果能静下心来读完其中的5本书，你也许就会改变对文学名著的看法。

  祝

  好好学习、天天向上！

南振中
2015年2月21日

当个"杂家"不容易
——写给张宇同学的信

> 对"怎样成为优秀的杂家"的三点建议:一是正视自己的知识缺陷;二是建立百科知识资料库;三是杂而不散、杂而有度。

张宇同学:

你好!

在答卷中你提出:"经常听到别人说新闻工作者都是杂家,具体杂在哪些方面?怎样成为优秀的杂家?"

著名教育家叶圣陶先生曾经提出记者要当杂家;新闻界老前辈邓拓也主张记者应当是杂家。邓拓在《欢迎"杂家"》一文中写道,专门的学问虽然不容易掌握,但是只要有相当的条件,在较短时间内,如果努力学习,深入钻研,就可能有些成就。而广博的知识,包括各种实际经验,则不是短时间所能得到,必须经过长年累月的努力,不断积累才能打下相当的基础。"如果不承认所谓'杂家'的广博知识对于各种领导工作和科学研究工作的重要意义,那将是我们的很大损失。"两位前辈都强调了"杂家"的重要性。

1964年8月,刚刚当上新华社文教记者的我,迫不及待地阅读了《文教记者的活动》一文。作者在这篇文章中讲述了一个假设的故事：一天，有两家报纸的两个文教记者，一同到科学俱乐部去玩。那里有几个科学家在聊天。有一个科学家在闲谈中随便提到，他最近去桑干河流域，在那里发现了一块泥盆纪的石头，是加工过的。第二天，其中一家报纸以通栏标题刊载了一条消息，说中国猿人并不是人类最早的祖先，报纸还刊登了在桑干河发现的泥盆纪石块的照片。这条消息是到科学俱乐部去的两个文教记者中的一个写的。另一个文教记者，因为缺乏关于地质学的知识，不了解泥盆纪是什么意思，认为拣到一块石头是非常普通的一件事，喝了杯茶，就先回去休息了。

原来，泥盆纪比发现中国猿人头骨的地层的地质年代要早3亿2000多万年。对石块进行加工，只有人类才能做到。那位写消息的记者把这两个概念联系起来思考，推知世界上有比中国猿人更早的人类存在。于是，这条震动世界的消息被他采访到了。

这个故事并非事实。它就像一则寓言，假托故事，阐明哲理。作者写道："知识，对于文教记者有何等的意义，从这个假设故事中可以看出一二。"在编辑实践中，我也有类似的感悟。有一次，我看到一则关于美国发现特大蝴蝶的消息稿，说是一个美国人坐在家里，突然听到一种很大的声音，出来一看，是一只特别大的蝴蝶。这只蝴蝶的翅膀有1米多长，像一架直升机。我立即同我手头保存的资料进行核对，并且让人与中国科学院昆虫专家联系，向他们请教。昆虫专家告诉我们，蝴蝶属昆虫纲、鳞翅目。它的体格大小因品种而异，最小的蝴蝶展翅后只有1.6厘米长，大蝴蝶

1995年8月4日，作者在河南省三门峡黄河大桥留影。

展翅可达 24 厘米，最大的也不会超过 28 厘米，这是由蝴蝶的身体构造特性决定的。昆虫专家断言，这种"直升机"一样的超大型蝴蝶在地球上是不可能存在的。我把昆虫专家的意见告诉编辑，让他们向我提供这一稿件的"消息来源"。两个钟头之后，核查结果出来了：这条稿件是根据一张小报刊登的消息摘编的；这家小报上的消息是根据一本杂志上刊登的稿件摘编的。至于这本杂志是从哪里抄来的，没有再往下追。正是由于有了一点关于蝴蝶的知识，才有可能发现新闻稿件中的错误。

你问："怎样成为优秀的杂家？"我提三点建议：**一是正视自**

己的知识缺陷。巴甫洛夫在《给青年们的一封信》中写道:"永远不要企图掩饰自己知识上的缺陷,即便用最大胆的推测和假设去掩饰,这也是要不得的。"在大学学习期间,你们应及时分析自己的知识缺陷,想方设法弥补这些缺陷。当某一知识缺陷得到弥补时,你们就会看到一片新的天空。**二是建立百科知识资料库**。我在"个人数字图书馆"总目录下建立了"新学科总揽"和"百科知识"子目录。凡与自己所从事专业有关的新学科、新知识,都存储到这两个资料库中,以备查阅。**三是杂而不散、杂而有度**。高阳所著《胡雪岩全传·灯火楼台》中有一句话:"杂七杂八都吃在肚皮里,也没有看他们有啥不对。"杂七杂八形容东西混杂,或事情非常杂乱。这样的"知识大杂烩",恐怕不会有太大的用处。吸收知识最好同所学专业结合起来,同研究课题结合起来,就像北京市的环路,二环、三环、四环,逐渐向外延展。加上前面提到的建立百科知识资料库,你所掌握的各类知识就不会显得无度和凌乱了。

以上建议,供你参考。

祝

好好学习、天天向上!

南振中

2015年2月15日

开口就要说重点
——写给薛玉琼同学的信

> 大学生演讲,除了简短,还应改进话语方式,力求让听众听得懂、愿意听、记得住。

薛玉琼同学:

你好!

在答卷中你提出:"大学生演讲时怎样让听众很快地理解自己想要表达的内容?"在回收的问卷中,只有你提出了演讲问题,这是不是你的个人爱好?考虑到个人表达能力会直接影响和他人的沟通,而演讲是提高大学生表达能力的重要途径,所以我愿意就演讲问题与你沟通交流。

演讲是在公众场所针对某个具体问题,鲜明地发表自己的见解,阐明事理或抒发情感。为帮你思考你所提出的问题,先给你讲一个"说短话"的故事。

1952 年朝鲜战场上甘岭战役,以美国为首的敌军调集兵力 6 万余人,大炮 300 余门,坦克 170 多辆,出动飞机 3000 多架次,向中国人民志愿军两个连约 3.7 平方公里的阵地上倾泻炮弹 190

余万发、炸弹5000余枚。炮兵火力密度超过了第二次世界大战的最高水平。志愿军战役指挥员、15军军长秦基伟与坚守在前沿阵地的部队指战员通话，他说："转告坑道里的同志们，军党委和军首长都很惦记前面的同志……"刚说了一句，就被电话员打断，说："首长，别啰唆了，拣要紧的说，先下命令吧！"因为当时为保障电话畅通，许多通信兵献出了年轻的生命，战地的特殊环境要求指挥员开门见山。

无独有偶，日本人际沟通大师斋藤孝在《开口就能说重点》一书中也谈到，几乎所有的事情都可以用一分钟，顶多两分钟说得明明白白。擅长说话的人会用一分钟热场兼说明，让听众觉得"真是听了一席好话"。斋藤孝建议演讲者准备一张检查表，项目包括"讲话内容是否简洁""有没有实质性内容""是否撼动人心""有没有使听众感到烦躁"。有人评论说，斋藤孝刮起了一场"简洁的旋风"。

也许有人会觉得讲短话还不容易？这说明他还没有领略"短话"的真谛。美国第28任总统托马斯·伍德罗·威尔逊，是一名拥有哲学博士头衔的美国总统。1917年4月2日，伍德罗·威尔逊在美国国会发表了他历史性的演讲。在这篇被称为"战争咨文"的演讲中，威尔逊建议国会宣布德意志帝国政府最近所采取的行动已经无异于对美国的战争。演讲结束时，全体听众给威尔逊报以热烈的掌声。

有人问威尔逊："准备一份10分钟的讲稿，得花多少时间？"

威尔逊回答说："两个礼拜。"

"那准备一小时的演讲稿呢？"

"一个礼拜。"

"如果准备两小时的讲稿呢？"

"不用准备，马上就可以讲。"

这就是短话难讲的道理。

大学生演讲，除了上面说的简短，还应改进话语方式，力求让听众听得懂、愿意听、记得住。撰写演讲稿应该学会"还原感性"，多讲带有情节的真实故事，多讲活生生的、典型的小事情，从具体上升到一般，从感性认识上升到理性认识，让听众首先接触到具体的感性材料，通过思考，得出符合认识规律的结论。还应注意寻找演讲者同听众心中的"灵犀"，以期引起情感上的共鸣。

2010年9月27日，我率领全国人大代表团赴比利时布鲁塞尔出席第六届亚欧议会伙伴会议，一个西方国家代表团团长在发言中提出中国是二氧化碳排放大国，应该承担更多的减排责任。为了让与会代表了解中国在减缓温室气体排放等方面所作的努力，我利用分配给中国代表团的5分钟发言时间，讲了一件非常具体的事情：

2010年6月，中国商务部会同其他6个部委发出《通知》，表明要加强对一次性筷子生产、流通和回收环节的监管，减少使用一次性筷子、提倡不使用一次性筷子。这件事情经美国《洛杉矶时报》报道之后，演绎成为一个全球性的故事。我在演讲时说：也许有人会认为中国政府的手伸得太长了，连老百姓吃饭用的筷子也管。但是，当你听完下面的介绍，也许你会改变看法。

中国有13亿人口，一年要用掉大约450亿双一次性筷子，平均每天近1.3亿双。为了满足这种需求，每年需要砍伐的树木大约1600万到2500万棵。中国现有森林面积19545万公顷，年固碳量3.59亿吨，年吸收大气污染物量0.32亿吨，年滞尘量50.01亿吨，森林生态系统年涵养水源量4947.66亿立方米，相当于中国12个三峡水库的库容量。从这个意义上讲，中国政府和人民同一次性筷子作战，就是在保护我们人类共同的家园。

简短的发言，在会议上引起了反响。一些国家代表团团长向我表示祝贺；有的代表向我索要发言稿。会议两位主席在总结发言中不约而同地提及中国人民减少使用"一次性筷子"，保护人类共同家园的事例。他说："当一些国家的政治家还在围绕应对气候变化激烈争吵的时候，13亿中国人已经行动起来了。"这次5分钟发言的经历，使我进一步认识到寻找"灵犀"、引起共鸣的重要性。

不知上面写的这些话能否解除你心中的疑团？

祝

好好学习、天天向上！

南振中

2015年2月17日

跨专业"拜师"并不难
——写给李蒋倩同学的信

> 要大胆地提出你需要了解的问题,善于追问、探索,直到把自己不懂的东西弄明白为止。

李蒋倩同学:

你好!

看了你的答卷,知道你的读书兴趣比较浓厚,2014年读了20多本书。你说读书不要太杂,最好在一个时间段里集中读一个类别的书,这样会更好地构建自己的知识体系。这一看法很有道理。

你在答卷中说:"有些专业跨度大的书难以理解,缺乏专业人士指导,疑惑得不到解答。"这个问题带有普遍性。我愿意同你探讨这个问题。

为了破解跨专业阅读中的困难,建议你尝试使用"两读法":第一遍读前言或序言,熟悉篇章结构,了解全书的主旨及要点。遇到不懂的地方先记下来,很快跳过去,不要纠缠。放下书本以后,再去查阅相关资料,化解难点。第二遍精读全书。你会发现:原本感到生疏的跨专业书籍,渐渐地变得熟悉起来,对一些难以理解的章节，也开始有所理解。

我还想告诉你一点：排解跨专业阅读中的疑惑，最有效的办法是学会跨专业"拜师"。既可以拜其他院系、其他专业的教师为师，也可以拜其他院系、其他专业的同学为师。你可以对自己不懂的问题进行梳理，带着问题与其他院系、其他专业的师生交流沟通，也可通过电话、手机短信、微信等向他们请教。我的一些跨专业知识就是通过请教获得的。

2010年7月，全国人大常委会委员长吴邦国在巴黎出席中国全国人大与法国国民议会合作委员会第一次会议，我作为中法议会委员会中方主席，带领一个分团出席这次会议。代表团分团团员侯义斌，是北京工业大学副校长兼软件学院院长，长期从事新型计算机交互技术、嵌入式软件与系统、中文信息处理的研究，曾获中国青年科技创业奖，荣获国家级有突出贡献的中青年专家等称号。这是近距离学习计算机和互联网知识的好机会。于是，我向侯义斌教授请教。

侯义斌从早期东方计算工具"算筹"与"算盘"讲起，谈到1946年2月在美国加州宾夕法尼亚大学第一台电子计算机的问世。我头一次听说这台计算机使用了18000个电子管和86000个其他电子元件，组装起来以后，竟然有两个教室那么大。侯义斌教授不仅介绍了晶体管计算机、集成电路计算机，还介绍了光速计算机、量子计算机，展望了物联网和云计算的发展趋势，使我眼界大开。

回到北京以后，我找了一本《计算机发展史》仔细阅读，还搜集了一些关于世界互联网发展趋势的资料。通过学习，我了解到世界互联网的三个发展趋向：一是传统互联网加速向移动互联网延伸，移动通信和互联网两大信息产业融合的步伐进一步加快。二是物联网将得到广泛应用，成为互联网发展的一个新阶段，将对人们的工作方式、生活方式产生重大影响。三是"云计算"技术将使网民获取信息越来越便捷。向专家请教之前，我对世界互联网发展趋势了解不多；请教之后，等于专家帮我打开了一扇关于互联网的知识之窗。

学习专业跨度大的书，很不容易，建议你注意以下几点：

——**任何时候都不要认为自己什么都懂。**不管别人怎样称赞你，夸奖你的知识多么渊博，都要有勇气承认自己是一个门外汉。当对方看出你真想从头学起时，才会把他的专业知识告诉你。

——**要大胆地提出你需要了解的问题，善于追问、探索，直到把自己不懂的东西弄明白为止。**美国有一句谚语："没有令人受窘的问题，只有令人受窘的回答。"南斯拉夫也有一句谚语："没有愚蠢的问题，只有愚蠢的回答。"你不必为自己提出难以回答的问题而抱歉。

——**千方百计扩大自己知识的"入口处"。**你要经常接触不同院系、不同专业的老师和同学。只要时间允许，要尽量让他们多谈一些与他们的专业有关的知识。如能长期坚持这样做，你在跨专业阅读过程中的一些疑惑就会得到解答。

祝

好好学习、天天向上！

南振中

2015年2月22日

古代典籍值得一读
——写给戚佳丽同学的信

> 精选几本古代典籍，或精读，或浏览，以增进对中华传统文化的理解。

戚佳丽同学：

你好！

看了你的答卷，知道你爱读书。你说："一个人在经历世面之前，不会有太多的智慧，但借助古圣先贤的智慧，可以少走许多弯路、少犯许多错误。"只有认真读书的人才会有你这样的感悟。

在答卷中你问："是否应该阅读一些古代典籍呢？"典籍是古代重要文献的总称，也指古代各个领域有代表性的图书。中国古代把图书分为经、史、子、集四大类。经部是儒家经典著作及对其所作的解释，《诗经》《礼记》《孟子》《大学》《中庸》都划归经部。史部是我国古代的历史著作，清乾隆年间诏定"24 史"为正史，1921 年北洋军阀政府又增加了《新元史》，合称"25 史"，不久又将《清史稿》合编其中，合称"26 史"。子部是诸子百家的学术著作。集部是文学类著作，收录诗文词总集和专集，包括

2014年2月27日,作者向河南省委常委、宣传部部长赵素萍(左一)介绍郑州大学新闻与传播学院的推荐阅读书目。

楚辞、别集、总集、诗文评、词曲等5个大类。

中国是世界上拥有古代典籍最多的国家。根据不同专家的推断,大约在8万种到10万种之间。据《四库全书总目》记载,仅经部著作就有1773部、20427卷。这么多的古代典籍,难以尽读。我在新华社山东分社当记者时,知道山东大学有一位著名的历史学家,叫童书业。他15岁时就通读了《诗经》《论语》《孟子》《周易》等13经,涉猎了先秦诸子及中外史书。你的时间和精力有限,不可能像童书业那样博览群书,建议你从郑大新传院《推荐阅读书目》中精选几本古代典籍,或精读,或浏览,以增进对中华传统文化的理解。

你问："《道德经》之类的书该不该读呢？"我觉得应该读。《道德经》这部经典是先秦诸子百家分家之前的一部著作，为诸子所共仰，被誉为"万经之王"，对中国乃至世界的哲学、科学、政治、经济、宗教等产生了深刻影响。据联合国教科文组织统计，除了《圣经》，《道德经》是被译成外国文字发布量最大的文化名著。德国哲学家弗里德里希·威廉·尼采曾经说过："老子思想的集大成——《道德经》，像一个永不枯竭的井泉，满载宝藏，放下汲桶，唾手可得。"这是对《道德经》的高度评价。

我的家乡在河南省三门峡市灵宝县。据当地旅游部门介绍，老子看到周室衰微，朝政废弛，决定经函谷关到西域隐居。函谷关关令尹喜盛情款待老子，恳请他在函谷关著书立说。老子接受尹喜的挽留后，在函谷关著就了彪炳千秋的《道德经》。由于有这一层关系，几十年来我多次阅读《道德经》。2004年11月3日，在郑州大学新闻与传播学院举行挂牌仪式暨新闻学院（系）20周年庆典的前夕，我给母校写了一封贺信，对年轻学子提出三点希望，其中第三点就是"不争功、不诿过"。"不争功"这3个字不是我的发明，它的本源是老子的《道德经》和《太上老君说常清静经》。"上士无争，下士好争"；"夫唯不争，故天下莫能与之争"。你看，短短20个字，把"不争功"的道理说得明明白白。1999年我在研究和谐社会建设时，再次阅读《道德经》。该书第35章关于"安平泰"的论述、第49章关于"圣人无常心，以百姓心为心"的论述、第57章关于"我无欲，而民自朴"的论述，都给了我很大启发。

在阅读《道德经》和其他古代典籍的过程中，我越来越感到中华文化国际传播的重要性。2011年4月30日，上海市人大常委会主任刘云耕宴请法国国民议会议长阿夸耶。席间，法中友好小组主席埃尔比永同我聊起面对杂事干扰的心态问题。我向法国客人讲述了《太上老君说常清静经》中的一段话："人神好清而心扰之，人心好静而欲牵之。常能遣其欲，则心自静；澄其心而神自清。"埃尔比永非常赞赏这段话。他从宴会桌上拿起一张"菜单"递给我，让我帮他把这段话写下来。2011年7月上旬，我率团访问法国前夕，特意请人将《太上老君说常清静经》的有关章节译成法文，作为礼品赠送给埃尔比永。埃尔比永非常高兴，他说："我要把这段话挂在家里，每天都要读一遍。"

连法国朋友都有了阅读中国古代典籍的愿望，你说优秀的古代典籍该不该读呢？

祝

好好学习、天天向上！

南振中

2015年2月23日

• 第三辑

如何组织读书会
——写给李维同学的信

> 读书会的生命力在于战略性和前瞻性。好的读书会不是跟在别人后面复习早已学过的功课，而是学习、讨论、研究前沿领域的各种问题。

李维同学：

你好！

看了你的答卷，知道你对读书感兴趣，能认真阅读名师推荐的专业书。你还通过制订阅读计划促使自己读书。这种做法应该坚持。

你在答卷中说："希望能组建一个'郑大新传读书会'，每次都能有老师与我们交流心得，防止'死读书'或者'沉默读书'，在交流沟通中迸溅出思想火花。"你的建议有一定道理。

读书会的作用在于分享阅读心得、开阔学术视界、撞击思想火花。早在革命战争年代，毛泽东就倡导成立读书小组。《战争论》是德国军事家克劳塞维茨在总结以往战争基础上写成的一部军事经典著作，全书共3卷8篇124章。20世纪40年代，毛泽东为了了解战争、指导战争，在延安专门组织了一个《战争论》读书

小组。小组成员每天在一起读 10 多页，读完后各自谈自己的读书体会。1959 年 12 月 10 日到 1960 年 2 月 9 日，毛泽东又组织了一个读书小组，逐章逐节地学习苏联的《政治经济学（教科书）》，并联系实际展开讨论。

在高等院校，读书会并不鲜见。郑大新传院广告系就办过读书会。2014 年 12 月 26 日，我到广告系办公室同教师座谈，他们认为读书会不仅可以引发学生的学习兴趣，而且可以促使老师深入思考某一个专题，有助于把教学相长具体化。为了表示对广告系读书会的支持，2014 年 12 月底我回到北京以后，写信向广告系师生推荐了一批与广告专业有关的书目，包括马尔科姆·格拉德威尔的《引爆点》，杰里米·里夫金的《零边际成本社会》，F·贝格贝岱的《￥19.99》，克雷格·斯图尔等的《共鸣》，罗伯特·西奥迪尼的《影响力》等。

组建读书会并不难，难的是怎样使读书会真正起到作用，具有内在吸引力。有的读书会热乎了一阵子，就冷了下来；有的读书会开始许多人踊跃报名，没过多久，有些人就觉得意思不大，纷纷退出。为了使读书会既有有效性，又有吸引力，在着手办这件事情之前，就要明确以下各点：

第一，读书会应是自下而上的，是师生呼声的反应，而不是自上而下的行政撮合。既然你有成立读书会的要求，可以尝试着与几名志趣相投的同学自由结合成读书小组，先学起来。只要你们读书热情不减，这样的读书会和读书小组就不会是短命的。

第二，参加读书会的人员不宜太多。人多固然可以壮声威，但由于大家的基础不同，兴趣爱好不同，专攻方向不同，每个人都会提出个性化要求。主持人在安排读书活动时，如果兼顾所有的特殊需求，就难免多、杂、散；如果不考虑这些特殊需求，被忽略的人就难以保持参与热情。小型读书会五六人、七八人；大型读书会二三十人、四五十人就可以了，再多了就容易流于形式。

第三，读书会成员聚在一起，主要不是念书，而是分享阅读心得、开阔学术视界、撞击思想火花。 每个成员都应围绕某一主题先读一些书，到了读书会活动日相互交流沟通，深化对书籍精髓的理解。每次讨论都不要下终极结论。最好能梳理出分歧点，并以此作为下一次研讨的重点。

第四，要紧盯学科发展前沿。 读书会的生命力在于战略性和前瞻性。好的读书会不是跟在别人后面复习早已学过的功课，而是学习、讨论、研究前沿领域的各种问题。因此，读书会或读书小组要争取专家学者的指导，不同院系、不同专业的读书会也可在一起交流、碰撞。这样的读书会对大学学子才会有凝聚力和吸引力。

经过扎扎实实的工作，如果郑大新传院能有一二十个达到上述要求的小型读书会或学习小组，你所希望的"郑大新传读书会"就会应运而生。

祝

好好学习、天天向上！

南振中

2015年2月27日

"厚积薄发"与"边积边发"
——写给赵裕秀同学的信

> 边积边发，积多于发，最终实现厚积薄发……

赵裕秀同学：

你好！

看了你的答卷，知道你热爱读书，按照学习计划，坚持每天读书。这种做法很好，望能坚持。

你在答卷中说："读书是获取知识、消化知识的'输入'过程；运用知识是'输出'过程。在吸收知识的过程中如何更好地'输出'呢？"

你的问题使我想起苏轼的一句话："博观而约取，厚积而薄发。"博观指大量看书、了解事物；约取指少量地慢慢地拿出来；厚积指大量地、充分地积蓄；薄发指少量地、慢慢地放出。把苏轼的用语置换成你所说的"输入"和"输出"，那就是大量地、充分地输入；少量地、慢慢地输出。在浮躁之风蔓延的环境中，强调"厚积薄发"很有必要。

但是，《国家中长期教育改革和发展规划纲要（2010—2020年）》规定，高等教育承担着培养高级专门人才、发展科学技术

2014年6月20日，作者为郑州大学新闻与传播学院硕士毕业生颁发学位证书。

文化、促进社会主义现代化建设的重大任务。要提高人才培养质量，着力培养信念执着、品德优良、知识丰富、本领过硬的高素质专门人才和拔尖创新人才。按照这一规划，大学生应当具备持续学习能力和创新能力。将所学的知识转化为能力，不能单纯读书，还必须在实践中锻炼提高。边学习、边运用，边"输入"、边"输出"，边积累、边释放，这是对大学生的迫切要求。

2012年2月，我从互联网上读到一篇名为"只积不发"的短文。作者写道："我发现很多朋友已经能够在博客上写出深刻的文章，而我还是不断地去读去浏览，用信息填充自己，却没有转化为处理信息的能力，很少动笔写作。这就叫'只积不发'，只有量的积累，而从没有发生质的改变。"这段话发人深思。既要"厚积薄发"，又要避免"只积不发"，想来想去，我琢磨出三句话：边积边发，积多于发，最终实现厚积薄发。

——"边积边发"。2013年11月，我在乐读网读到一篇文章，题目是"一毕业我们就成名"，讲的是南京大学文学院老师让学生温方伊将一段南京大学里流传的关于蒋介石和三个教授的历史故事改编成剧本的事。考入南京大学之前，温方伊从来没有发表过文章，更没有写过剧本。为了完成导师布置的作业，在几个月时间里，温方伊泡在图书馆，阅读了大量回忆录和文献，许多民国时期描写教授的书她都找来读。在占有大量资料的基础上，温方伊终于写成了《蒋公的面子》。《蒋公的面子》首先被搬上校庆舞台，连演三场，最后一场爆满，很多人是站着看完戏的。2013年3月中下旬，《蒋公的面子》在南京江南剧院连演10场。

与此同时，该剧接到来自全国超过20家演出公司的邀约，在北京、上海、广州、深圳等16座城市演出约80场。《蒋公的面子》还将在海外一些城市演出。作为在校大学生的温方伊，被观众封为"神编剧"。这是大学生"边积边发"并且获得成功的一个实例。

——"积多于发"。新闻与传播学院在校学生不能不动笔，不能不采写新闻作品和撰写论文。但是，正像美国教育家弗莱克斯纳所说的那样："大学是这样一种机构：它自觉地献身于对知识的追求。"大学生的主要任务还是学习。"积多于发"的基本要求是吸收知识的总量要大大超过释放知识的总量，释放之后必须留有大量的"知识积累"。哈佛大学为了让每一位毕业生不仅受到专业训练，而且能受到广泛的通识教育，把核心课程划分为7个板块：外国文化、历史学、文学和艺术、道德伦理、定量推理、科学和社会分析。按照校方的解释，设置"核心课程"就是为了让学生在开始研究"树木"之前，能够先看一眼"森林"，最好能把这个"森林地图"印在大脑里，以后走到再细小的道路上，也不会迷失方向。"积多于发"倡导大量的知识积累，使你在走出校门之前不仅看到树木，而且看到森林。这将使你终身受益。

"边积边发"且"积多于发"，积以时日，你是不是同样可以达到"厚积薄发"的境界呢？

祝

好好学习、天天向上！

南振中

2015年3月1日

兼收并蓄　择善而从
——写给侯和君同学的信

> "观点冲突"是研究性阅读的重点领域。在读书时,最好把冲突的观点记到笔记本上,或者搜集各类不同观点的"言论汇编",供学习和研究之用。

侯和君同学:

你好!

看了你的答卷,知道你 2014 年读了 20 多本书。读书过程中,你随时做重点标记,把感悟写在书的空白处,并有选择地写读书笔记。这些做法,应该坚持。

你在答卷中提出:"有时候两本书的观点会有冲突,应该采纳哪一种观点呢?我应该保持中立还是选择一种作为自己的看法呢?"这个问题比较复杂,三言两语说不清楚。我想举阅读《梦溪笔谈》的例子,与你交流沟通。

20 世纪 70 年代末,我开始研究新闻作品的表现手法。宋代学者沈括《梦溪笔谈》中有这样一段话:"李成画山上亭馆及楼塔之类,皆仰画飞檐,其说以谓'自下望上,如人平地望塔檐间,

> **延伸阅读**
>
> 沈括：字存中，号梦溪丈人，北宋杰出的科学家、政治家。精通天文、数学、物理学、地理学等，所著《梦溪笔谈》被誉为"中国科学史上的坐标"，在世界文化史上也占有重要地位。
>
> 李成：字咸熙，五代宋初画家。擅画山水，自成一家，北宋时被誉为"古今第一"。存世作品有《读碑窠石图》《寒林平野图》《晴峦萧寺图》《茂林远岫图》等。

见其榱桷'。此论非也。大都山水之法，盖以大观小，如人观假山耳。若同真山之法，以下望上，只合见一重山，岂可重重悉见……"

李成是五代宋初的著名画家，擅长画山水。他画山上亭馆及楼塔之类，都是仰画飞檐，突出地表现亭馆、楼塔的一个角落。别人问他为什么要这么画，他说，画画就像人站在平地上望高塔，自下望上，当然只能看见塔的一角。沈括认为李成的这种看法是错误的。他主张"以大观小，如人观假山耳"。如果跟真山一样，以下望上，只应看见一重山，怎么能一层一层全看得见呢？沈括最后得出的结论是："李君盖不知以大观小之法。"

一个主张"以小观大"，一个主张"以大观小"，这就是你说的"观点冲突"。为了弄清孰是孰非，我研究了宋朝其他一些画家的主张。南宋画家马远，其曾祖父、祖父、父亲都是画院画家。他继承家学，擅长画山水，取法李唐，能自出新意，下笔遒劲严整，设色清润，多作"一角"之景，也就是说他着力表现事物的一角。因为构图别具一格，当时人们称马远为"马一角"。南宋画院还有一位著名画家，叫夏圭，也擅长画山水，多作"半边"之景。因为构图别具一格，有"夏半边"之称。这两位画家画山常画山之一角；画水常写水之一涯。至于其他景物，也常常是通过描绘局部来表现全体，从而使画面上所表现的艺术形象比自然景色更集中、更突出。他们所采用的表现手法与李成有许多共同之处。经过学习和思考，我悟出了一个道理，就是应该把李成的"以小观大之法"同沈括的"以大观小之法"有机地结合起来，把"以小见大""以下望上"作为新闻的主要表现手法。从这个实例中可以看出，遇到"观点冲突"时，不要简单地判定黑与白、是与非、好与坏，而是广泛浏览、多方求证，做理性分析，力求做到兼收并蓄、择善而从。

大学三、四年级学生应该养成研究性阅读的习惯，而"观点冲突"正是研究性阅读的重点领域。你在读书时，最好把冲突的观点记到笔记本上，或者搜集各类不同观点的"言论汇编"，供学习和研究之用。我手头就有一本北京十月文艺出版社出版的《十年文艺理论论争言论摘编》。全书分为"关于文艺与生活""关于文学的主体性""关于文艺与人性""关于文艺的社会功能""关于文艺创作中的理性与非理性""关于文艺的真实性"等16个专题，从1979年到1989年十年间的不同观点分别编入各个专题之中。关于传播学也有类似的"观点冲突"汇编。中国传媒大学就曾梳理过传播学的不同流派，包括经验学派、批判学派、技术学派等。对于各学派的代表人物、主要观点及理论异同，均作了详细介绍。这些不同观点的碰撞，也许会激发你理论创新的勇气和灵感。

　　祝

　　好好学习、天天向上！

南振中
2015 年 3 月 2 日

不要盲目追求"阅读GDP"
——写给陈咨霖同学的信

> 大学生不要一味强调阅读数量，要讲究阅读质量和效果，要善于发现和提出问题，并能从不同观点的碰撞中受到启迪。

陈咨霖同学：

你好！

上封信谈了"倡导大胆提问的学习风格"；这封信回答你提出的第二个问题："一个月读多少本书比较合适？"

阅读速度因人而异，很难确定整齐划一的标准。马克思的阅读速度较快。据《〈资本论〉的诞生》一文的记述，1850年12月，马克思领到了一张英国博物馆的阅览证，从此，阅览室成了他的半个家。他每天从上午9点一直工作到晚上8点左右，回到家里还要整理阅读材料所记录的笔记。他所摘录的历史学、经济学、法律学、农艺学、工艺学、解剖学等大量资料，都是在为写作《资本论》做准备的。据有人统计，在世界一流的伦敦博物馆所藏图书中，马克思阅读过的书籍有1500多种，他所摘的内容和整理的笔记有100余本。如果具备了快速阅读的能力，适当提高阅读效率并不是一件坏事。

但是，大学生知识积累不太丰厚，阅读能力有待提高，因此阅读速度不宜太快。《语文课程标准（2013）》规定，默读一般读物，小学中高年级学生每分钟不少于 300 字；初中生每分钟不少于 500 字；高中生每分钟不少于 600 字。中小学生基本属于知识性阅读，而大学生阅读兼顾知识性阅读和研究性阅读两种特性，不仅要发现问题、提出问题，还要将对同一问题的不同观点放在一起反复比较，从中受到启迪、引发联想。这是一个复杂的过程，阅读速度不可能太快。参照小学中高年级学生的平均阅读速度，即每分钟默读不少于 300 字，如果你每天平均阅读 2 小时，每月 60 小时可读 108 万字，相当于五六本平均 20 万字的书籍，每年阅读 65 本。只要能够坚持，大学 4 年你可以轻轻松松地读完 260 本书。

近几年社会上出现了不少"速读培训班"。主办者把阅读分两类：一类是传统阅读法，即以字、词为单位逐个阅读的慢读法；另一类是快速阅读，即以行、块、页为单位进行阅读的速读法。"速读培训班"的广告词说："如果你希望彻底解除读书慢的痛苦，那么你现在就进速读培训班，只需 5 天，你的阅读速度就可以提高 3 到 5 倍，将会给你一个超人的新起点！"我没有参加过这类培训班，对速读法的利弊难以发表评论。我只想告诉你：传统阅读法历经几千年的检验，的确有利于对书籍内容的理解和记忆，至今仍是最常用的一种阅读方法，不要轻言放弃。

2014 年 4 月 21 日出炉的国民阅读调查数据显示：2013 年我

国成年国民人均纸质图书阅读量为 4.77 本，而同期韩国国民人均纸质图书阅读量为 11 本，法国为 20 本，日本为 40 本，以色列为 64 本。以色列国民人均纸质图书阅读量为我国的 13.4 倍。《世界各国阅读排行榜》一出，舆论哗然。在大数据时代，适时、适度公布与国民阅读有关的数据，对激励人们发奋读书有一定好处。但是据报道，有的地方已经开始下"阅读指标"，规定处级干部每年集中读书不少于多少天、一般干部集中读书每年不少于多少天。有的地方规定一年要读多少本书。如果一味强调阅读数量，不讲究阅读质量和效果，就会催生"阅读泡沫"。在大学校园，千万不要盲目追求"阅读 GDP"。

宋朝理学家、教育家朱熹主张"少看熟读""埋头理会"。他还说："大抵观书先须熟读，使其言皆若出于吾之口；继以精思，使其意皆若出于吾之心，然后可以有得尔。"把这几句话抄送给你，供你自主掌握读书进度时参考。

祝

好好学习、天天向上！

南振中

2015 年 3 月 2 日

"跨专业"研究生的优势
——写给薛瀚同学的信

> "跨专业"深造，原专业会对现专业起助推作用，容易形成复合式知识结构、造就复合型人才，有助于形成独具特色的思维方式和研究方法。

薛瀚同学：

你好！

看了你的答卷，知道你喜欢读书是为了提升自身素养。你还把对自己有启发的内容记到笔记本上，以加深印象。这种习惯应该保持。

你在答卷中提出："作为跨专业进入新闻与传播专业的研究生，新闻理论积累薄弱，写论文时常有力不从心的感觉。"这不是你一个人遇到的问题，而是"跨专业"研究生的普遍困惑。

"隔行如隔山"，"跨专业"情同此理。大学本科你们没有接触新闻与传播专业，读硕期间学习专业课程和撰写论文感到吃力，我能够理解。其实，我在郑州大学读的也不是新闻专业，而是汉语言文学专业。1964年到新华社当记者以后，深感新闻专业知识的欠缺。当时《大众日报》社有一位年轻编辑是中国人民大学新闻系毕业的，我从他那里借了几本新闻学教材，认真阅读。1981年，新华社选派我到中共中央党校新闻班学习。党校藏书较多，有8个专业阅览室，是读书的好地方。为了在有限时间里多读一些新闻专业书籍，我给自己施加了一点压力：把全学期的150天划分为50个单元，3天为一个单元，每个单元要阅读两本书。如果遇到特殊情况，或者书比较厚，3天读不完两本，可以与上、下两个单元合并计算，即9天必须阅读6本书，完不成任务就早起床、晚睡觉。为了确保阅读质量，我还给自己规定了记卡片的任务：每天记卡片不少于10张，完不成任务也是早起床、晚睡觉。党校给每个学员发了1本电影票，为了防止"电影的诱惑"，我把所有的电影票都退掉了，让自己想看电影也看不成。"自我加压"的结果是：半年时间阅读了104本与新闻学有关的书籍，包括中国、英国、美国、德国、苏联等国的新闻学著作，记下了4000多张新闻学资料卡片。现在有个流行词，叫"恶补"。作为跨专业研究生，除了"恶补"新闻传播学专业知识，没有捷径可走。

著名管理学家杜拉克教授在他所著的《有效的管理者》一书中写道：人不能以弱点为基础。除了弥补新闻专业知识的不足，"跨专业"研究生还应分析原有专业同新闻传播专业有没有结合点或交叉点，尽量发挥"跨专业""跨学科"的独特优势。科学领域的许多重大发现和创新，都是通过对交叉学科的研究实现的。据《科学时报》2010年2月报道，目前全世界比较成熟的学科大约有5550门，其中交叉学科总数约2600门，占全部学科总数的

46.8%，其发展表现出良好势头和巨大潜力。百年诺贝尔奖，有41.02%的获奖者属于交叉学科。尤其在20世纪最后25年，95项自然科学奖中，交叉学科领域有45项，占获奖总数的47.4%。"跨专业"研究生只要能找准原专业与现在所学专业的结合点，交叉学科的优势就有可能发挥出来。

俄罗斯著名作家契诃夫就得益于文学和医学的"交叉"。在大学学习期间，契诃夫学的不是文学专业，而是医学专业。1879年9月，契诃夫考入莫斯科大学医学院。他潜心学习医学院规定的专业课程，虚心听每一门课的讲授，对尸体解剖课和实验课也很认真。每次到医院实习，契诃夫都精心填写病历卡，完成各项课外作业。在医学院，契诃夫获得了优异成绩。然而，他放弃了当一名医生

2015年3月11日，作者（中间左一）与郑州大学新闻与传播学院收到回信的学生座谈。

的理想,"跨专业"走上了布满荆棘的文学创作之路。这位"跨专业"奇才,经过艰苦努力,终于成为俄国世界级短篇小说巨匠和俄国19世纪末期最后一位批判现实主义艺术大师,他与莫泊桑和欧·亨利并称为"世界三大短篇小说家"。

"跨专业"研究生至少有三个优势:

——**"跨专业"深造,原专业会对现专业起助推作用**。契诃夫在莫斯科大学所学专业不是文学,而是在医学院专修医学。正是医学专业知识,使他能敏锐地捕捉到生活素材,创作了大量与医生、医院和病人有关的文学作品。《乡村医生》《治疗酒狂症的单方》《神经错乱》《第六病室》《出诊》,听听这些作品的名称,就不难发现作品背后有坚实的医学专业知识作支撑。医生这个特殊职业使契诃夫能够广泛接触农民、知识分子、官吏等社会各个阶层,因此,间接地为他提供了文学创作素材。作家曹文轩说:"正是因为这个世界上有一个叫契诃夫的医生,才会有这样一个叫契诃夫的作家。"这句评语很有道理。

——**"跨专业"深造,容易形成复合式知识结构、造就复合型人才**。在互联网时代,复合型人才成为"紧缺资源"。半个世纪以前,新闻媒体从高校选人,集中在新闻、中文、外语等少数专业。如今,媒体需要的人才多种多样。以新华社2015年度招考应届高校毕业生及留学回国人员为例,"公告"列举了多媒体数字设计及相关专业,金融相关专业,计算机应用及软件开发专业,媒体融合类相关专业,国际新闻传播专业,新媒体设计、视觉设计、影视动漫等相关专业,数据挖掘、应用数学、应用统计等相关专业、市场营销、企业管理、工商管理、经济法等相关专业。想想看，如果你能拥有两个不同专业的就学经历，是不是会对择业有所帮助？"跨专业"深造容易把不同学科背景结合起来，实现人文社科和相关学科的融会贯通。这种交叉式知识结构、复合型专业人才，比较符合用人单位的需求。

——"跨专业"深造，有助于形成独具特色的思维方式和研究方法。 2015年1月，郑州大学新传院网页刊出青年教师郑素侠被评为河南省第五批"四个一批"人才的消息。郑素侠也是"跨专业"深造的一个典型。她毕业于郑州大学电气工程学院；几年后在郑州大学新闻与传播学院攻读硕士学位；继而在华中科技大学攻读博士学位。她把在理工科专业学习时养成的思维方式和研究方法引入新闻与传播专业研究领域，先后发表了《社会资本理论视角下的大众传媒功能》《消解与重构：电子媒介对社会资本的影响》《技术创造环境——对麦克卢汉传播思想的一种考察》《科技创新与文化业态的演变》《网络的两种使用形态及其对人际交往的影响》等论文。这是不同专业、不同学科交叉碰撞结出的理论研究硕果。

通过"恶补"，弥补新闻传播专业知识的不足，通过交叉碰撞，尽量扬原有专业知识之长。拥有这双重优势，等待你们的就是成功。

祝

好好学习、天天向上！

南振中

2015年1月10日

"跨专业阅读"是为了撞击思想火花
——写给马逸飞同学的信

> "跨专业阅读"应注意三个问题：着眼于突破单纯的"专业视域"和"知识视域"，培养将人文社科与自然科学联系起来的思维习惯；目的是撞击思想火花，不宜陷入其他专业的"纯技术"层面；要同本专业的研究工作联系起来，力求做到有用、有效。

马逸飞同学：

你好！

看了你的答卷，知道你不满足于学习本专业的知识，愿意向相邻专业拓展，这种做法值得提倡。鲁迅就曾说过："应做的功课已完而有余暇，大可以看看各样的书，即使和本业毫不相干的，也要泛览。"德国被称为"万能大师"的莱布尼茨在大学学习期间也很喜欢"跨专业阅读"。

1661年，15岁的莱布尼茨进入德国莱比锡大学学习法律专业。他不仅学习法律专业知识，而且学习人文学科课程，包括哲学、修辞学、文学、历史、数学、拉丁文、希腊文和希伯来文。"跨专业阅读"使莱布尼茨掌握了大量科学知识。1663年，17岁的莱布尼茨写成了《论个体原则方面的形而上学争论——关于"作为整体的有机体"的学说》一文。因这篇出色的哲学论文，莱布尼茨获得了莱比锡大学学士学位。为了攻读博士学位，莱布尼茨在继续研究法学的同时，大量阅读哲学著作，还利用暑期听数学家韦尔的数学讲座。1666年，20岁的莱布尼茨为取得法学博士学位做好了准备，不久，德国阿尔特多夫大学正式授予莱布尼茨博士学位。"跨专业阅读"使得莱布尼茨成为名副其实的"万能大师"：在化学方面出版了《磷发现史》；在物理学方面出版了《物理学新假说》；在地质学方面出版了《原始地球》；在哲学方面出版了《形而上学谈话》《人类理智新论》《单子论》。费尔巴哈说："近代哲学领域继笛卡尔和斯宾诺莎之后，内容最为丰富的哲学乃是莱布尼茨。"这是对莱布尼茨学术造诣的客观评价。

在问及学习中的困惑时，你回答说"跨专业的书籍读不太懂"。无论一个人的知识多么渊博，也很难做到"上知天文、下知地理"。对于从未接触过的其他专业的书籍，读不懂属于正常现象。有两种方法供你选择：一是对经典专业书籍读不懂可暂时放一放，先找一些普及型小册子浏览。等有了一定的积累知识之后，回过头来攻读经典专业书籍。二是在导师的引领下，精心挑选三五部经典专业书籍，下功夫"硬读"。也可以采用你去年用过的办法，边读边查阅资料，力求消化。有这三五部经典著作垫底，再读该专业的其他书籍就容易得多了。

需要说明的是，"跨专业阅读"不是漫无边际的浏览，应注意

3个问题：

第一，"跨专业阅读"着眼于突破单纯的"专业视域"和单纯的"知识视域"，培养将人文社科与自然科学联系起来的思维习惯。根据国内一些知名院校的经验，研究生要兼顾六大领域：文史经典与文化传承；哲学智慧与批判性思维；文明对话与世界视野；科技进步与科学精神；生态环境与生命关怀；艺术创作与审美体验。这是21世纪所需的基础知识框架。

第二，"跨专业阅读"主要是为了撞击思想火花，不宜陷入其他专业的"纯技术"层面，不要试图弄懂所有专业技术问题。举一个例子：在研究新闻报道失误这一课题时，我阅读了医学专著《误诊学》。这是一部研究探索误诊发生规律的医学专著。我读《误诊学》并不是要提高自己的诊疗技术，而是从中寻找启发，系统思考新闻报道中的失误问题。比如，为什么在一段时间里会接连发生失误？从失误中我们能够汲取哪些有益的经验教训，能够取得哪些带有规律性的共识？怎样从"失误"中学习，防止重犯错误和屡犯错误？

第三，"跨专业阅读"要同本专业的研究工作联系起来，力求做到有用、有效。《考试周刊》2009年第29期就刊登了西南交通大学艺术与传播学院刘爽、孟珊、陈昊合写的论文《数学方法在传播学领域中的影响和作用》。这篇文章就是把数学与传播学有机地结合起来，揭示了数学方法在传播学研究中的地位和作用。1998年1月在新华社工作会议上，我提出了"两个舆论场"的概念，当时就借鉴了物理学和心理学的研究成果。物理学家把某个物理量在空间一个区域内的分布称为"场",比如温度场、密度场、引力场、电场、磁场等。美籍德裔心理学家勒温把"场"的概念引入心理学,认为在社会生活中,个人活动于其中的空间是一个心理场;群体与其活动的环境构成了社会场。这种社会场是一个很大的"力场",既具有凝聚力,又具有破坏力。社会场的凝聚力来自群体成员之间的顺畅沟通。"两个舆论场"的提出,的确得益于"跨专业阅读"。

新闻传播专业就像一棵大树的主干,"跨专业阅读"就像给主干上添枝加叶,而不是游离于主干的率性浏览。围绕主干进行"跨专业阅读",这也许是一种比较明智的选择。

祝

好好学习、天天向上!

南振中

2015年1月10日

不妨读点"没有用"的书
——写给冯菲同学的信

> 有些经典著作,即使提不起兴趣,也应该硬读;所谓"没有什么用"的书,只要兴趣浓厚,也可尽情浏览,学以备用。

冯菲同学:

你好!

看了你的答卷,知道你 2014 年读了 30 多本书,还记了不少读书笔记。这些习惯应该坚持。

你在答卷中说:"有的时候自己喜欢读的书并不能对我的专业有什么帮助,或者说'没有什么用',但读起来能让人废寝忘食;有些时候一些所谓'经典书目'却很难让人提起兴趣去读,经常读罢几页,便束之高阁了。不知道这个问题怎么解决。"

首先说经典。经典指的是具有典范性、权威性的著作,是历史筛选出来的有价值的著作。意大利新闻工作者、短篇小说家卡尔维诺在《为什么要读经典》一文中写道:"我们年轻时所读的东西,往往价值不大,这又是因为我们没耐性、精神不能集中、缺乏阅读技能,或因为我们缺乏人生经验。""当我们在成熟时期重读这本书，我们就会重新发现那些现已构成我们内部机制的一部分的恒定事物，尽管我们已回忆不起它们从哪里来。这种作品有一个特殊效力，就是它本身可能会被忘记，却把种子留在我们身上。"为了把"种子留在我们身上"，适当读点经典很有必要。何况有些经典著作是研究生学习、研究和撰写论文所必需，即使提不起兴趣，也应该硬读。"读罢几页，便束之高阁"，纵然有许多理由，也不能算是最佳选择。

再说"没有什么用"的书。对于所谓的无用之书应加以区分：是真没用处，还是有用处但未被发现？是没有直接用处，还是直接、间接用处全没有？是眼下没有用处，还是永远不会有用处？2014年3月24日乐读网刊载了赵元波写的"外交官为什么要学习《矿物学》"一文，讲述外交官学习《矿物学》的故事。民国外交家顾维钧1904年考入美国哥伦比亚大学，专攻国际法及外交学。顾维钧发现课程表上有一门必修课程《矿物学》，以为是学校弄错了。他跑到教务室去问教务长，教务长告诉他这是真的，根本没错。顾维钧说："《矿物学》跟我们的专业相差十万八千里，不但没有用，而且还很枯燥，花费宝贵的时间去学习它，您不觉得这很浪费吗？"没想到教务长说了这样一句话："把一门枯燥无味的《矿物学》学好，需要的是一个人的耐力。这也是教育的目的之一呀！"原来学校这样做是为了培养学生做事的耐心和毅力。对专修外交学的顾维钧来说，《矿物学》看似没用却有用。在经过一番区分之后，对于真没用、全没用、永远没用的书，不必去读；对于有潜在用处、间接用处以及将来有可能用得上的书，只要兴趣浓厚，可以尽情浏览，这就是

学以备用。

许多人熟悉"仓储"这个词语。"仓"就是仓库，是存放、保管、储存物品的建筑物和场地；"储"就是储存、储备，表示收存以备使用。读一点暂时无用、看似无用的书，有利于扩充自己的"知识仓库"，以备不时之需。我对中国特色"休闲学"的研究，就是一次"学以备用"的尝试。

2006年五一长假期间，新华社开辟了"长假与'休闲学'"专栏，向受众推介休闲理念。这得益于20世纪90年代中期我对休闲学的学习和研究。当时，一些发达国家居民闲暇时间越来越多，不少人不知道闲下来的时间怎么度过，于是催生了一门新的学科——"闲暇学"，后来有人翻译成"休闲学"。由于当时我国人均GDP只有几百美元，城乡居民平均收入水平较低，普遍推介"休闲学"的时机尚不成熟。经过11年的发展，我国人均GDP达到1703美元，老百姓有了"休闲需求"，向全社会推介"休闲学"的时机已经成熟。2006年五一长假前夕，新华社各编辑部紧急动员，从"休闲学"的角度切入，围绕闲暇时间与居民消费、闲暇时间与文化生活、闲暇时间与家庭亲情等主题，报道长假给人民群众物质和精神生活带来的诸多变化。这组稿件受到媒体和受众的欢迎，认为新华社推出"长假与'休闲学'"系列稿件让人耳目一新。一些媒体认为"长假与'休闲学'"专栏策划独到，以第一个"休闲小康指数"公布为契机，引领了"休闲学"新闻报道的潮流。十多年前学习的知识派上了用场，这算不算是"学以备用"？

读点经典，读点有用的书，读点感兴趣但暂时没有用处的书，三者兼顾，你的知识积累会越来越雄厚，知识结构也会越来越合理。

祝

好好学习、天天向上！

南振中

2015年1月25日

如何把话说得得体
——写给博士研究生的短札

你信中提出"如何把话说得得体"的问题耐人寻味。把话说得得体，窍门只有一个：不要把思考的重点放在怎么说和怎么写上，应该放在干什么和怎么做上。把干什么和怎么做想透了，剩下的事情就非常简单，那就是：怎么想就怎么说，怎么说就怎么写，怎么写就怎么做。你看多么简单！

2014 年 7 月 3 日

博士生读书的两个层次
——写给博士研究生的短札

> 博士生读书有两个层次：一是开阔视野，补充新知识；二是开动脑筋，发现新问题。

24000字的学习笔记，记录了你这个星期的学习、思考和收获。看得出你不是在应付老师，而是在如饥似渴地汲取。

既然你如此认真，就不必在意阅读速度。一周读不完一本，可调整为10天阅读一本。33年前我在中央党校新闻班学习时，的确给自己设定了两个硬指标：一是9天阅读6本新闻学书籍，读不完就早起床、晚睡觉；二是每天记新闻学资料卡片不少于10张，完不成任务就早起床、晚睡觉。之所以违反常理、难为自己，主要是党校藏书较多，一旦毕业返回山东，就很难找到这些新闻学著作。你没有这个忧虑，所以弓弦不要绷得太紧。

博士生读书有两个层次：一是开阔视野，补充新知识；二是开动脑筋，发现新问题。要注意现实生活中有哪些矛盾和疑难问题需

要理论界研究并作出回答，现阶段理论体系中还存在哪些薄弱环节需要进一步完善？你的阅读应当逐步向更高层次过渡。

2014年7月9日

第四辑

研究生与大学生不同。大学生的主要任务是接受知识、积累知识和学会运用知识；研究生除了学习，还应创造新的知识。这就要求你们更加刻苦地学习，更加辛勤地浇灌自己的"知识树"。

培育好自己的"知识树"
——写给孟林山同学的信

> 培育"知识树"首先要打好基础，把树干竖直、树根扎深，因此集中主题的阅读和学习是必要的；培育"知识树"还必须开阔视野，拓展知识的广度，培养发散式思维。

孟林山同学：

你好！

看了你的答卷，知道你比较喜欢读书。2014年你读了《菊与刀》《日本维新史》《知识考古学》《社会学想象力》等著作。这种阅读习惯应该坚持。

你在答卷中提出："在围绕某个主题进行读书学习时，总是把握不好读书的范围：要么过于集中于主题，思维不够发散；要么就是没有重点地读，将之前确定的主题模糊化了，偏离了最初的攻读方向。"为了回答你的问题，我想借用一个概念——"知识树"。

国际著名金融专家丁大卫教授经过多年的探索研究，悟出了一个道理：宇宙万物皆有规律，树乃天地规律的集大成者。管理学中的"决策树"、计算机编程中的"二叉树"，都折射出树的慧根。

一棵大树有根基还有分枝，同样，科学、学科、知识也有根基和许多分支。观察和研究使丁大卫教授发现了知识与树根、树枝、树叶的内在逻辑关系。作为新闻与传播学院的在读研究生，有必要培育自己的专业知识树。

培育"知识树"首先要打好基础，把树干竖直、树根扎深。你说吸收知识时"过于集中于主题"，删去"过于"两个字，精力相对集中一些，还是必要的。千万不要东抓一把、西抓一把。偏离主题、远离主干的阅读方式对你们的研究工作难有补益。

培育"知识树"还必须开阔视野，不断向知识的广度拓展。在围绕某一主题集中阅读的同时，还应运用发散式思维，不断拓宽知识领域，不要让"知识树"变成没有枝叶的树桩。在研究"记者的发现力"这一课题时，我就运用了这种"拓展法"。

我开始关注"发现力"问题，是1985年深秋。当时，我随穆青同志到湖南张家界采访。这里奇峰连绵，怪石高耸，导游告诉我们，这一奇特的自然景观是20世纪60年代才被人发现的。一根绣花针掉在地上，没有被人发现，比较容易理解；绵延三县的张家界武陵胜景，早在新石器时代就有人类活动，为什么这么晚才被人"发现"，简直不可思议。

从张家界回到北京，我开始研究人类科学考察史上的"发现滞后"现象。位于美国亚利桑那州西北部的科罗拉多大峡谷，被人们称为地球七大天然奇景之一。大峡谷以其蔚为壮观的地势、风光明媚的景致闻名于世。大峡谷经历了漫长岁月，直到16世纪一支远征队来到峡谷的边沿，这个大峡谷才初为人知。19世纪美国陆军少校

约翰·鲍华一行九人乘坐小艇，首次穿越大峡谷底部的科罗拉多河，才真正揭开了大峡谷的神秘面纱。

"发现滞后"不仅表现在人们对自然界的认识上，在科学研究领域，也有大量"发现滞后"的典型事例。1901年，德国物理学家伦琴获得第一次诺贝尔物理学奖，因为他发现了X射线。这一发现宣布了现代物理学时代的到来，同时引发了医学革命。伦琴发现X射线的消息传出以后，有人说伦琴是幸运的，X射线首先来到他的实验室。其实，这种伴随着阴极射线产生的新射线，在全世界上百个物理实验室里已经存在了半个世纪。比伦琴发现X射线早20年，英国科学家克鲁克斯在进行一项实验时，发现放在实验装置附近的没有打开的照相底片突然变得模糊不清。克鲁克斯没有想到这是一种新的未知射线照射的结果，误以为是照相底片质量有问题，还让生产厂家退了货。发现力不足使这位很有才华的物理学家与X射线的发现失之交臂。

联系新闻工作实际，"发现滞后"的现象更是不胜枚举。经过拓展研究，我得出一个结论："发现滞后"是一种"常见病"和"多发病"。于是，我撰写了《影响新闻发现力诸要素的分析》一文，《新闻战线》分两期连载。"编者按"指出：这篇文章"融入了作者从事新闻工作40年的经验体会，既有案例介绍，又有观点阐释，深入浅出，生动形象，对新闻工作者具有一定的启示意义"。

研究生与大学生不同。大学生的主要任务是接受知识、积累知识和学会运用知识；研究生除了学习，还应创造新的知识。这就要求你们更加刻苦地学习，更加辛勤地浇灌自己的"知识树"。如果新传院每个研究生都能培育一棵"知识树",到了收获季节怎能不硕果累累!

  祝

  好好学习、天天向上!

南振中

2015年1月30日

养成连环搜书的习惯
——写给周亚东同学的信

> 连环搜书就是从一本书中发现另一本书，或者从一篇文章中发现一本书。

周亚东同学：

你好！

看了你的答卷，知道你挺喜欢读书，2014年读了一二十本书，包括中国四大名著《三国演义》《水浒传》《西游记》和《红楼梦》。你说有的书需要经常翻看，不能看一遍就放下。我赞成你的看法。

你在答卷中说："有的时候会出现'书荒'，不知道该读什么书。"2014年4月23日，郑州大学新闻与传播学院发布了《郑州大学新闻与传播学院推荐阅读书目》，向大学生推荐优秀图书200本，其中人文社科通识类书目100本，学院平台基础类书目80本，4个专业的专业类书目各20本。新传院购入两套书目所列书籍，陈列在信息资料中心供学生选读。新传院还将书目中所列书籍的电子版刻成光盘，发放给各个班级。当你出现"书荒"时，可以从"推

2011年3月，作者接受北青报记者采访。

荐阅读书目"中选一些书去读。

除此之外，作为一名大学生，应该学会连环搜书。"连环"顾名思义是一个套着一个、一个接着一个。连环搜书就是从一本书中发现另一本书，或者从一篇文章中发现一本书。2014年我阅读了杰里米·里夫金著的《零边际成本社会》一书。作者认为，物联网技术的发展，使零边际成本模式突破了从虚拟世界到现实世界的"防火墙"。"一旦将通讯互联网、数字化能源网与数字化交通运输网络联系起来之后，一切都将变成数字化的经济，这种数字化的经济将带我们进入零边际成本的社会。"在这本书中，里夫金谈及"范式转换"时，提到美国哲学家、科学史家托马斯·库恩的《科学革命的结构》一书。他认为库恩第一次在广义上给"范式"一词下了定义，用"范式"一词指代科学界的标准以及被广泛接受的模型，比如牛顿物理定律和达尔文进化论。过去我没有听说过《科学革命的结构》一书，很想看一看书中讲了些什么。于是，我从网上下载了这本书。阅读之后才知道，《科学革命的结构》是现代思想文库中的经典名著。作者从科学史的视角探讨常规科学和科学革命的本质，深刻揭示了科学革命的结构，开创了科学哲学的新时期。

从各类媒体刊载的文章中发现有阅读价值的书，也是我常用的一种方法。2014年5月14日凌晨，我从《人民日报》电子版看到卢新华写的《我心目中的鬼谷子》一文，作者讲述了她三访"鬼谷子村"的经过，其中有这样一段话："《鬼谷子》立论高深幽玄，文字奇古神秘，是'智慧禁果''旷世奇书'。"在我的"数字图书馆"里早已下载了《鬼谷子》一书，由于相信古人关于"此书多半属于伪托"的判断，所以一直没有仔细翻阅。受《我心目中的鬼谷子》一文的激发，忽然产生了阅读《鬼谷子》的兴趣。于是，我从"数字图书馆"中将《鬼谷子》一书调出，从头看到尾。该书"决篇第十一"谈到凡为他人决断事情，都是受托于有疑难的人。用现在的话来说就是两难选择。作者指出：推测以往的事，验证未来的事，再参考日常的事，如果可以，就作出决断；不用费力轻易可获成功的事，如果可以就作出决断；费力气又辛苦，但不得不作的，如果可以就作出决断；能消除忧患的，如果可以就作出决断；能实现幸福的，如果可以就作出决断。因此说，解决事情，确定疑难，是万事的关键。这就是我从《鬼谷子》一书中受到的启发。

我把连环搜书的办法告诉你，希望对你解决"书荒"问题能有一点帮助。

祝

好好学习、天天向上！

南振中

2015年2月19日

精读与泛读可以分类使用
——写给姚文丽同学的信

> 每日所读之书，最好分两类：一类是精熟的；一类是浏览的。因为我们一面要养成读书心细的习惯，一面要养成读书眼快的习惯。心不细则毫无所得，等于白读；眼不快则时候不够用，不能博搜资料。

姚文丽同学：

你好！

看了你的答卷，知道你很喜欢读书，2014年读了30多本书，还记了读书笔记。这个习惯很好，望能坚持。

你在答卷中提出："看一本书，是泛读还是精读？"为了回答这个问题，让我们共同品味中国近代思想家梁启超所著《读书指南》中的一段话：

"每日所读之书，最好分两类：一类是精熟的；一类是浏览的。因为我们一面要养成读书心细的习惯，一面要养成读书眼快的习惯。心不细则毫无所得，等于白读；眼不快则时候不够用，不能博搜资料。诸经、诸子、四史、通鉴等书,宜入精读之部,每日指定某时刻读它,读时一字不放过,读完一部才读别部,想抄录的随读随抄。另外指出一时刻,随意涉览,觉得有趣,注意细看,觉得无趣,便翻次页。"

从梁启超这段话中,我受到两点启示:一是精读与泛读是阅读的两种基本方法,既要倡导精读,又不应贬低泛读,两种阅读方法可以并用,也可交替使用;二是精读还是泛读,因书而异,要根据自己的实际需要,做好对书籍的分类工作。

——关于不同专业书籍分类:本专业的书籍宜采用精读方法;相邻专业的参考书宜采用泛读方法。

——关于本专业书籍分类:公认的经典著作宜采用精读方法;一般著作宜采用泛读方法。

——关于同一本书的分类:能给予自己较大帮助的部分宜采用精读方法;对自己帮助不大的部分宜采用泛读方法。

前两种分类方法容易理解,我着重对第三种分类方法作一点解释。我喜欢读历史著作。在我的"数字图书馆"中有一个"历史知识"子目录,其下有"25史汇总"。在这25部历史著作中,《史记》被鲁迅先生誉为"史家之绝唱,无韵之离骚",与《资治通鉴》并称为中国"史学双璧"。而且《史记》全书只有52万多字,不算太长,所以我采用了精读的方法,反复阅读。《新唐书》是北宋时期欧阳修等人合撰的一部记载唐朝历史的纪传体断代史书。全书共225卷,包括本纪10卷、志50卷、表15卷、列传150卷。近代学者王欣夫批评欧阳修编撰《新唐书》"着意文字而忽略考证"。该书的本纪、志、表对我用处不大，所以采用了泛读的方法。对我用处较大的是人物传记，比如魏徵、狄仁杰、李光弼、郭子仪、韩愈、李白、王勃、王维、孟浩然等人的列传，因此采用了精读方法。读《汉书》也一样，全书80万字，纪、表、志采用了泛读方法；传记采用了精读方法。

分类选择精读和泛读并非一成不变，在阅读过程中，精读与泛读有时会交叉使用，有时会发生转化。仍以《史记》为例，在精读了几遍之后，当你需要重温时，就可以采用全书泛读与重点精读相结合的方法。这样做，既提高了阅读效率，又能保证阅读质量。

精读还是泛读因人而异。究竟采用哪一种方法比较有效，需要你在阅读过程中逐渐摸索。

祝

好好学习、天天向上！

南振中

2015年2月23日

你关心的才是重点
——写给王竞同学的信

> 苏东坡讲的"八面受敌法",就是把一部书按内容分成若干项,一个重点接一个重点地学习、研究,在此基础上进行综合,达到融会贯通的境界。这样读书,即使"八面受敌",也能从容应对。

王竞同学:

你好!

看了你的答卷,知道你对哲学类、文学类书籍较为感兴趣。你读书时先看目录,浏览学术类书籍的章末小结,找出自己感兴趣的部分阅读。这不失为一种汲取知识的方法。

你在答卷中说:"有些书籍晦涩难懂,感觉找不到重点。"重点指的是一本书的主要或重要部分。书的重点可从两个角度来分析:一是作者写作时确定的重点;二是读者阅读时感受到的重点。通常情况下二者应该是一致的,但由于读者需求多种多样,关注点各不相同,因此,即使读同一本书,每个人选择的重点也不尽相同。2012年8月上线的"今日头条"是一款个性化的信息推荐引擎。它

的口号是："你关心的才是头条！"暂且套用一下，那就是："你关心的才是重点！"

以阅读美国作家马尔科姆·格拉德威尔所著的《引爆点》一书为例。作为一个报道跨国公司及其领袖的记者，马尔科姆·格拉德威尔把很大一部分精力放在对跨国公司产品的研究上。而这些知名产品的生产和销售并不是我关注的重点。我关心的是与传播学有关的内容，特别是"流行三法则"中的"附着力法则"。作者写道："人们常常花费大量时间思考如何使信息更易传播，即如何让我们的产品或者观念让尽可能多的人知道。但是要把消息传播出去，一个重要部分在于怎样确保消息不会从听到者的一个耳朵进，而后从另一个耳朵出去。信息有了附着力就意味着它会对人产生影响。你不能把它从你的脑海中赶出去，不能把它从记忆中清除出去。"作为新闻与传播学院的学生，如果把"附着力法则"研究透了，就会找到减少"无效传播"的路径。

重点的确定还同读者的知识积累和视野密切相关。知识积累雄厚且视野开阔的读者，重点通常都是少而精、少而准；反之，重点就会多而杂。季承在《李政道传》中谈道，李政道提出的"李模型"及其相关研究，对后来物理学中的场论和重整化研究产生了巨大影响。李政道这项研究成果于1954年9月1日发表。同年12月14日，量子力学创立者之一的泡利给李政道写信说："我认真地研究你的文章已经有一段时间了。从按天计时到按周计时，从按周计时到按月计时，我的李模型文档不断增厚。这证明了你的模型的重要。以我观察问题的方式来看，重要性主要来源于第1331页的脚注4。"

泡利认为，文章的其他部分与这个小脚注相比，可以忽略不计。你看，上千页的科学巨著，在泡利眼中，重点只是第 1331 页的一条很短的"脚注 4"。

还有一点，阅读一本书的重点不是一榜定终身。这次阅读时确定一个重点，再次翻阅，又会有新的重点。元人陈秀明在《东坡文谈录》中讲述了一件事："东坡与王朗书云：少年为学，每一书作数次读。学如入海，百货皆有，人不能兼收尽取，但得其所欲求者耳……若学成，八面受敌，与涉猎者不可同日语。"苏东坡讲所谓的"八面受敌法"，就是把一部书按内容分成若干项，一个重点接一个重点地学习、研究，在此基础上进行综合，达到融会贯通的境界。这样读书，即使"八面受敌"，也能从容应对。这种选择重点的方法可谓经验之谈。

祝

好好学习、天天向上！

南振中

2015 年 2 月 25 日

自主选择与选择焦虑
——写给贾雪同学的信

> 选择是一种取舍和决断，常常是在"两难"中作出决断。当人们面临太多选择而无法作出决定时，就会产生焦虑情绪。

贾雪同学：

你好！

首先祝贺你获评郑州大学"芙蓉学子·榜样力量"自强不息奖。

看了你的答卷，知道你读书兴趣浓厚，2014年读了几十本书。"永远要有自知之明，始终告诉自己，此刻我依然所知甚少。"这一感悟可能是你保持旺盛求知欲的"秘诀"。

你在答卷中把书分为四类：感兴趣且有用；感兴趣但无用；不感兴趣但有用；讨厌且无用。你问："对于第四类书该不该读？"为了回答这一问题，向你介绍两位学者的看法。

苏联著名教育家别林斯基说过："阅读一本不适合自己阅读的书，比不阅读还要坏。我们必须会这样一种本领，选择最有价值、最适合自己所需要的读物。"中国作家鲁迅在《读书杂谈》中对这个问题讲得更加透彻。鲁迅认为读书至少有两种：一是职业的读书；

一是嗜好的读书。所谓职业的读书者，譬如学生因为升学，教员因为要讲功课，不翻翻书，就有些危险。所以读书的人们的最大部分，大概是勉勉强强的，带着苦痛的为职业的读书。嗜好的读书则是出于自愿，全不勉强。根据鲁迅先生对年轻人的建议，你所说的"感兴趣且有用、感兴趣但无用、不感兴趣但有用"等前三类书籍应该认真阅读。关于"讨厌且无用"的书，则不必强迫自己去读，至少在厌恶情绪消退之前不要"硬读"。不知你是否赞成这样的选择？

你提的第二个问题是："人应该捍卫自己的选择权吗？"客观地分析，在升入大学之前，你们的选择权受到诸多限制。上什么课，读什么书，什么时候写完作业，报考哪所大学，选择什么专业，要听取老师和父母的意见，很少独自做主。走进大学校门，家长不可能再在你们耳边唠叨，老师也不会整天催促你们读书。"选择权"已经交到了你们的手里。2013年12月，《武汉晚报》刊登了一篇报道说，美国一项调查显示，每个人每天有意无意间要面临70个选择。可见，你在校学习期间拥有很多个选择的机会，选择权用不着刻意去捍卫。

选择是一种取舍和决断，常常是在"两难"中作出决断。当人们面临太多选择而无法作出决定时，就会产生焦虑情绪。南非作家蕾娜塔·莎莉塞写了一本《选择》，第一章就是"为什么选择使我们焦虑"。作者写道，不久前，她去曼哈顿一家高级食品店为晚宴选购一些奶酪。数不尽的货架上陈列着各种各样的奶制品和一些看起来十分诱人的熟食样品——软的、蓝色的、偏荷兰风味的、松软英国风味的、出众法国口味的——每一种都吸引她的注意力并使劲

2013年6月26日,作者(左一)与郑州大学新闻与传播学院本科三年级学生座谈了解学生读书情况。

向她的钱包招手,她被这些诱人的商品弄得无从选择。由此引发开去,作者指出了消费者所犯的三个错误:一是在不确定自己想买哪种奶酪的情况下走进食品店;二是走进食品店就开始像一个听话的学生认真阅读商品的标签,大量令人眼花缭乱可供选择的商品被广告语弄得更加复杂,每一款都宣传自己在配料和口感方面的优点,她被搞糊涂了,不再仅仅从奶酪的味道上进行判断;三是参考了俨然是奶酪权威的促销员的建议。这段话给大学学子的启发是:在选

择之前应搞清此次选择的目的，谨防流行趋势的诱惑，对书籍腰封上的赞语应打一点折扣。只有排除了诱惑和干扰，才能减轻选择焦虑。

最后还想告诉你一点：所有的选择都应发自内心。1983年9月，我在新华社山东分社当社长，新华社总社派了3名刚入社的大学生到山东分社实习。我对这几个年轻人说："当记者免不了吃苦，吃苦是一种自我选择。比如，有10个年轻人，3人选择安逸舒适的生活，7人选择了吃苦。在选择吃苦的7人中，2人看到别人潇洒，心理不平衡，于是选择了放弃，5人甘愿继续吃苦。在这5个人中，2人方法欠佳，3个人方法对头。优秀新闻人才很可能就出在这3个人当中。"几年之后，3位实习生初露头角，在新华社青年记者读书班上，1位年轻人撰写了一篇体会文章，题目就是"在这条吃苦的路上追寻"。

你选择了安逸舒适，就应承担安逸舒适带来的后果；你选择了吃苦，就要甘于寂寞，不必与别人攀比。这样的选择才算是忠于自己内心。

祝

好好学习、天天向上！

南振中

2015年2月26日

不可尽信荐书单
——写给魏宇麒同学的信

> 对待推荐阅读书目这件事，既不能一概肯定，也不能一概否定……

魏宇麒同学：

你好！

看了你的答卷，知道你读书的兴趣比较浓厚，2014年读了20本书。你把读书摘记和读后感存在电脑里，随时找出来温习。这个办法很好，希望能够坚持下去。

你在答卷中提出："一些名家推荐的书，貌似经典，但就是看不进去。"这有两种可能：一是"伪经典"，书并没有多大的阅读价值，被人为捧红；二是书是好书，但其中蕴含着的价值尚未被人所理解。

先说第一种情况。2014年1月10日，《北京晨报》刊登一篇题为《荐书榜切勿成"皇帝新装"》的文章。作者蔡辉写道："一家号称找了几十位专家、三轮投票最终选出的某'十大好书'榜，其中两本书是彻头彻尾的'攒书'。"蔡辉指出：上榜书籍居然通过了"严格"的筛选程序，让人怀疑这些"专家"真的看过自己评的书吗？如果连书都没看，他们在评什么？2010年8月6日《新华日报》刊文指出，现在的名家荐书可谓鱼龙混杂：有的书确属名人看后客观推荐，更多的情况是名人根本就没有看自己推荐的书。受利益诱惑，一些名人和出版机构形成了固定的合作关系，允许出版社有偿利用自己的名气推荐作品，大家"各取所需"。还有一种情况是出版社盗用名人的名义荐书。在这种环境中，大学生对待名人荐书的态度应该是既不能尽信，也不能全读，要加以鉴别，择善而读。

另一种情况是经典著作由于成书年代久远，我们不了解作品反映的时代背景，看不大懂，因而读不进去。这就要求我们多学点历史，多查阅资料，力求读懂弄通。一旦用到了这些知识，你会感激推荐者的眼光。

对待推荐阅读书目这件事，既不能一概肯定，也不能一概否定。有些专家学者对待荐书这件事还是很认真的。他们会告诉学生，在推荐阅读的书目中，哪些书自己读过，哪些书听说过但没有读过，读过的书哪一部分写得较好，哪几本书需要深阅读，哪些可以浏览。这样荐书，对大学生很有用处。我经常借鉴各类"名人推荐阅读书目"搜寻有价值的书籍。在我的"个人数字图书馆"，专门建立了一个"名家推荐书籍资料库"，其下建立了"百年诺贝尔文学奖获奖作品大全""这10本书改变了世界""15位大学校长推荐的书""中国古典名著百部""改变世界的16本书"等十几个子目录。有时我还从这个资料库中精选一些书目，向年轻朋友推荐。2010年6月7

日，全国人大外事委办公室给我发了一张表，让我向年轻人推荐一本值得阅读的书。我推荐了马汉著的《海权论》。1890年，这本书在美国一出版，就引起许多国家的关注，美国、日本、德国与苏联等国先后将其作为制定国家发展战略的指导性著作。在"推荐理由"一栏，我写了这样一段话：

"谁控制住海洋，谁就统治了世界。"马汉在《海权论》一书中提出的这句名言，在两次世界大战中已经得到证实。我们国家既是一个陆上发展中大国，也是一个海洋发展中大国，海洋与中华民族生存与发展的历史息息相关。阅读这本书，我们要认真思考中国应该坚持什么样的海洋战略，怎样独立地管辖自己的海洋事务和维护自己的海洋权益。要坚决捍卫自己的海洋安全，进一步开发和利用海洋资源，为实现中华民族的伟大复兴作出积极贡献。

如果你有余暇，不妨读一点与海权有关的书籍，这对年轻学子认清世界海洋形势很有好处。

祝

好好学习、天天向上！

南振中

2015年2月26日

如何解决电子阅读的高遗忘现象
——写给丁长青同学的信

> 阅读电子书防止高遗忘，有效办法是提高专注程度。为此，本封回信提出了五点建议。

丁长青同学：

你好！

看了你的答卷，知道你喜欢读书，遇见好书你会手不释卷，想一睹为快。自习室、图书馆、启明广场都是你读书的好地方。这种习惯很好，应继续坚持。

在答卷中你询问如何解决电子阅读引发的高遗忘现象？这个问题带有一定的普遍性。

2012年7月3日，新浪健康论坛刊登了一篇题为《常看电子书记忆力会变弱》的文章，引述美国《时代周刊》的报道说，神经科学研究者玛雅·萨拉维兹研究发现，在平板电脑上阅读文章，每隔一两个章节就会轻易地忘掉故事角色的名字，而在纸质书报上的阅读则没有这种困扰。英国莱斯特大学的心理学讲师凯特·伽尔兰德做了一个实验：将她的学生分成两部分去阅读一段他们不熟悉的经济学材料，一部分学生通过手持设备阅读，另一部分则阅读纸质版本的材料。实验结果显示，使用电子书阅读的学生为了理解信息，往往需要多次重复阅读某些段落；而阅读纸质书的学生则较少出现这种重复阅读。两位科学家的实验表明，你所谈阅读电子书的"高遗忘现象"的确存在。

阅读电子书防止高遗忘，有效办法是提高专注程度。我在写给陈薇伊同学的信中集中谈了这个问题，这里不再重复。根据电子书的阅读特点，提五点建议：

第一，加深对电子书主要内容的理解。 德国心理学家艾宾浩斯在实验中发现：记住12个无意义音节，平均需要重复16.5次；记住6首诗中的480个音节，平均只需要重复8次，因为参与实验的人懂得诗句的意思，是理解帮助了记忆。英国心理学家凯特·伽尔兰德也认为，阅读纸质书的人们对内容懂得更快，常看电子书的人则需要更长的时间和更多的重复阅读才能达到懂得的境界。如果你赞同这两位心理学家的观点，不妨利用阅读电子书的便捷，对一本书反复浏览，领会真意。这可能是解决"高遗忘现象"的有效方法。

第二，阅读电子书最好选择较大的屏幕。 美国互联网专家雅各布·尼尔森认为，屏幕越大，人们能够记住的知识越多，反之则较少，因为小屏幕使你在阅读时丧失绝大多数语境。我的做法是：从小平板电脑或手机微信朋友圈获取图书线索，从台式电脑下载，在大屏幕上阅读。这个方法你不妨一试。

第三，摘录要点。 阅读电子书时，把对自己没有参阅价值的内容大段大段地删除，只留下有价值、对自己有启迪作用的内容。在个人数字图书馆的目录中，应同名保存两个目录：一个是这本书的全文；另一个是这本书的阅读摘记。对摘出的重点内容要仔细阅读、反复阅读，这是在电子阅读过程中增强记忆的好方法。

第四，学会在电子书中作标记。过去阅读纸质书，有眉批、旁批，还可以画上着重号、着重线，这些做法对增强记忆有明显帮助。阅读电子书同样可以作批注，还可以用单下划线、双下划线、加粗下划线、下划虚线等标出书的重点内容。阅读电子书比阅读纸质书更方便的是，可以把重点内容的字体变大、加粗、标红、标绿。这些方法可以帮助你记住书的重点内容。

第五，制作电子卡片。在个人数字图书馆，一本书并非只有一个目录，而是一份摘记一个目录。举例来说，阅读克莱·舍基的《认知盈余》时，我制作了一张题为"人为什么需要奶昔"的电子卡片；在阅读古斯塔夫·勒庞的《乌合之众》时，制作了一张题为"群体偏执"的电子卡片；在阅读清代学者史玉涵所辑的《德育古鉴》时，看到这样一段话："人生衣食财禄，皆有定数。若俭约不贪，可得延寿；奢侈过求，受尽则终。"于是，我将这段话摘录出来，制作了一张题为"人生衣食财禄皆有定数"的电子卡片。

在电子阅读过程中增强记忆的办法很多，难以尽述。列出以上五点，供你参考。

祝

好好学习、天天向上！

南振中

2015年2月27日

既要记新知识　又要记新感悟
——写给王韶辉同学的信

> 读书笔记多种多样，采用哪种方式比较合适，因人而异。只要你养成记读书笔记的习惯，在实践中一定会摸索出适合自己的笔记形式。

王韶辉同学：

你好！

看了你的答卷，知道2014年你平均每周读一本书，并写了读书笔记。这种习惯应该坚持。

你在答卷中提出："记笔记是记知识还是记自己的思考和感悟？"简单回答，就是既要记新知识，又要记新感悟。

大学生处在学习知识、积累知识的阶段，读书笔记应该多记一些新知识。许多专业书籍过去未曾读过，甚至没有听说过。看完一本新书，用自己的语言把书的主要内容记在笔记本里，写明这本书的作者姓名、出版社名称、出版时间及版次，以备日后查找。还要作精华摘录。在读书过程中，随手将重要和精彩的内容摘录下来，特别要抄录自己需要或日后可能用得着的内容。

一本 400 页的书，阅读之前，是一本普普通通的印刷品。阅读之后，读者从中受到启发，产生了新联想，有了新发现和新感悟，于是就产生了"阅读附加值"。"阅读附加值"越大，学习的有效性就越高；"阅读附加值"越小，学习的有效性就越低；没有产生"阅读附加值"，就属于"无效阅读"和"微效阅读"。如果你们在读书过程中能把自己的感悟记下来，日积月累，就会成为一笔宝贵的财富。

为了便于你理解感悟性笔记，向你推荐明末清初著名学者顾炎武所著的《日知录》。顾炎武在叙述这部巨著的成书过程时写道："稽古有得，随时札记，久而类次成书。"30 多年间，顾炎武随手记下了 1019 条读书札记，内容涉及汉民族经史、诗文、训诂、名物、典章制度、天文、地理以及吏治、杂事等各个方面。最长的札记 5000 多字，最短的札记只有 9 个字。《日知录》成为 17 世纪中叶中国一部足以反映时代风貌的学术巨著，书中不少名言警句传诵千古。

明代思想家李贽撰写的《史纲评要》分为史纲和评要两个部分，"评要"就属于感悟性笔记。作者通过眉批、夹批、段后评和对史文的圈、点、抹等，表达对历史人物、历史事件的看法，抒写读史心得和感受。据林晓平《〈史纲评要〉的批与评》一文中披露的统计数据，全书眉批 635 处，夹批 859 处，段后评 1599 处，其中 90% 以上的批语、评语不超过 20 字。这些批与评言语虽然简略，但都切中要害。

除了新知识笔记、感悟性笔记，更多的是既记新知识，又记新感悟的综合性笔记。《哲学笔记》是列宁 1895 至 1916 年间研究哲学著作所写读书笔记的汇编，包括 46 篇读书摘要、札记、短文和读书批注。列宁在《哲学笔记》中使用过 40 多种批注记号，形成独特的读书批注体系。他使用的记号包括：

一：重要内容；

＝：很重要的内容；

≡：最重要的内容；

□：引起注意之处；

( )：说明性内容；

「 」：在摘录原文之后本人的批注；

『 』：本人的重要批注。

举一个实例：《辩证法的要素》是《哲学笔记》中的一则笔记。第一段摘录的是黑格尔《逻辑学》的原文："观察的客观性（不是实例，不是枝节之论，而是自在之物本身）。"在这段话的右边，列宁写了一句旁批："辩证法的要素。"在摘录了 16 段原文之后，列宁在书的末尾写下自己的感悟："可以把辩证法简要地确定为对立面的统一的学说。这样就抓住辩证法的核心，可是这需要说明和发挥。"这一感悟激发了列宁继续研究辩证法的热情。1915 年列宁果然写出《谈谈辩证法问题》，明确指出唯物辩证法的实质和核心就是对立统一规律，提出了两种发展观的对立，指出统一的相对性和斗争的绝对性。这篇文章在马克思主义哲学经典著作中占有重要地位。有学者认为，这篇经典作品就是对《辩证法的要素》这则读书笔记的"说明和发挥"。

读书笔记多种多样，采用哪种方式比较合适，因人而异。只要你养成记读书笔记的习惯，在实践中一定会摸索出适合自己的笔记形式。

祝

好好学习、天天向上！

南振中

2015 年 2 月 27 日

围绕不同观点进行"主题阅读"
——写给赵一鸣同学的信

> 主题阅读是在一定时间内围绕同一主题阅读大量书籍的方法。当书中观点同你的想法相左时,可以围绕疑惑进行主题阅读,直到把"相左"的问题搞清楚。

赵一鸣同学:

你好!

看了你的答卷,知道你挺喜欢读书。你说《童年的消逝》让你了解了一种认识事物的新角度,这对今后学习和研究都有启迪作用。你边读书、边思考,这种学习方法应该继续使用。

你在答卷中提出:"如果书中的观点尤其是权威作家的观点与自己的想法相左,应当如何对待?"为帮助你思考这个问题,提三点建议:

第一,养成独立思考、独立判断的习惯。

2011年1月22日,《羊城晚报》转载了网上疯传的"零分作文",题目是"我不相信傻鸟的道理"。这是一篇"材料作文",提供给考生的材料是:有一种鸟能够飞越太平洋。飞行中,它把树枝衔在嘴里，累了就把那截树枝扔到水面上，然后飞落到树枝上休息一会儿，饿了就站在树枝上捕鱼，困了就站在树枝上睡觉。考生可根据上述材料自定立意，自拟题目，但不得偏离材料的主要内容。一个理科考生看了材料之后写道：如果你想让一块木头载动一只鸟，需要符合如下条件，木头的体积×（水的密度－木头的密度）－鸟的重量≥0。水的密度约为1000千克/立方米，木头的密度按500千克/立方米计算，鸟的重量按1千克计算，那么，木头的体积约为2立方分米，相当于两块砖头那么大。一只大鸟能衔动两块砖头大小的木块吗？作文的结尾写道："不管是什么鸟，都不会选择叼着树枝飞太平洋。如果一定要这么干，肯定是只傻鸟——淹死在太平洋里喂鱼的傻鸟。对于建立在这个傻鸟故事上的傻鸟道理，只有傻鸟才会信。"这件事的真实性无从查考，权当是一则虚构的寓言故事。它给人们的启示是：面对各类知识要善于独立思考，大胆提出自己的看法。

第二，多搜集文献资料作为佐证，少作感想式推断。

"观点相左"的问题不仅发生在读者与作者之间，而且发生在不同作者之间。对于同一个人物、同一个事件，不同作者往往会有不同的看法和说法。拿《三国志·诸葛亮传》来说，《三国志》的作者陈寿曾经担任蜀国的东观秘书郎、散骑黄门侍郎，蜀被灭之后，得到新建政权的重用，负责编著《三国志》。他对诸葛亮出山的描述是："由是先主遂诣亮，凡三往，乃见。"魏朝郎中鱼豢私撰的《魏略》谈及此事与陈寿大不相同。《魏略》写道："亮乃北行见备，备与亮非旧，又以其年少，以诸生意待之。"一个说刘备"三顾茅庐"，一个说诸葛亮"自行求见",你看"相左"到了什么程度!南朝宋人裴松之在为《三国志》作注时,发现了这一歧见。他的做法是查阅历史典籍,多方求证。根据《襄阳记》的记载,裴松之写道:"刘备访世事于司马德操,德操曰'儒生俗人,岂识时务,识时务者在乎俊杰。此间自有伏龙、凤雏'。备问为谁,曰'诸葛孔明、庞士元也'。"搜集到了新的佐证,因而提升了"凡三往,乃见"这一记载的可信度。由此可见,当书中观点同你的想法相左时,不是作"押宝式"的判断,而是要广泛搜集资料来印证,或者靠实践来检验。

第三,围绕不同观点进行主题阅读。

主题阅读是在一定时间内围绕同一主题阅读大量书籍的方法。当书中观点同你的想法相左时,可以围绕疑惑进行主题阅读,直到把"相左"的问题搞清楚。以"知情权"为例。长期以来有一种模糊认识,好像"知情权"是资产阶级的专利。在阅读过程中,我对这一观点产生了怀疑。于是,我把"知情权"确定为主题,集中时间浏览西方新闻理论著作和马克思主义经典著作。西方的"知情权"理论萌芽于20世纪20年代。1945年前后,美国记者肯特·库珀使用了"知情权"这一概念,提出民众应该通过媒体了解其政府的工作情况。此后,"知情权"一词被解释为一种广泛的公民权利。而在"知情权"概念正式提出之前,马克思主义经典作家就对人民群众"知情"问题作过深刻论述。1917年11月,列宁在全俄工兵代表苏维埃第二次代表大会上作《关于和平问题的报告的总结发言》时说:"在我们看来,一个国家的力量在于群众的觉悟。只有当群众知道一切,能判断一切,并自觉地从事一切的时候,国家才有力量。"你看，列宁把人民群众的"知情权"提到了怎样的高度！采取主题阅读方法，在不同观点的碰撞中容易弄清真相、辨明是非。这种方法你不妨一试。

  祝
    好好学习、天天向上！

南振中
2015年2月28日

电子书和纸质书各有千秋
——写给唐弢同学的信

> 把阅读电子书和纸质书结合起来，可以在有限时间里吸收更多的新知识。

唐弢同学：

你好！

看了你的答卷，知道你买了一台电子阅读器，喜欢读电子书。你还介绍了自己的读书方法：一本新书一气呵成地读完，随后合上书本，静静地想10分钟，思考书的开头和结尾是否对应。最后再翻看这部书，探寻作者怎样将开始和结束连接起来。这种读书方法有借鉴价值。

你在答卷中提出："未来纸质书还有存在的必要吗，为什么？"对于这个问题各方看法不一，争论持续不断。有的专家把"阅读危机"解释为"人文精神危机"；有人在2008年世界经济论坛上预测，书籍将在不久的将来消失；有人认为阅读率下降是必然趋势，但未必导致文化的衰落。安贝托·艾柯和让－克洛德·卡里埃尔在《别想摆脱书》中下了一个判断："书永远不死。"这可能是对书籍命运最乐观的预测。

现代社会传播技术更新速度加快，难免会给人们带来恐慌。当年电视机走进千家万户，有人每天在电视机前端坐五六个小时，电视成为人们收看新闻、学习知识的重要载体，于是有人担心广播电台会消亡。几十年过去了，电视并未取代广播。同样，手机报、客户端并未取代报纸；电子书也没有取代纸质书。实事求是地来分析，纸质书和电子书恐怕是各有千秋，在相当长的一个时期，纸质书和电子书将会共存互补，分别满足不同受众的需求。

在答卷中你还提出："如何看待如今的碎片化阅读，它会给我们的生活带来怎样的影响和改变？""碎片化阅读"指的是通过手机短信、电子书、网络等电子终端接收器进行的断断续续的阅读模式。据有关机构统计，2014年全球智能手机用户量达到17.5亿。据工信部的统计数据，2014年1月底，中国移动通信用户达12.35亿，其中8.38亿（67.85%）为移动互联网接入用户。有专家把当今时代命名为"碎片化时代"，有一定道理。移动互联网的迅猛发展，会给人们的阅读习惯带来较大影响，人们吸收知识、接受信息的方式会随之发生改变，这是不可阻挡的历史趋势。但把"碎片化阅读"概括为"零碎"和"浅薄"则有失公允。"碎片化阅读"并不影响有志者的"深思考"。

以微信朋友圈为例。用户通过朋友圈发表文字和图片，还可以通过其他软件将好的文章推送到朋友圈与大家分享。这一功能的开发，使得朋友圈成为吸收新知识的园地。我经常从朋友圈下载有价值的文章，或者从朋友圈发现书籍线索，然后系统阅读。2014年7

月9日，郑州报业集团党委书记、社长石大东在微信朋友圈发了《千古奇文　诠释人生》的帖子，介绍《心相篇》的主要内容。我当即调出这本书的原文和译文。这是五代、北宋年间道教学者陈希夷撰写的作品，书名取"相由心生"之意。这本书虽带有迷信色彩，但其中有5段话给了我启发。比如，"何知苗而不秀？非惟愚蠢更荒唐；何知秀而不实？盖谓自贤兼短行。"意思是说：为什么有些人看着是好苗子却成不了才呢？因为做人愚蠢，行事荒唐；为什么有些人只得到虚名虚利，人生没有实际的结果呢？因为自以为很有才，且德行有亏或行动跟不上。既然微信朋友圈具有传播新知识的功能，利用这一渠道开阔视野、吸收知识有什么不好呢？

当今世界，知识更新速度明显加快，要想吸收新知识，必须善于利用网上公益数字图书馆。2014年5月24日，我向郑大新传院教职工推荐了主题阅读网、扫花书库、国学经典、古诗文网、书包网、必读网、天涯在线书库、亦凡公益书库等可以下载图书的网站。后来，郑大新传院团委和学生会又把这些网站推荐给本科生和研究生。这些网站的图书都是公开的公共产品，只要遵守网站"声明"和相关规定，网民可以阅读或下载。

有同学担心网上图书良莠不齐、真伪难辨，这并非杞人忧天。为了"扬网上阅读之长、避网上阅读之短"，建议采取三种办法：一是在网上发现数字图书之后，首先阅读"前言""目录"和"后记"，了解作者的写作意图、写作经过以及书的主要内容，尽快作出"价值判断"。参阅价值大的就下载；参阅价值不大的就放弃。二是注意阅读网上"书讯"。"书讯"介绍的大都是新近出版的图书，有的代表着本学科"前沿"研究成果。把这些最新的图书搜索出来，下载到自己的"数字图书馆"，可以解决网上知识相对陈旧的问题。三是对网上下载的图书，阅读时要加以鉴别，做到去伪存真。所有下载的资料仅供参考，如需引用，必须同纸质图书及其他权威资料认真核校。这样做，就不用担心会"被海量信息绑架"。

网上阅读与读纸质书有一些不同之处。过去我阅读纸质图书，注意力放在"有价值部分"上，总是先把有价值的内容摘抄出来；在网上读书时，我把对自己没有明显参阅价值的内容大段大段地删除。比如，一部30万字的著作，可以用一两个小时，把对自己没有多大帮助的内容删去，留下对自己有启迪作用的部分仔细阅读、思考，并用不同颜色的文字记下札记和联想。在个人"数字阅览室"的目录中，可以同名保存两个目录：一个是电子书的全文；一个是对这本书的阅读摘记。把阅读电子书和纸质书结合起来，可以在有限时间里吸收更多的新知识。所以，对电子书和纸质书都应采取接纳态度，而不应简单地拒绝和排斥。

以上只是个人看法，提出来供你参考。

祝

好好学习、天天向上！

南振中

2015年2月28日

读书时间碎片化不等于知识碎片化
——写给郑佩枫同学的信

> "碎片化时间"是一笔巨大财富。利用"碎片化时间",制订总体读书学习计划,并严格执行,也可以积累丰富的知识。

郑佩枫同学:

你好!

看了你的答卷,知道你是一个喜欢读书的学生。2014年你读了《百年孤独》《追风筝的人》《菊与刀》《梁启超传》。听了作家梁鸿在郑州大学所作的专题报告之后,你又阅读了她写的《中国在梁庄》和《出梁庄记》。这种读书习惯应予保持。

你在答卷中问道:"读书时间太碎片化,无法坚持把固定的时间用来读书。有没有更好的办法让大家分出一些时间重拾'墨香'?"就这个问题谈三点看法:

第一,"时间碎片化"并非自今日始,也不是新媒体时代所独有。宋代文学家欧阳修在《欧阳文忠公文集·归田录》中介绍了钱思公、宋公垂两人利用"碎片时间"读书的故事,并且记述了自己"三上"写作经历,大意是:钱思公在西京洛阳曾经告诉官员的家属,说这一生只喜欢读书，坐着的时候就读经书和史书，躺在床上就读各种杂记的书籍，上厕所的时候就读短小的诗词、小令。谢希深也说，同在史院的宋公垂，每当去厕所都夹着书，诵读的声音清脆，远近都能听到。这两件事引出欧阳修的一段名言："余平生所作文章，多在'三上'，乃'马上''枕上''厕上'也。"欧阳修告诉宋公垂，他利用"三上"的"碎片时间"写文章，大概是因为只有这些地方才可以集中思想吧。20世纪80年代，我在研究忙人支配时间的特点和规律时发现，尽管"忙人"一年到头忙个不停，有时连节假日也不能休息，但就每天而言，在处理繁杂的事情之间总会有一些间歇。我把这些长短不一的"间歇"称作"缝隙时间"，也就是你所说的"碎片时间"。近几年，随着人们生活空间的扩大和工作节奏的加快，"时间碎片化"问题显得更加突出。

第二，"碎片化时间"不是无法利用的"时间残渣"，而是一笔巨大财富。 我给大学生算过一笔账：每周时间总和是168小时。从周一到周五，每天上课时间平均为5小时，一周25小时；从周一到周日，平均每天睡眠8小时，一周用去56小时；吃饭、午休、整理内务每天用去4小时，每周需要用去28小时。每周时间总和减去上课、睡眠、吃饭、午休和整理内务时间，净剩余59小时。全年52周，剩余的"缝隙时间"为3068小时。"缝隙时间"的利用率较高的是成立于1794年的"巴黎高师"。这所名校培养了物理、化学、文学、经济学等学科的11位诺贝尔奖获得者和7位数学最高奖——菲尔兹奖的获得者。这所学校的一条经验是规定了铁的作息纪律：学生每天学习近 14 小时。我们不采用这一严格的标准，权且设定课余时间平均利用率为 50%，其余时间从事体育锻炼和社会活动，那么，一年中可以有效利用的"缝隙时间"为 1534 小时。这些时间如果用来读书，按照每小时平均阅读 30 页的速度计算，全年可阅读 46020 页，相当于 153 本平均每册 300 页的书籍。大学本科 4 年，阅读总量约为 612 本书；研究生 3 年，阅读总量约为 459 本书。由此可见，"缝隙时间"的确是一笔珍贵的财富。

第三，时间碎片化不等于知识碎片化。碎片时间就像珍珠，没有主线，是散落的；用一条线穿起来，就成了珍珠项链。这条线就是总体读书计划。以我阅读《列宁选集》的经历为例。《列宁选集》第 1 卷 858 页，第 2 卷 1005 页，第 3 卷 933 页，第 4 卷 765 页，4 卷合计 3561 页。由于当年日常工作任务繁重，我不可能脱产读书，业余时间又比较零碎，要在短期内读完这 4 大本书，是很困难的。1973 年元旦，我从自己的实际情况出发，拟定了一个总体学习计划：每天抽出 1 小时阅读《列宁选集》，读小说，每小时可读 50 页；读一般的社科类图书，每小时可读 30 页。经典理论书籍需要仔细阅读，按照每小时平均阅读 10 页测算，356 小时即可将《列宁选集》1 至 4 卷通读一遍。有了这个"总体规划"，每天的零碎时间就像珍珠一样，被串起来了。实践的结果，只用了 6 个月的业余时间，就将《列宁选集》通读了一遍。这种学习方法可以叫作"积零为整"，也可以说是"碎片时间的利用"。

大学是你参加工作之前"专职学习"的阶段。硕士研究生 3 年，看似漫长，其实只有 1095 天、26280 小时，实际可用于学习的时间并不算多。希望你在利用"碎片化时间"方面多作一些尝试，并与同学们作一些交流，共同提高碎片时间的利用率。

  祝

  好好学习、天天向上！

南振中

2015 年 1 月 11 日

"听书"是利用碎片时间的好办法
——写给李征同学的信

> "听书"是利用碎片化时间的好办法。但为了记住更多听到的内容,不妨将"听书"与阅读相结合,效果事半功倍。

李征同学:

你好!

看了你的答卷,知道你喜欢"听书",充分利用闲散时间吸收知识,非常高兴。说来也巧,我也有"听书"的习惯,愿意同你就"听书"的事作一次交流。

人类吸收知识主要靠眼睛和耳朵。根据美国实验心理学家赤瑞特拉所做的一项实验,人类获取的信息83%来自视觉,11%来自听觉。我国史书中就有不少关于"听书"的记载:元代著名画家王冕家里很穷,七八岁时父亲让他到地里放牛,他偷偷跑到学堂去听学生念书,听完就默默地背诵。宋代名臣胡旦学识渊博,著述甚丰。失明后让人"诵经史",从未间断。十六国时期后赵的建立者石勒让人给他读《汉书》,"听书"过程中对重大历史事件还不时发表评论。可见自古以来"听书"就是吸收知识的重要途径。

现代社会，人们的碎片时间增多，尤其是大城市，道路拥堵状况越来越严重，无论是开车还是乘坐地铁和公共汽车上下班，通勤时间明显增多。为了充分利用候车和行进中的碎片时间，不少人选择了"听书"。顺应这一需求，不少网站增加了 MP3 下载、有声读物下载等服务项目；利用"移动听网"技术传播信息的"听网"也应运而生。"听书"的技术手段越来越先进，音频内容越来越丰富，为"听书"营造了良好的外部条件。

我的"听书"习惯是 12 年前养成的。2003 年 3 月，在十届全国人大一次会议上，我当选全国人大外事委员会副主任委员。由于议会外交的需要，出国访问的机会相对多了一些。到非洲、欧洲和拉美一些国家访问，要坐十几个甚至二十几个小时的飞机。为了利用空中时间学习知识，我把《巴黎圣母院》《简·爱》《老人与海》《红与黑》《茶花女》《汤姆叔叔的小屋》《少年维特的烦恼》以及《中国历史》《世界历史》等音频资料输入"MP3"。飞机起飞后，就戴上耳机听世界名著和中外历史。一位空中小姐见我一路上都在听"MP3"，就对我的秘书说："你们总编辑很新潮，这么爱听音乐！"其实，我是利用新潮的"MP3"学习世界名著和世界历史。

大学生拥有大量可供"听书"的碎片时间。比如，从 2014 年 4 月开始，郑州大学每天早上数以千计的学生参加 30 分钟左右的晨练，这段时间就可以用来"听书"。郑州大学校园面积很大，仅新校区就有 4800 多亩，学生宿舍同教室、图书馆、餐厅之间的距离比较远，每天几个往返，途中占用时间恐怕不会少于 60 分钟，这些时间也可以用来"听书"。以上两项合计为 90 分钟。如果你将耳机插在手机或"MP3"上，边跑边听或边走边听，按照每分钟平均 200 字的语速计算，听完一部 18 万字的小说只需要 10 天的碎片时间。利用碎片时间听英语也很方便。

"听书"的好处很多，但听来的知识容易忘掉。据赤瑞特拉的一项实验，人们一般能记住自己听到内容的 20%，自己看到内容的 30%，自己听到和看到内容的 50%。为了增强记忆，我的做法是把"听书"同阅读结合起来。比如，在听《中国历史》"神机军师刘伯温"一节时，我对元末明初政治家刘伯温产生了浓厚兴趣，随即阅读了刘伯温撰写的《郁离子》一书。在《郁离子·蜀贾》一篇中，刘伯温讲述了"劣药驱逐良药"的故事：蜀地有三个商人，都在市场上卖药。其中一个专收购好药材出卖；另一个商人把好药、坏药都收购来卖；第三个商人不收购好药，只卖劣质药材。由于第三个商人药价低廉，分量足，人们争着去买他的药，过了一年就发了大财；那个专卖好药的商人穷得晚饭"无米下锅"。刘伯温发现"劣药驱逐良药"的时间是公元 14 世纪，英国伊丽莎白造铸局局长提出"劣币驱逐良币"的时间是 16 世纪，二者相距 200 多年。把"听书"和阅读紧密地结合

延伸阅读

刘伯温：刘基，字伯温，元末明初军事家、政治家、文学家，明朝开国元勋。通晓经史、天文、兵法，与宋濂、高启并称"明初诗文三大家"，有《诚意伯文集》20 卷传世。

起来，听来的知识就不会随风而逝了。

阅读、"听书"的方法很多，希望你在学习过程中不断尝试，逐步摸索出适合于你的好方法。

祝

好好学习、天天向上！

南振中

2015年1月15日

怎样选择重点阅读书目？
——写给刘佳静同学的信

> 是否需要推荐阅读书目，是一个见仁见智的问题。对各类"推荐阅读书目"，可以结合自己的专业特点和兴趣，有选择地进行阅读。

刘佳静同学：

你好！

看了你的答卷，知道你读书的兴趣比较浓厚。在阅读过程中，对有用的知识采用划线标注的办法，并把划线部分摘抄到笔记本上，经常翻看。这是读书的好方法。

你在答卷中提出："有时候对某个方面的知识感兴趣，但不知道如何选择权威的阅读书目。"对你的这一困惑我完全理解。

近年来，全世界出版图书和发表论文越来越多。据北京图书订货会组委会2015年1月10日在官网上通报的数据，本届订货会参展单位864家，展示图书50万种。面对海量出版物，谁都希望有一个可供选择的阅读书目。

在知识界，对推荐阅读书目有一些不同的看法。鲁迅在《读书杂谈》一文中写道："我常被询问：要弄文学，应该看什么书？这实在是一个极难回答的问题。先前也曾有几位先生给青年开过一大篇书目。但从我看来，这是没有什么用处的，因为我觉得那都是开书目的先生自己想要看或者未必想要看的书目。""如果专是请教别人，则各人的嗜好不同，总是格不相入的。"然而鲁迅并非一味地反对推荐阅读书目。他认为研究古典文学可以"靠着张之洞的《书目答问》去摸门径去"。

《书目答问》共收书2200余种。所收图书都经过精心选择，按经、史、子、集、丛书5部分类编排，大类之下再设小类，同类书按时代先后排列。当过毛泽东老师的徐特立，就曾以《书目答问》为师。年轻时的徐特立酷爱读书。有一次，他到长沙城向一位姓陈的举人求教。陈举人给他题了一幅扇面："读书贵有师，尤贵有书。乡村无师又无书，但书即师耳。张之洞《书目答问》即买书之门径，《輶轩语》即读书之门径，得此二书，终生受用不尽。"徐特立非常高兴，立即到书铺买了《书目答问》和《輶轩语》带回家，当作自学读书的指南。

20世纪60年代我在郑州大学中文系学习，学校教务处把北京大学中文系500种"阅读书目"印发给我们。这份书目分为现代汉语、古代汉语、语言学概论、中国当代文学、中国现代文学、中国古代文学史、中国文学批评史、西方文学理论史、文学理论等几个部分，供师生有选择地阅读。图书馆延长了开馆时间；开架阅览室向学生开放。浓厚的学习氛围、良好的阅读环境，为我们开启了"知识之门"。至今我依然感谢母校为我们引进了这份"阅读书目"。

2014年4月23日是"世界读书日"。为了帮助同学们选择书籍，

新传院借鉴郑州大学半个世纪以前的做法，发布了《推荐阅读书目》。这份"书目"包括通识类100本、平台基础类80本、专业类20本。通识类书目涵盖了哲学、经济学、法学、政治学、社会学、文学、美学、宗教学、逻辑学、心理学等人文社科多个门类。同年4月24日，我又向"舆论管理与公共传播"方向博士研究生推荐了53本专业类书目，包括《精神交往论——马克思恩格斯的传播观》《沉默的螺旋》《乌合之众》《公众舆论》《幻影公众》《大数据时代》等。两份书目均未使用"必读"两个字，而改用"推荐阅读"，这是为了表达荐书者对大学生阅读选择权的尊重。读哪本书，不读哪本书，读多还是读少，都由你们自己决定。

除了参考各类"推荐阅读书目"，在阅读专业学术论文所附的"参考文献"及其他文献资料时，要注意从引文中发现新闻传播学前沿论著。我专门准备了一个小本子，把新发现的新闻传播学论著的书名、作者姓名、出版社名称、出版时间记在本子上。2014年12月26日，我与新传院广告系老师座谈时得知他们举办过"读书会"。为了表示对这一活动的支持，我向广告系推荐了《零边际成本》《引爆点》《￥19.99》《共鸣》《影响力》等5本书。这些书是我在阅读文献资料时随手记下书名和出版社名称，然后找书去读。这一做法可供你参考。

祝

好好学习、天天向上！

南振中

2015年1月18日

延伸阅读

《书目答问》：清末张之洞撰写的一部举要性目录书，注重收录清后期的学术著作和科技图书。该书初刻于光绪二年（1876年）。1931年后，范希曾先生作《〈书目答问〉补正》5卷，纠正原书中的一些错误，补记1874年以后各书补刊的版本，并增收1930年前出版的一些与原书所收录性质接近的图书。首都师范大学副教授孙文泱先生已出版《增订书目答问补正》，价值很高。

《輶轩语》：张之洞撰写，全书分上篇"语行"、中篇"语学"、下篇"语文"三部分。语行篇从德行、人品等方面对学子提出要求；语学篇从通经、读史等方面论述为学之道；语文篇分时文、诗赋等，强调读书宜求善本。

数字化时代的"笔记系统"
——写给林耀圣同学的信

> 记笔记是牢固掌握所学知识、提高积累率的有效途径。数字化时代,经过整理,可以形成分类清晰、重点突出、检索便捷的笔记系统。

林耀圣同学:

你好!

看了你的答卷,知道你 2014 年读了 20 多本书。在阅读理论类书籍时,你不仅写笔记,还搜集相关案例,做到边读边练边消化。这些方法值得借鉴。

你在答卷中提出:"当就某一研究方向大量阅读专业书籍和文献时,如何进行资料整合,形成自己的笔记系统?"这个问题需要从"纸质笔记"和"数字笔记"两个层面来回答。

第一,关于"纸质笔记系统"。

由于人的记忆力有限,积累知识主要靠笔记。1981 年,美国心理学家巴纳特以大学生为对象做了一项实验。他把大学生分成三组:第一组在听课时自己动手写摘要和记笔记;第二组听课时看摘要,但不记笔记；第三组单纯听讲而不做任何笔记。测试的结果是：第一组大学生学习成绩最好；第二组次之；第三组学习成绩最差。可见对大学生来说，记笔记是牢固掌握所学专业知识、提高积累率的有效途径。

古今中外，许多在写作上有成就的作家，都很重视自己的"笔记本"。果戈理有记笔记的习惯，总爱把自己看到的、听到的传闻趣事、警句谚语随手记到笔记本里。有一次，他请一位朋友到饭馆吃饭。忽然，一份菜单引起了他的兴趣。果戈理拿出笔，往笔记本上抄写起来。饭菜都上齐了，他还在那里埋头抄写。他的朋友一气之下不辞而别。后来，果戈理在创作一篇小说时用到了这份菜单。果戈理说："一个作家，应该像画家一样，身上经常带着铅笔和纸张。一位画家如果虚度了一天，没有画成一张画稿，那很不好。一个作家如果虚度了一天，没有记下一条思想，一个特点，也很不好。"这段话对新传院的大学生同样适用。

延伸阅读

果戈理：俄国批判主义作家，俄国现实主义文学的奠基人。代表作品包括《死魂灵》和《钦差大臣》等。

年轻人好奇，经常问我究竟有多少本笔记。我可以告诉你，我有3000多本笔记本，排列起来占了书房的一面墙。我的笔记是整

理过的：封面上写有"内容提要"；"书脊"标明笔记主题及年、月、日；前几页是笔记目录。所有笔记本均以时间为序存放。

在数字化时代，我对原有的纸质笔记进行了整理，将每本笔记的目录输入电脑，按日保存。每个月的笔记目录连成一个小型文本文件；每年12个月的笔记目录连成一个中型文本文件；每10年的笔记目录连成一个大型文本文件；50年的笔记目录连成《总目录索引》。如果需要从纸质笔记本中寻找什么资料，只要输入检索词，很快就可以查到这一资料记在哪一年、哪一月、哪一天的笔记本中，从书架上抽出即可。

第二，关于"数字笔记系统"。

1992年，我在继续使用纸质笔记的同时，开始用电脑记笔记。"数字笔记"按年、月、日排列。如果每天有几件重要的事情需要记入笔记，或者阅读过程中有两个或两个以上的感悟，则应记两则或两则以上的笔记，不要把一天的笔记变成"大杂烩"。在"数字笔记"项下，每年建一个目录；在年份项下，每月建一个子目录。每天无论记几则数字笔记，都要在日期之后写上简明标题。经过这番整理，无论按时间检索还是按主题词检索，都很方便。

与此相适应的是建立"电脑资料库"。我的电脑资料库包括世界形势资料库、国内形势资料库、新闻理论资料库、新闻作品总库。在每一个资料分库中，建立若干个"子目录"。比如"新闻作品总库"下面建立"写作素材库""报道思想库""未定稿库""已发表作品库""已结集出版作品库"。"写作素材库"储存着写作时有可能用到的素材；"报道思想库"也叫点子库。在阅读和工作中受到启发，对于生活中某些事件有了新认识、新体验、新感受、新联想，要把这些突然萌生的念头输入电脑，存入"报道思想库"；"未定稿库"是基本成形的各类作品，只是主题思想还需要进一步深化，文字还需要进一步增删；"已发表作品库"和"已结集出版作品库"含义明确，不需要解释。

未经整理的"纸质笔记"和"数字笔记"，往往显得杂乱无章；经过整理，分类清晰、重点突出、检索便捷，这是不是你说的那种"笔记系统"？

以上仅供参考。

祝

好好学习、天天向上！

南振中

2015年2月2日

拓宽实践能力培养路径
——写给胡佳明同学的信

> 实践能力培养形式多种多样，比如改进实践教学，增强学生动笔、动口、动手能力；建立实习基地，让学生参与实战；开展社会实践活动，使学生早接地气。要进一步解放思想、开阔思路、拓宽路径。

胡佳明同学：

你好！

看了你的答卷，知道你 2014 年读了 20 多本书，包括尼葛洛庞帝的《数字化生存》。你说："读书不能一味地求快、求多，更重要的是求质。"这一看法很有道理。

你在答卷中提出，自己的新闻实践操作水平还比较弱，而研究生以新闻传播理论学习为主，实践性课程比较少，在实践方面有较多的困惑。我理解你的困惑。

研究生实践能力培养是素质教育的题中应有之义，也是社会各方对研究生的一种期待。当前总体来看，研究生实践机会较少；教学实践设计不尽合理，难以达到理论联系实际的目的；社会实践活

2014年8月5日,作者(前排中)在郑州大学与重庆大学新闻学院师生合影。

动时间偏短,内容单一。我赞成在加强理论学习、理论研究的同时,进一步增强对大学生实践能力的培养。

实践能力培养形式多种多样,比如改进实践教学,增强学生动笔、动口、动手能力;建立实习基地,让学生参与实战;开展社会实践活动,使学生早接地气。要进一步解放思想、开阔思路、拓宽路径。

2014年12月27日,中共河南省委宣传部、郑州大学签订了共建新闻与传播学院协议。部校共建为实践能力培养营造了两个有利条件：一是加大本科生教学实践基地和研究生创新实践基地的建设力度，力争形成平台多样、条件完备、立足河南、覆盖全国的实践基地格局。在中央驻豫及河南省主要媒体建立 10 个左右校外

2014 年 12 月 27 日，作者在部校共建新闻与传播学院签字仪式上讲话。

2015年3月10日，郑州大学新闻与传播学院新一届班子成员合影，中为作者。

实践基地指导教师团队，定期进行工作交流，推进实践教学的理论研究，提升实践教学的整体水平，使实践课教师能够专业化、系统化地指导学生实践。二是整合郑州大学校内外资源，建设集报纸、广播、影视、网络业务于一体的传媒综合实验中心，在满足学生实习和新闻宣传干部培训工作需要的同时，争取建设成为河南省实验教学示范中心。2015年2月9日，郑大新传院党政领导班子对"部

校共建"方案进行了细化，把校外实践基地建设作为当务之急积极推进。随着这两项措施的落实，新传院学生实践能力培养的路径会越来越宽广。

理工科学生实践能力培养离不开实验室，对于新闻与传播学院的学生来说，整个社会都是实践的舞台。寒暑假回到家乡，可不可以学习采访？大学校园算不算新闻与传播学院学生的"实践平台"？

戈公振编译的《新闻学撮要》一书中谈道："空气中充满了新闻。到处都在等候新闻采访人。家家屋里都藏着新闻，处处交易的地方也是如此。新闻是用不着去制造；新闻是存在的。新闻必等人去寻觅。""新闻普通是不会飞来的，是取来的，是要搜寻的，掘取的……完全等候新闻向自己身边飞来的编辑和访员，是一定缺乏材料，无事可做的。"当你读了这两段话之后，你还会抱怨"实践机会太少了"吗？

祝

好好学习、天天向上！

南振中

2015年2月5日

精读一本胜过粗读五本
——写给博士研究生的短札

近期你提交的读书笔记非常详尽，引发的思考也比较深刻。从实际收获来看，精读一本书胜过粗读五本书。采用精读办法，如能读完 20 本，共计耗时 140 天，你就可以打好专业知识基础。再往后，翻开一本同类的书，就会觉得有许多章节似曾相识，好像已经读过了。到了那时，你用不着刻意提高读书速度，阅读效率自然会明显提高。

2014 年 7 月 14 日

读书要注意比较
——写给李凌凌同学的信

> 读书有比较才能有鉴别，在反复比较的过程中，才会思考得更深刻。

李凌凌同学：

你好！

本周你把李普曼的《幻影公众》和杜威的《公众及其问题》对照阅读，并且就他们争论的焦点提出自己的看法。这种比较阅读法很有可取之处。有比较才能有鉴别，在反复比较的过程中，你会思考得更深刻。这是防止表面性、片面性和绝对化的有效方法。

你读书很认真，摘抄的都是精彩论述，重点也比较突出，少有遗漏。既然看了你的读书笔记，再为你补充几段：

"达尔文讲述的猫与三叶草的故事也许会对那些认为自己的是非观具有普遍意义的人们有所启发。紫色的三叶草靠蜜蜂传播花粉繁育后代，因此蜜蜂越多，来年三叶草长势越好。但是田鼠常常破坏蜂巢，吃掉蜂卵，因此田鼠越多，蜜蜂越少，三叶草长势越衰。但是，邻村的猫以田鼠为食，所以猫越多，田鼠越少，蜜蜂越多，三叶草长势越好。村里慈祥的老奶奶越多,猫就会越多。"

"……如果你是一只猫,你当然也会喜欢这些老奶奶。但是,如果你是一只田鼠,那么,在宇宙中的这个特定区域中,又该如何判断是与非呢?那些养猫的老奶奶一定和养老虎的巫婆一样可憎,'老奶奶的危害'将在'田鼠安全联盟大会'上被激烈讨论……"

"我们的期望根本就不是普世的、永恒不变的,尽管我们常把它说成是美好的,但是,在具体的事件中,却很难证明,我们的期望如此正义。"

"……在农民与制造商、雇主与制造商、债权人与债务人,如此种种的关系中间,夹杂着某种畸形的群体正义。这些利益冲突的确是亟待解决的问题,但是,并没有道德模式可以为这些问题提供清晰合理的解决方案。"(以上引自李普曼《幻影公众》)

为了理解这几段话,我查阅了达尔文的《物种起源》,找到"三叶草与猫的故事",该文讲述了在生存斗争中一切动物和植物相互之间的复杂关系:

许多记载下来的例子阐明,在同一地方势必进行斗争的生物之间的抑制作用和相互关系,是何等的复杂和出人意外。

……

我愿再举一个事例,以说明在自然界等级中相距甚远的植物和动物,如何被复杂的关系网联结在一起。我以后还有机会阐明,在我的花园中有一种外来植物亮毛半边莲(Lobelia fulgens),从来没有昆虫降临过它,结果,由于它的特殊构造,从不结籽。差不多我

们的一切兰科植物都绝对需要昆虫的降临，以带走它们的花粉块，从而使它们受精。我从试验里发现三色堇几乎必须依靠土蜂来受精，因为别的蜂类都不来拜访这种花。

我又发现有几种三叶草（clover）必须依靠蜂类的降临来受精，例如白三叶草（Trifolium repens）约20个头状花序结了2290粒种子，而被遮盖起来不让蜂接触的另外20个头状花序就不结一粒种子。又如，红三叶草（T.pratense）的100个头状花序结了2700粒种子，但被遮盖起来的同样数目的头状花序，却不结一粒种子。只有土蜂才拜访红三叶草，因为别的蜂类都不能触到它的蜜腺。有人曾经说过，蛾类可能使各种三叶草受精；但我怀疑它们能否使红三叶草受精，因为它们的重量不能把红三叶草的翼瓣压下去。因此，我们可以很确定地推论，如果英格兰的整个土蜂属都绝灭了或变得极稀少，三色堇和红三叶草也会变得极稀少或全部灭亡。任何地方的土蜂数量大部是由野鼠的多少来决定的，因为野鼠毁灭它们的蜜房和蜂窝。纽曼上校（Col. Newman）长期研究过土蜂的习性，他相信"全英格兰三分之二以上的土蜂都是这样被毁灭的"。至于鼠的数量，众

延伸阅读

《幻影公众》：李普曼的代表著作之一，与《公众舆论》构成姊妹篇。沃尔特·李普曼，美国著名新闻评论家、作家，在宣传分析和舆论研究方面享有很高声誉。1958年获普利策新闻奖。

所周知，大部分是由猫的数量来决定的；纽曼上校说："在村庄和小镇的附近，我看见土蜂窝比在别的地方多得多，我把这一点归因于有大量的猫在毁灭着鼠的缘故。"因此，完全可以相信，如果一处地方有多数的猫类动物，首先通过鼠再通过蜂的干预，就可以决定那地区内某些花的多少！

  祝

  好好学习、天天向上！

南振中
2014 年 7 月 20 日

第五辑

长时间里持续不断地爱好同一项运动，就会养成不容易改变的习惯，苦和累也就融入了快乐的感受之中。既然如此，为什么我们不能像喜爱运动那样，把学习选择为个人爱好，进而培养成为一种良好习惯呢？

把读书培养成为一种个人爱好
——写给谢雅萍同学的信

> 阅读使人充实，读史使人明智，诗歌使人巧慧，数学使人精细，博物使人深沉，伦理之学使人庄重，逻辑与修辞使人善辩。
>
> ——培根

谢雅萍同学：

你好！

在答卷中你提出："应该怎样培养和保持读书的热情？"你希望保持学习热情，说明你很看重这份热情。激发学习热情的办法很多，其中一条就是把学习培养成为一种个人爱好。

人的爱好多种多样：有的喜欢爬山，有的喜欢打球，有的喜欢游泳，有的喜欢跑步，有的喜欢唱歌，有的喜欢跳舞。具体到每一个人，把什么当成自己的爱好，主要靠自己去选择。人的爱好一旦形成，就不会计较它的苦和累。有人作过测算：一个体重60千克的人，游泳1小时消耗360卡路里的热量；打羽毛球1小时消耗456卡路里的热量；跑步1小时消耗900卡路里的热量；爬山1小时消耗的热量会更多。喜欢运动的人常常累得汗流浃背、气喘吁吁，

2008年4月16日,作者在新华社作"把读书培养成为一种爱好"的专题报告。　　　　　　　　　　　　　　　　（和静远 摄）

可是很少有人抱怨苦和累，为什么呢？就是因为运动已经成为他们自己选择的一种爱好。长时间里持续不断地爱好同一项运动，就会养成不容易改变的习惯，苦和累也就融入了快乐的感受之中。既然如此，为什么我们不能像喜爱运动那样，把学习选择为个人爱好，进而培养成为一种良好习惯呢？

学习的乐趣可以从三个方面去体验：

一是打破"眼界局限"的乐趣。 1925年秋，埃德加·斯诺考进美国密苏里大学新闻学院。他阅读了马克·吐温的《哈克贝利·费恩历险记》。这部小说描写主人公沿密苏里河漂流的故事，打开了斯诺的眼界，引起他的遐想。他和另一伙伴也想扎一个木筏，沿着密苏里河进行漂流旅行。这部小说成了斯诺向往冒险旅行的原动力。后来，斯诺又从《悲惨世界》一书中发现了某些外国人物，雨果为他打开了一个陌生的新世界。斯诺从阅读中感受到了打开眼界的乐趣。

二是提升人生境界的乐趣。 英国哲学家培根在《论学问》一文中说："阅读使人充实，读史使人明智，诗歌使人巧慧，数学使人精细，博物使人深沉，伦理之学使人庄重，逻辑与修辞使人善辩。"阅读有助于坚定人生追求、提升思想境界、增添精神力量，你们可以从阅读中感受到无穷的乐趣。

三是拓展认知空间的乐趣。 学习可以把"无知"转化为"有知"；持续学习可以把"知之甚少"转化为"知之较多"。这种无止境的追求，蕴含着极大的乐趣。

有的年轻朋友问："我们也知道学习重要，可就是'三分钟热度'。怎样才能克服这种毛病？"学习激情不能仅靠外部约束来维系，主要靠学习成果和思考成果来点燃。新传院传播学专业2014届硕士研究生郭晨，酷爱读书，并能将所学知识转化为研究成果。她参与由汪振军教授主持的《文化产业创新研究》《中原文化改革发展问题研究》《郑州市公共文化服务体系建设问题研究》，均获奖。她还获得2012年河南省硕士研究生英语演讲比赛优秀奖、郑州大学第八届研究生论文大赛二等奖、郑州大学第七届挑战杯大学生课外学术科技作品竞赛集体三等奖。毕业前夕，郭晨谈起大学生活感悟时说："学习本来就是一件很苦的事情，但是人们为什么坚持读书学习，就是因为这件事让我们感到痛并快乐着。为了尽早尝到读书的甜头，我边输入、边输出。当自己的付出得到社会认可时，就会感到快乐，从而激励自己更加努力去读书学习。"

我把郭晨校友的这段感悟转告给你，供你参考。

祝

好好学习、天天向上！

南振中

2015年2月16日

新闻后备军的人格修养
——写给宋瑞洁同学的信

> 新媒体时代,外界诱惑明显增多,侵蚀渠道和手法越来越隐蔽。在这种形势下,新闻后备军更应该加强人格修养。只有这样,等你们当了编辑、记者之后,才能像"范长江新闻奖"评委会倡导的那样,树立良好的职业精神和职业道德,做到"人品、文品俱佳"。

宋瑞洁同学:

你好!

看了你的答卷,知道你很喜欢新传院新闻系这个大家庭。在几个月的学习过程中你懂得了很多道理,也有一些疑惑。你问记者最重要的品质是什么。你的问题使我想起中国名记者范长江的一句话:有了健全高尚的人格,才配做新闻记者。作为新闻后备军,应该十分重视人格修养。范长江的人格魅力主要体现在以下三个方面:

第一,有远大抱负。 范长江认为新闻记者第一个原则是"修养人格"。要"为社会大众的福利而活动,而不是为自己的私图而活动"。有抱负的新闻记者穷其一生都要关注和研究一两个问题。1935 年,范长江以《大公报》旅行记者的身份开始了西北之行，他带着两个涉及国家和民族利益的重大问题：一是红军北上以后中国的动向；二是抗日战争爆发后祖国大后方的情况怎么样。为了解答这两个问题，他深入四川、陕西、甘肃、青海、内蒙古等地区考察采访，历时 10 个月，行程 4000 里，写下数十篇内容翔实的旅行见闻。他报道红军长征壮举，披露西安事变真相，介绍抗日民族统一战线政策，用事实驳斥反动势力对工农红军的诬蔑。《中国的西北角》《塞上行》一经问世，就引起轰动。"长江一支笔，胜过百万兵"，获得如此高的评价，一个重要原因就是他把新闻实践同国家和民族的命运紧密地联系在一起。新形势下，世界格局正在进行深刻调整，我们国

2014 年 12 月 16 日，首届范长江新闻奖获得者南振中宣布范长江纪念馆改陈布展重新开放。

家面临的经济安全、政治安全、文化安全、军事安全、网络安全问题更加突出，维护国家战略利益的任务更加艰巨。新闻工作者理应像范长江同志那样，树立远大抱负，强化问题意识，为破解前进道路上的各种难题尽职尽责、尽心尽力。

第二，忠于客观事实。范长江认为新闻记者必须绝对忠实，必须以最客观之态度，从事于新闻工作，绝对不能挟丝毫私人感情于新闻工作中。他把"消息绝对真实"列为"人民新闻工作者四个信条"的第一条，认为只有忠实才能取得人民的信任。范长江带头践行这一信条，经常深入艰苦地区采集第一手材料。无论是崇山峻岭、戈壁沙漠，还是炮火纷飞的战场前线，都留下了他的足迹。1935年7月下旬，范长江过大雪山，道路曲折，阴寒彻骨，途中还要经过"虎豹区"。白天有虎豹出没，夜晚可以听到虎豹的吼叫声。他们投宿的地方只有一间木棚，四面无壁。范长江"身披棉被，手持手枪，仰观满天星斗，耳听呜呜风声，极目向四面黑暗中侦察"，此情此景，令人毛骨悚然，然而他却安之若素。范长江的新闻作品之所以能经得起历史检验，与他自觉坚守忠实的人格分不开。在新媒体时代，新闻工作者应该像范长江同志那样，忠实于客观事实，不畏艰险，深入基层，及时了解人民群众的愿望，大胆反映人民群众的呼声，把求真务实作为一生的追求。

第三，坚持职业操守。1938年8月，范长江在《战时新闻工作的真义》一文中写道："作为新闻记者有许多便利，使得许多人羡慕。于是有一部分人认为享受此种便利为当然，往往无限度地使用这种便利。"范长江不仅倡导职业操守，而且坚持职业操守。他不为金钱、利益所诱惑，不被诽谤、威胁所吓倒。为了树立新闻记者的正气，他提出一个最低标准，就是记者"必须生活于自己正当的工作收入中。无论如何个人不能得非工作报酬的津贴与政治军事有关的津贴"。他认为这些非工作报酬"本质上带有浓厚的毒质，最易摧残一个有希望的新闻记者的前途"。

你可能已经注意到，近年来新闻界发生了一些有偿新闻、有偿不闻事件，违背了范长江当年设置的道德底线。新媒体时代，外界诱惑明显增多，侵蚀渠道和手法越来越隐蔽。在这种形势下，新闻后备军更应该加强人格修养。只有这样，等你们当了编辑、记者之后，才能像"范长江新闻奖"评委会倡导的那样，树立良好的职业精神和职业道德，做到"人品、文品俱佳"。

祝

好好学习、天天向上！

南振中

2015年2月13日

"勿忘人民"是新闻后备军的军魂
——写给李豪同学的信

> 任何一所高等院校，偶尔冒出一两个尖子人才并不困难，难的是给学校注入灵魂，使其成为培养大批卓越人才的沃土。

李豪同学：

你好！

你在答卷中提出："如何让'勿忘人民'的院训成为每一位郑大新传院学子根深蒂固的人生信条？"感谢你提出了卓越新闻传播人才培养中的一个重大问题。

电视连续剧《亮剑》中的李云龙说过一段话，大意是：一支具有优良传统的部队，往往具有培养英雄的土壤。传统是一种性格，是一种气质，它给部队注入了灵魂。不管岁月流逝、人员更迭，这支部队的灵魂永在，这就是我们的"军魂"。

新闻院校大学生是新闻战线的后备军，这支后备军的"军魂"是什么？在研究这个问题时，郑州大学党委书记郑永扣、校长刘炯天和新传院领导班子成员考虑了三个因素：一是穆青的故乡在河南；二是穆青许多新闻作品出自河南；三是全国高校唯一一家专门从事

2013年10月11日，作者在纪念穆青逝世10周年时发表"'勿忘人民'：新闻后备军的'军魂'"的主题讲话。

穆青研究的学术机构"穆青研究中心"在河南、在郑大。大家认为郑大新传院应当把"勿忘人民"作为自己的院训，并将其铸造成新闻后备军的"军魂"。作出这一决定有4个理论支点：

——在马克思主义理论宝库中有一个重要观点，就是报刊必须保持同人民群众的联系。马克思在《〈莱比锡总汇报〉的查封》一文中指出，报刊"生活在人民当中，它真诚地和人民共患难、同甘苦、齐爱憎"。1843年1月，马克思在《摩塞尔记者的辩护》一文中强调，"人民的信任是报刊赖以生存的条件，没有这种条件，报刊就会完全萎靡不振"。"勿忘人民"符合马克思主义新闻理论的基本原则。

——党的十六大报告指出，我们党的最大政治优势是密切联系群众,党执政后的最大危险是脱离群众。"勿忘人民"符合党的全国代表大会确立的价值取向。

——2013年8月19日,习近平总书记在全国宣传思想工作会议上强调,党性和人民性从来都是一致的、统一的。既坚持正确的政治方向,又体现以人民为中心的工作导向,"勿忘人民"可说是党性和人民性相统一的重要基点。

——近几年新闻宣传战线开展了"走基层、转作风、改文风"活动。"勿忘人民"与"走转改"的基本精神和效果预期相吻合。

"勿忘人民"已作为郑州大学新闻与传播学院的院训

你问怎样让"勿忘人民"成为郑大新传院学子的人生信条。回答这个问题可以列举许多条,我认为最重要的是学习穆青同志的人民情怀。1996年10月,穆青辞去新华社社长职务4年之后,中国记协和新华社联合主办了"穆青新闻作品研讨会"。闭幕那天,穆青敞开心扉,回顾了自己的成长历程。他深情地说:"我的一生都离不开人民的哺育……我永远忘不了在战争年代,处处都可以看到我们的老百姓怎么样地支援战争、支援抗日。父亲战死了,儿子去;

• 第五辑

2013年10月10日，作者（前排中）与郑州大学党委书记郑永扣、校长刘炯天等一起参观穆青纪念展。

哥哥战死了，弟弟去。一批一批的老百姓穿上军装跟着我们打日本、打老蒋，牺牲了多少人，救了我们多少伤员，掩护了我们多少同志……凡是有这种经历的同志都会有这种感受：我们不能忘记老百姓的恩情。"那一天，我就坐在穆青同志身旁。讲到动情处，穆青几度流下眼泪。我理解了穆青晚年为什么常常回忆战争年代的往事，为什么念念不忘人民群众的滴水之恩。有了这种人民情怀，你当了

记者之后就会密切同人民群众的联系,倾听人民呼声,回应人民期待。这是卓越新闻传播人才培养之本!

中外军史揭示了一条规律:卓越人才往往不是孤立产生的,而是成批涌现的。第二次世界大战时期,苏联一个飞行纵队涌现出20名王牌飞行员;苏联另一个飞行大队涌现出21名特级战斗英雄。中国人民解放军机械化步兵第379团的前身是红1军团2师4团,即著名的叶挺独立团。数十年间,这个团涌现出3名元帅、2名大将、8名上将、18名中将和48名少将。在中国人民解放军36名军事家中,有7人在这支部队战斗过或者工作过。这一现象表明:部队一旦注入了灵魂,受优良传统的影响,指战员就会养成大体相同的性格和气质,有着共同的理想、信念和追求,也就有了英雄成长的土壤。

任何一所高等院校,偶尔冒出一两个尖子人才并不困难,难的是给学校注入灵魂,使其成为培养大批卓越人才的沃土。新传院把"勿忘人民"作为优良传统来继承,期待的不是出一两个拔尖人才,而是培养一大批有着同样气质的,政治强、业务精、纪律严、作风正的优秀新闻人才。在今后的岁月里,不论送走多少届毕业生,也不论有多少新人进入大学校园,"勿忘人民"的气质、素养和情怀都将一代代传承下去。这就是新闻后备军的"军魂"!

以上回答,供你参考。

祝

好好学习、天天向上!

南振中

2015年2月13日

把文学作品当作生活的教科书
——写给王颖颖同学的信

> 文学作品是时代的产物,与其产生的时代背景有密切联系。它像一面镜子,反映或折射出那个时代的人间百态。

王颖颖同学:

你好!

看了你的答卷,知道你从初中开始就很喜欢读书,尤其喜欢看文学名著。这些作品让你看到了一个与现实生活不一样的、更加开阔的世界,从中了解到不同的故事人生。这是一种好习惯,望能坚持。

你在答卷中提出:"很多文学作品都具有一定的时代气息,作为一个'90后'大学生,没有经历过这样的年代,对故事中的习俗和一些做法难以理解,因此会对作品所要表达的思想产生认知偏差。"你提出的这一问题,在年轻人中有一定代表性。

文学作品是时代的产物,与其产生的时代背景有密切联系。它像一面镜子,反映或折射出那个时代的人间百态。以雨果的长篇小说《巴黎圣母院》为例,作品通过描写善良的吉卜赛少女爱斯梅拉达在中世纪封建专制下受到摧残的悲剧，反映了专制社会的黑暗、反动教会的猖獗和司法制度的不公。为了防止你所说的"认知偏差"，在读这本书的同时，应搞清楚这部鸿篇巨制所反映的时代特征和作品创作的时代背景。《巴黎圣母院》的故事以公元15世纪路易十一统治时期的法国社会为背景。作品写于法国社会大动荡年代。1794年雅各宾政权被推翻后，代表大资产阶级利益的政权随之建立，随后就是波旁王朝复辟。1824年，路易十八逝世，查理十世执政，这是波旁王朝统治最黑暗的时期，极端保皇分子入内阁，天主教会势力更为猖獗。1830年七月革命后，掠夺革命果实的银行家统治着法国，金融资产阶级进入全面胜利和巩固时期，但同时无产阶级也开始登上历史舞台。法国社会急剧转折，各种力量斗争十分激烈。《巴黎圣母院》就是在这一背景下写成的。搞清作品写作的年代和时代背景，可以更好地理解《巴黎圣母院》的思想内涵。

俄国作家车尔尼雪夫斯基说过："让艺术满足于它的崇高而美丽的使命：当现实不在眼前的时候，在某种程度上代替现实，并且给人作为生活的教科书。""90后"大学生虽然没有经历过作品反映的那个年代，通过阅读可以了解当时的社会生活场景，弥补自己的知识缺陷。我走出大学校门之后当了一年文教记者，之后就当农村记者。对农村不熟，对农业不熟，对农民不熟，是我的一大弱点。为尽快熟悉农村生活，除了蹲点调研，我大量阅读反映农村生活的文学作品，尤其是李准、马烽、王汶石等人的作品，间接了解土地改革、初级社、高级社、人民公社等各个历史阶段中国农村的实际状况，了解中国农民的苦难经历和喜怒哀乐。这虽不是熟悉农村的根本方法，但对于刚刚走出大学校门的年轻人来说，不失为一种选择。

"90后"大学生阅读反映农村生活的文学作品时，可能会为"没有经历过这样的年代"而困惑。不过不要紧，你可以把这些作品当作农村生活的教科书。以高晓声的小说《陈奂生上城》为例。党的十一届三中全会之后，为调动农民的生产积极性，不少地方实行了联产承包责任制。《陈奂生上城》就揭示了这一历史性转变。小说通过主人公陈奂生上城卖油绳、买帽子、住招待所的经历及其微妙的心理变化，写出了中国农民在跨入新时期变革门槛时的精神状态。这篇小说获1980年全国优秀短篇小说奖，1982年小说又被拍成同名电影。陈奂生的形象成为改革时代抹不去的典型印记。近几年，《中国在梁庄》《出梁庄记》两部非虚构作品特别火。作者梁鸿曾在郑州大学攻读中国现当代文学硕士学位，是郑大校友。《中国在梁庄》以近似纪实的手法，记述了河南穰县梁庄近30年来的变迁，呈现了梁庄在城市化进程中出现的各种问题，包括农村留守儿童的无望，农民养老和医疗的缺失，农村自然环境的破坏，农村家庭的裂变。《出梁庄记》记录了走出梁庄的村民进入了中国的哪些城市，做什么样的工作，他们与城市是什么关系，他们是否想回梁庄，怎样思考自己的生活。国家统计局2014年5月12日发布的监测结果显示，2013年全国农民工总量为26894万人。他们长期远离土地、

寄居城市，对故乡已经陌生，对城市尚未熟悉。《出梁庄记》描写的 51 位农民工就是中国两亿多农民工生存状况的缩影。"90 后"大学生无论有没有外出打工的经历，这些非虚构文学作品都可以成为你认识农村社会生活的"教科书"。

  祝

  好好学习、天天向上！

南振中

2015 年 3 月 1 日

为什么书读得越多越觉着知识有限？
——写给牛一心同学的信

> 学习好比盘旋上升的螺纹：学然后知不足，用然后知困惑。"知不足"就会想办法补课；"知困惑"就会下功夫钻研，把理解不清的问题学懂弄通。

牛一心同学：

你好！

看了你的答卷，知道你喜欢阅读学术期刊，特别是《国际新闻界》。阅读过程中你还注意做笔记，并经常翻阅。这种好习惯应予保持。

你在答卷中说，书读得越多，越觉着自己知识有限，这个问题令你困惑不解。为了帮你破解这一困惑，先讲一个"大圆"和"小圆"的故事：

古希腊哲学家芝诺曾经用大圆和小圆比喻人所获得知识的多寡。他说，大圆的圆周比小圆的圆周大。同样道理，掌握较多知识的人，比知识较少的人所接触到的无知范围要大。知识越多，越容易感到自己不懂的东西多。爱因斯坦把芝诺的这一比喻作为座右铭。他说：

"用一个大圆圈代表我所学的知识,但是圆圈之外那么多空白,对我来说就意味着无知。而且圆圈越大,它的圆周就越长,它与外界空白的接触面也就越大。"

> **延伸阅读**
>
> 芝诺:古希腊哲学家、数学家,埃利亚学派代表人物,他所提出的"芝诺悖论",是一系列关于运动的不可分性的哲学悖论,由于量子的发现,这些悖论已经得到解决。

"书读得越多越觉着知识有限",这种感觉首先来自你们视野的开阔。高中阶段,除了教科书和辅导材料,你们阅读的课外书籍较少,对自然科学、社会科学及其分支不够了解,不知道自己"不知道什么",换一种说法,就是不知道自己还有哪些知识需要掌握而没有掌握。走进大学校园,尤其是进了图书馆,视野明显开阔。郑州大学图书馆拥有各类资源797.1万余册,其中纸本馆藏485.2万册,电子图书311.9万册,中外文数据库118个,中外文电子期刊3万余种。置身于知识宝库,越是刻苦攻读,越觉得自己不懂的东西太多。"学然后知不足",讲的就是这个道理。

"书读得越多越觉着知识有限",这种感觉来自你们对知识的思考。法国思想家伏尔泰说过:"书读得越多而不加以思索,你就觉得你知道得很多;而当你读书而思考得越多的时候,你就会越清楚地看到你知道得还很少。"你能有"知识有限"的感悟，说明你进入了边阅读、边思考的阶段。我也有同你类似的体会。比如，在研究"两个舆论场"这一课题时，我阅读了黑格尔的《法哲学原理》一书。黑格尔说："公共舆论是人民表达他们意志和意见的无机方式。""无论哪个时代，公共舆论总是一支巨大的力量……""……公共舆论又值得重视，又不值一顾。不值一顾的是它的具体意识和具体表达，值得重视的是在那具体表达中只是隐隐约约地映现着的本质基础。"我边阅读、边思考，发现至少有三个问题没有弄懂弄通：一是公众舆论中偏激情绪的交互感染；二是网络水军兴起的社会动因；三是网络谣言的滋生与扩散。于是，我抓住这几个"未知"问题展开学习和研究。及时发现知识缺陷，是继续学习的内在动力。

发现自己"知识有限"是好事，不是坏事。问题在于能否抓住这些知识缺陷，促成由知之甚少到知之较多的方向转化。比如，我是农村记者出身，20世纪80年代中期调到新华社总社工作以后，发现自己的国际知识不足。为了补上这一课，我请新华社解放军分社的同志帮我从部队测绘部门找来一个很大的地球仪，放在写字台的一角，经常转动、查看。无论哪个国家和地区发生了重大事件，我都让值班秘书把相关资料借来，仔细阅读。外事部门安排我会见外宾，会见前几小时，我从国际部资料室借来几大本资料，尽量熟悉这个国家的政治、经济、军事、文化情况。我把这种学习方法叫作"突击充电"。2007年8月30日，我辞去新华社总编辑职务，作为十届全国人大外事委员会副主任委员，全力投入全国人大外事委员会的工作。全国人大与外国议会对等成立了 103 个友好小组，其中 34 个友好小组由我担任组长。为了履行职责，我在电脑上建立了国际知识资料库，下设 3 个分库：西欧西南欧资料库；西亚北非资料库；撒哈拉以南非洲资料库。分库之下是 34 个子库。弥补国际知识缺陷的经历使我悟出了一个道理，学习好比盘旋上升的螺纹：学然后知不足，用然后知困惑。"知不足"就会想办法补课；"知困惑"就会下功夫钻研，把理解不清的问题学懂弄通。这种学习会把知识"小圆"扩充为知识"大圆"；坚持下去又会填补"大圆"外面的"无知空白"。这种无止境的追求，蕴含着极大的乐趣。这就是"终生学习"的漫漫征程！

不知是否回答了你的问题？学习中如遇到其他困惑，尽管提出来，我们可以相互切磋。

祝

好好学习、天天向上！

南振中

2015 年 1 月 10 日

• 第五辑

努力提升格局和境界
——写给博士研究生的短札

知道你很看重我对答卷的看法,现在回复。

你说"草草上交了一份不合格的答卷",这是过谦。我仔细读了你的答卷,将其分成两个部分:第一部分是真情流露,约占答卷的70%。这部分理应给满分,即70分。第二部分是思想一时还难以扭过来,但通过学习,明白了一些道理,有了判断是非曲直的标准,在理性的约束之下,觉得应该这样回答。这部分约占30%。为了肯定你的学习成果,这部分按六折打分,即18分。"答卷"综合得分88分。我很少给学生判卷,你觉得这样判卷是否恰当?

你被录取后我们第一次谈话时,我对你说过,我愿意用集体秘书,不愿配私人秘书;也不愿带博士研究生。因为对秘书和博士生不是负责三年五载,而是终身负责。这其实是一种信誉担保。今生今世,无论什么时候,也无论在什么地方,他们都可以说当过我的秘书,或者说当过我的博士研究生。明白了这个道理,你就会懂得为什么对你们的要求如此严格。

你信中说我没有责备你。我担任总编辑20多年,权重如山,但我很少责备别人。十几年前"三讲"民主生活会上，有同志说我带兵不严；有的批评我"经常替人写检查，代人受过"。平心而论，不责备别人并非带兵不严。中青年同志大都有进取心，也很有悟性。只要点拨这种"悟性"，让他们自己去学习、去思考、去回顾、去总结、去调整、去提升，这就起到了助推作用。"点拨"比一味责备更加人性化，也更加有用和有效。

信的末尾，你写了一段关于"格局"和"境界"的话："对国家、对人民的忠诚，可以在一个人身上焕发出巨大的能量，让人变得积极、进取、不抱怨，因而能够成就比较伟大的事业，在这个世界上留下比较深刻的印痕。"这段话很有道理，是你的人生感悟。我赞同你的见解。相信通过几年的刻苦学习和实践，你会逐渐提升自己的格局和境界，成为一个对国家、对人民更加有用的人。

2014 年 6 月 7 日

• 第五辑

开启"修心炼身"之门
——写给博士研究生的短札

你说近来开始关注"金字塔底的老百姓的生活和看法","心境慢慢变得平和了"。这使我想起《黄帝阴符经》中的一句话:"知之修炼,谓之圣人。"人的心境需要自我修炼。你开启了"修炼"之门。

昨天读《中国古代学校》一书。孔子说:"不愤不启,不悱不发。举一隅不以三隅反,则弗复也。""愤"是心求通而未得;"悱"是口欲言而未能。这句话的意思是:不到学生努力想弄明白而不得的程度不要去开导他;不到学生心里明白却不能完善表达出来的程度不要去启发他。举出一个角的例子来告诉学习的人,而他不能推

延伸阅读

《黄帝阴符经》:又称《阴符经》或《轩辕黄帝阴符经》,也称《黄帝天机经》,论述涉及哲学、政道、军事、养生等思想,系道家哲学与修养之术,被称为"古今修道第一真经"。

知其他三个角，就不用再教他了，因为他没有用心去思考。读了你的信，知道你在"用心思考"，并且做到了"举一反三"，看来我没有不教下去的理由。

2014 年 6 月 23 日

一旦开始就要坚持到底
——写给博士研究生的短札

邮件收到。今天星期日,这是你一周回顾总结学习情况的时间。你没有忘记这个时间节点,在出行途中用手机给我写邮件,做到这一点的博士生不能说绝无仅有,但肯定不会太多。

古希腊哲学家毕阿斯说:"要从容地着手去做一件事,但一旦开始,就要坚持到底。"这件小事表明你已经下了"坚持到底"的决心。我欣赏这种毅力!

你悟出"人生努力,四十不晚"的道理,说明你找到了一个新起点。相信你的后二十年将比前二十年取得更大的成就。

延伸阅读

毕阿斯:古希腊律师、哲学家、辩论家,"古希腊七贤"之一。相传他能言善辩,仗义执言,机智过人。

你悟出"善待他人"的道理，说明你在情绪智商方面有了新追求。这有助于了解自身情绪、管理自身情绪，处理好人际关系。"设身处地、换位思考""严于律己、宽以待人"，这是宽厚和包容的思想基础。

2014 年 6 月 29 日

"健心要诀"
——写给博士研究生的短札

来函收悉。你在信中回顾了一周来做的事情，谈了你的思考和收获。这种"一周一回顾"的做法，如果是由学院提出来的，可能会被"吐槽"；由你自己提出来，就是一种检视、督促自己的好办法。望能坚持！

你说每天事务太多、太忙，这表明你一不留神加入"快乐人"的行列。钱锺书在《论快乐》中写道："快乐的'快'字，把人生一切乐事的飘瞥难留，极清楚地指示出来。因为人在高兴的时候，活得太快，一到困苦无聊，愈觉得日脚像跛了似的，走得特别慢。"古今中外，忙人大都是最快乐的人，因为他们不必为打发时间而发愁，也没有时间琢磨快不快乐这道哲学难题！

繁忙状态下读书，比休闲式读书的味道更浓。同是一碗面条，曹操在汉献帝饥肠辘辘时献了上去，与平日皇帝品尝的面条味道大不相同。要学会"忙中读书"，习惯于在"饥肠辘辘"时品读。

博士生大都是忙人。忙人健心要诀是12个字：快而不急、忙而不乱、累而不烦。

"急"是急躁、焦躁。办事情的节奏要快，不能拖拉，但千万不要急躁。

"乱"是紊乱、凌乱。不论工作繁忙到什么程度，都应做到有条不紊，不能乱了方寸、乱了章法。

"烦"是烦躁、烦闷。脑力劳动者不怕"身累"，就怕"心烦"。把工作培养成为一种爱好，细品"苦中有乐、乐在苦中、以苦为乐"的滋味，就可以做到"身苦心不苦，身累心不累"。

"快而不急、忙而不乱、累而不烦"，把这 12 个字悟透了，未来二三十年你就会淡泊从容、轻松愉快。

2014 年 5 月 12 日

分清轻重缓急　学会时间统筹
——写给博士研究生的短札

你本周采用的办法，有点像华罗庚先生的"统筹方法"。特将华罗庚先生所著《统筹方法平话及补充》一书的"引子"传给你，供参阅。

1999年12月14日，我在新华社总编辑室汇报会上谈到，要办的事情分为三种：一是必须而且尽快办的；二是压根儿就不该办的；三是虽然该办但难以立即办到的。第三类需要研究、斟酌，对于前两类事情要快刀斩乱麻，不能拖。能办到的，立即去办；不该办的，果断说"不"，切忌拖泥带水！

2014年5月19日

延伸阅读

《统筹方法平话及补充》：1965年6月6日，数学家华罗庚在《人民日报》发表了一篇网络计划技术文章，当时取名为《统筹方法平话》，后经修改补充，书名定为《统筹方法平话及补充》，于1966年5月由中国工业出版社出版。

不要把时间消耗在无效思考上
——写给博士研究生的短札

两封来信均收到。

我一生经历的大事、难事太多，"不发脾气不生气"已经成为我健身健心的一大法宝。你在信中直抒胸臆，尽管不完全正确，我也不会生气。你说你会"慢慢调整"，我相信。人的一生其实很短暂。要经常自问："我能为国家和人民做点什么有用的事情？"接上了地气，人会变得坚强、自信而乐观。

"人生苦短"，即使活到 80 岁，也只有 29220 天。扣除求学时间和年老体衰不能做事的时间，"人生黄金 50 年"实际只有 18262 天。我的"黄金 50 年"所剩无几。你们还年轻，不要把时间消耗在无效思考上。要办几件对老百姓有好处、有用处的事情，将愉快的感受融合在"办实事"的过程中。

2014 年 6 月 4 日

第六辑

实现人生价值有三重境界：第一重境界是勤学苦读，默默奉献；第二重境界是作出贡献；第三重境界也是最高境界是"奉献、贡献、造诣相统一"。

实现人生价值的三重境界
——写给田啸同学的信

> 实现人生价值有三重境界：第一重境界是勤学苦读，默默奉献；第二重境界是作出贡献；第三重境界是"奉献、贡献、造诣相统一"。

田啸同学：

你好！

看了你的答卷，知道你大一、大二处于玩乐中，大三、大四读书兴趣逐渐浓厚。2014年一年读了十几本书，包括《西方哲学简史》。你说读这本书锻炼了逻辑思维能力，使你对哲学产生了兴趣。这反映了你的收获与进步。

你在答卷中说："读书使我越来越和善。可随着年龄的增长，看到的却是自私、虚伪和恶行，甚至有时我自己也会心存恶念。我不知踏入社会的我，会不会丢弃现在正在培养的善，我的人生轨迹将会如何？"这段话引发了我对40多年前一件往事的回忆。

1967年，阿尔巴尼亚一个代表团到济南访问，参观了济南汽车制造厂生产的双向汽车。客人有感而发，说："任何社会都有'前

2013年5月24日，作者为郑州大学新闻与传播学院2013届毕业生整理流苏。

推力'和'后拖力'。加大'前推力'，减少'后拖力'，人类社会才会进步！"你所说的"自私、虚伪和恶行"，就是社会的"后拖力"；而"善"则是社会进步的"前推力"。读书使你"越来越和善"，说明书籍带给你的是"前推力"而不是"后拖力"。只要你不断增强内在的坚定性，我想你就不会轻易丢弃正在培养的善。

你在答卷中问及"人生轨迹"。2005年3月，我重读了马克思1835年中学毕业时写的一篇题为《青年在选择职业时的考虑》的作文。马克思写道："如果我们选择了最能为人类福利而劳动的职业，那么，重担就不能把我们压倒，因为这是为大家而献身；那时我们

所感到的就不是可怜的、有限的、自私的乐趣,我们的幸福将属于千百万人,我们的事业将默默地、但是永恒发挥作用地存在下去。而面对我们的骨灰,高尚的人们将洒下热泪。"写这段话时,马克思只有17岁。后来,马克思投身于无产阶级革命事业,他对共产党人的价值观有了更为深刻的阐述。"为绝大多数人谋利益"就是马克思对人生观和价值观的高度概括。在思考人生轨迹时,一定要牢记"为绝大多数人谋利益"这一根本宗旨。

2009年5月13日,习近平同志在中央党校春季学期第二批进修班暨专题研讨班开学典礼上说,坚持在读书学习中把握人生道理、领悟人生真谛、体会人生价值、实践人生追求。作为受过高等教育的年轻人,实现人生价值有三重境界:

第一重境界是勤学苦读、默默奉献。我从互联网上看到一则格言:"这世界上真有成就的往往不是第一流的聪明人,而是第二流的聪明加第二流的愚笨的那种人。太聪明,就把什么都看开了。他不肯做傻事,花笨功夫,不肯找难题让自己受苦,所以,他就没有希望了。" 不做"第一流的聪明人",舍得"花笨功夫","找难题让自己受苦",这是成才的必备条件,也是知识分子实现人生价值的第一重境界。

第二重境界是作出贡献。奉献有"有效"和"无效"之分。只有"有效奉献"才能称得上是作出了贡献,只有"有效奉献"才能给最广大人民带来利益,只有"有效奉献"才能激起人们的成就感和自豪感。在未来的岁月,你要力求实现"奉献与贡献的统一"。

第三重境界是"奉献、贡献、造诣相统一"。这是知识分子实现人生价值的最高境界。

  如果你赞成上面的分析，愿意以此为目标规划未来，那么，你的人生轨迹就不会出现太大的偏差。

  祝

  好好学习、天天向上！

南振中

2015年3月2日

读书计划应与人生志趣相吻合
——写给李昕玮同学的信

> 要想制订一份适合自己的学习计划，首先要明确某一阶段你的学习目标是什么，你想获取哪些方面的知识，期待破解哪些难题。也就是说，你必须清楚地知道你准备驶向哪个码头。

李昕玮同学：

你好！

你在答卷中提出："很多时候人们都强调计划的重要性。读书计划有长有短，例如短期目标和长期规划。新闻与传播学院的学生制订什么样的计划才算合理和充实呢？"

为了回答你所提出的问题，我想介绍俄国作家托尔斯泰的学习计划。1847年4月，托尔斯泰离开喀山大学，回到亚斯纳亚·波利亚纳。他不想成为一个不学无术的人，于是给自己制定了一个庞大的自学规划：

一、学好大学毕业考试的法律学科的各门课程；

二、学好实用医学以及部分医学理论；

三、学好法语、俄语、德语、英语、意大利语和拉丁语；

四、不仅在理论方面，而且在实践方面对农业进行研究；

五、学好历史、地理和统计学；

六、学好数学和古典文学的课程；

七、写一篇学位论文；

八、在音乐和绘画方面要达到相当高的水平；

九、订出行为守则；

十、掌握一些自然科学方面的知识；

十一、在将要学的各门学科中必须写出一些文章来。

这个庞大的学习计划看上去是无法实现的，但是，据他女儿亚历山德拉说，除了法律学、绘画和医学，在其他方面，托尔斯泰都

1990年6月，穆青、冯健、作者（左）三任新华社总编辑在一起研究修改稿件。

获得了真正的知识。由于有学习计划，直到晚年，托尔斯泰都没有停止过在各个领域里的自学。

古罗马政治家、哲学家塞涅卡说过："如果一个人不知道他要驶向哪个码头，那么任何风都不会是顺风。"要想制订一份适合自己的学习计划，首先要明确某一阶段你的学习目标是什么，你想获取哪些方面的知识，期待破解哪些难题。也就是说，你必须清楚地知道你准备驶向哪个码头。

1985年1月1日，我即将离开工作和生活了20余年的新华社山东分社，奉调到新华社总社工作。在当天的日记中，我把自己的一生大体划分为三个"20年"：第一个"20年"是学习和积累知识的"20年"；第二个"20年"是在新华社分社记者岗位上锻炼成长的"20年"；第三个"20年"理应是为党和人民作出贡献的"20年"。到新华社总社工作的20多年，我制订的学习计划始终围绕"密切新闻报道同人民群众的联系"这个中心，先后学习和研究了三个重点课题：一是"重大突发事件"的应急反应；二是舆论监督的主要功能和基本规律；三是"两个舆论场"的交叉与融合。经过艰苦努力，新华社起草的"关于加强和改进重大突发事件新闻报道的建议"被有关领导机关采纳。我撰写的《舆论监督是维护人民群众根本利益的重要途径》在2005年第12期《求是》杂志上全文刊登。经过十多年的发展，关于"两个舆论场"的论断渐渐为社会实践所印证。2011年7月，人民网舆情监测室发表了"善待网民和网络舆论"的系列评论，第一篇的题目就是"打通'两个舆论场'"。围绕"密切新闻报道同人民群众的联系"这一中心的学习和研究能对实际工作起一点推动作用，我感到欣慰。由此可见，积极的"人生志趣"可以影响和带动自己的学习计划，使学习和研究工作有一条清晰的主线。围绕这条主线吸收新知识、研究新课题，对学业有利、对人民有利、对社会有利。

你问及学习计划的合理性。我理解的"合理"，有几个要素：一是计划阅读书籍同自己的学习需求相吻合，不要远离需求；二是计划阅读书籍数量同自己可支配阅读时间相适应，不要贪多求快；三是长远计划与短期安排相衔接，防止计划悬空；四是学习计划不要太满、太死、太紧，应为计划的合理调整预留空间。以上四点，你不妨一试。

祝

好好学习、天天向上！

南振中

2015年2月15日

阅读的直接价值与间接价值
——写给孙辉同学的信

> 大学生阅读不全是为了获取直接价值。有很多书籍，你去阅读它，获得的功效是间接的，不可能在短期内显现出来。比如阅读基础理论著作和文学作品，就难以在短时间内见到成效。这类阅读的价值在于提高文化修养，陶冶性情，潜移默化地提升人的品格。

孙辉同学：

你好！

看了你的答卷，知道你2014年阅读了《大数据时代》等书。你还记了读书笔记，时常翻看，重温自己感兴趣和认为有价值的东西。这些做法很好，应该坚持。

在答卷中你提出："在学习过程中有时不能确定所读的书对自己是否有足够的价值？"这个问题涉及对阅读价值的理解。

前些年，有人将阅读价值分为"功利性阅读价值"和"超功利性阅读价值"。"功利性阅读"指有实际功效的阅读；"超功利性阅读"则指短期内难见功效的阅读。这种划分自有它的道理。但是，功利通常指眼前的功效和利益，含有贬义。就大学生而言，功利阅读与超功利阅读很难区分。为了准备考试，必须阅读与教科书相关的书籍；为了撰写毕业论文，需要阅读专业书籍；为了过级、考证，需要吸收大量实用知识。这算功利阅读还是超功利阅读？为了尊重大学生的自由选择，我避开了"功利"一词，把阅读价值分为直接价值与间接价值。不知你是否赞成这一区分？

　　判断阅读的直接价值比较容易。我们常说为用而学、学以致用、学用结合，追求的就是阅读的直接价值。郑大新传院2014届新闻与传播专业硕士研究生陈楠，从研一开始写学术论文。他经常去学校图书馆，阅读专业书籍和各种杂志，研究不同学者不同的理论主张，探寻自己的理论框架。在校学习期间，陈楠先后获得硕士研究生国家奖学金、郑州大学研究生优秀科研奖、上海交通大学第二届"新媒体与社会发展"全国研究生学术论坛二等奖。这是阅读直接价值的体现。

　　大学生阅读不全是为了获取直接价值。有很多书籍，你去阅读它，获得的功效是间接的，不可能在短期内显现出来。比如阅读基础理论著作和文学作品，就难以在短时间内见到成效。这类阅读的价值在于提高文化修养，陶冶性情，潜移默化地提升人的品格，对于观察问题的方法和思维方式也会产生深远影响。2014年12月17日，我到新华社四川分社与年轻记者就读书问题进行交流。中国新闻奖获奖作品《长江上游仍在砍树》的作者熊小立、黎大东向我提出了一个问题：原稿的导语是"正当长江中下游百万军民奋战抗洪之时，长江上游地区大片森林仍在遭受数千把斧头和电锯的砍伐"，新华社播发时删去了"正当长江中下游百万军民奋战抗洪之时"这

17个字。当时为什么会作这样的处理？我回答说：50多年前我在郑州大学中文系学习时，教我们文艺理论课的老师引用过恩格斯《致敏娜·考茨基》中的一段话："我决不是反对倾向诗本身……可是我认为倾向应当从场面和情节中自然而然地流露出来，而不应当特别把它指点出来。"百万军民抗洪这一事实在当时人所共知，至于砍树是否导致洪水暴发，记者宜披露事实，不应把结论性意见强塞给受众。要让倾向从典型事件的叙述中自然而然地"流露出来"。受众在读了新闻作品之后，经过独立思考，得出同记者写作意图大体相同或者相近的结论，这才是新闻作品感染力之源。这篇600多字的短新闻播发后，国务院发出了"停伐"指示。从1998年9月1日起，四川省6个地、州、市全面停止天然林采伐。几十年前在大学学到的知识派上了用场，这算不算阅读的间接价值呢？

由于读者的需求和关注点不同，即使读同一本书，不同的人会对其价值作出不同的判断。这有点像吃橘子：需要补充维生素C，橘肉有价值；需要美容，橘子皮有价值；需要通络化痰，橘瓤上的网状经络有价值；需要疏肝理气，橘叶有价值。在学习过程中，你首先要确定自己读书的目的，了解自己的需求。这两点搞清楚了，对阅读价值就容易作出符合实际的判断。

祝

好好学习、天天向上！

南振中

2015年2月24日

天天学习是终身学习的基石
——写给欧阳璋同学的信

> "终身学习"是一种生活态度，也是一种生存境界。"天天学习"是"终身学习"的基石，"年年学习"是"终身学习"的阶段性目标。

欧阳璋同学：

你好！

看了你的答卷，知道你2014年读了9本专业参考书。你说："一本书要多次阅读。每次阅读都是对过去阅读所得的一次'扬弃'，都会有新的认识和新的理解。"这说明你把读书和思考结合起来了。这一做法应该坚持。

你问"如何养成终身学习的习惯"。终身学习是贯穿于一生的持续学习过程，从幼年、少年、青年、中年直至老年。我国古代以"活到老学到老"激励人们终身学习。穆罕默德传教、立教的言行记录《圣训》中也有一句类似的话："求知须从摇篮到坟墓。"受古训的激励，我61岁开始系统学习法律知识。

2003年3月15日我当选十届全国人大常委会委员之后，职责要求常委会组成人员必须具备渊博的法律知识，而在我的知识结构中，法律知识是相对薄弱的一环。尽管当时已"年逾花甲"，我还是下决心要补上法律知识这一课。我采用的方法是"为用而学、以用促学、学以致用"。常委会审议什么法律草案，就突击学习与该法律草案有关的知识。2007年8月24日，全国人大常委会分组审议反垄断法草案。在此之前，世界拉面协会中国分会多次组织、协调企业商议方便面涨价幅度和时间，损害消费者的合法权益，人民群众对此议论纷纷。围绕这一社会热点，我研究了反垄断法草案，发现草案第45条和第46条虽然规定对有垄断行为的经营者应没收违法所得，并处上一年度销售额百分之一以上百分之十以下的罚款，但一些行业协会并无"违法所得"，也无法计算其上一年度的"销售额"，这将导致反垄断法草案对行业协会失去约束力。从维护消费者的利益出发，我建议对行业

2012年12月13日，作者在新华社"书香新华"读书活动中作"'学到老'不容易"专题辅导报告。

协会等组织实施排除、限制竞争行为的,必须处以巨额罚款,以示惩戒。全国人大常委会采纳了这一建议,在《中华人民共和国反垄断法》第四十六条增加了一款,明确规定"行业协会违反本法规定,组织本行业的经营者达成垄断协议的,反垄断执法机构可以处五十万元以下的罚款"。人民群众的意愿在法律条款中得到体现,我有一种"如释重负"的感觉。采用"补课式学习法",我先后学习了《中华人民共和国宪法》《立法法》等上百部法律,还阅读了《汉穆拉比法典》《十二铜表法》《拿破仑法典》。在全国人大常委会工作的10年间,我提出的143条关于修改法律草案的建议与常委会组成人员的主流意见不谋而合,因而被吸收到50部法律条款之中。新华出版社出版的《亲历中国民主立法——在全国人大常委会发言实录》一书,反映了我年逾花甲学法律的成果。

你问"如何养成终身学习的习惯"。网上流传一句古语说:"一日不读书,尘生其中;两日不读书,言语乏味;三日不读书,面目可憎。"苏轼《记黄鲁直语》一文中说:"士大夫三日不读书,则义理不交于胸中,对镜觉面目可憎,向人亦语言无味。"由此看来,终身学习必须从"一日""两日""三日"抓起,把"天天学习"作为"终身学习"的基石。

如果再提升一步,那就从"一年""两年""三年"抓起,把"年年学习"作为"终身学习"的阶段性目标。诺贝尔文学奖获得者大江健三郎从25岁起,每3年为自己确定一个阅读主题。比如,结构主义读3年,中国文学读3年,斯宾诺莎读3年,萨义德读3年。第一年基本上读作家的全集,后两年读相关的研究书籍。这种方法

可资借鉴。

"终身学习"是一种生活态度,也是一种生存境界。尽管我已70多岁,但每天仍坚持凌晨5时起床,打开电脑,上网浏览当天的报纸版面,吸收有启迪作用的新知识,扩充自己的"数字图书馆"和"资料库"。

英国18世纪政治家和文学家切斯特菲尔德说:"当我们步入晚年,知识将是我们舒适而必要的隐退的去处;如果我们年轻时不去栽种知识之树,到老就没有乘凉的地方了。"你同我的年龄相差50多岁,只要从现在起坚持"天天学习""年年学习",半个世纪之后,你就不会"没有乘凉的地方了"。

祝

好好学习、天天向上!

南振中

2015年3月2日

延伸阅读

《亲历中国民主立法:在全国人大常委会发言实录》:南振中著,北京:新华出版社,2011年版。

大江健三郎:日本著名作家,1994年获得诺贝尔文学奖,代表作有《广岛札记》《作为同时代的人》《小说方法》等。

好习惯可以改变命运
——写给博士研究生的短札

来函收悉。你在信中谈到如何培养学习习惯的问题，我赞赏你对习惯的剖析。随手抄两段关于习惯的短语，供你参阅。

> 有什么样的思想，就有什么样的行为；有什么样的行为，就有什么样的习惯；有什么样的习惯，就有什么样的性格；有什么样的性格，就有什么样的命运。
>
> ——查·艾霍尔

> 一个人的后半辈子均由习惯组成，而他的习惯却是在前半辈子养成的。
>
> ——陀思妥耶夫斯基

支持你按照信中谈及的办法去做。良好习惯一旦养成，未来几十年你就会进入一个新的境界。

2014年5月2日

读史可以增强忧患意识
——写给博士研究生的短札

接连向你推荐两篇同《甲申三百年祭》有关的文章,是想告诉你怎样读史。

读史的好处之一是可以增强忧患意识。唐太宗说过:"夫以铜为镜,可以正衣冠;以古为镜,可以知兴替;以人为镜,可以明得失。朕常保此三镜,以防己过。"读史的重点之一是"知兴替"。在党的十八届中央纪委第二次全会上,习近平阐述了封建王朝兴衰更替和苏共亡党的历史规律;在新一届中央政治局第一次集体学习时,习近平又分析了一些国家因为长期积累的矛盾导致民怨载道、社会动荡、政权垮台的惨痛教训。习近平说:大量事实告诉我们,腐败问题愈演愈烈,最终必然会亡党亡国,我们要警醒。读史应当增强忧患意识和破解各种社会难题的紧迫感。

读史的另一个好处是可以看到前途。《毛泽东外交文选》收录了毛泽东1964年7月9日会见外国朋友时的一篇谈话,标题是"从历史来看亚非拉人民斗争的前途"。毛泽东说:"亚非拉人民斗争的前途,这是大家关心的问题。如果要看前途,一定要看历史。从亚洲、非洲、拉丁美洲在第二次世界大战以后十几年的历史来看,就知道亚非拉人民将来的前途。"

既增强了忧患意识，又对前途充满信心，这样读史，对中华民族的复兴大有好处。

2014年7月28日

延伸阅读

《甲申三百年祭》：在纪念李自成领导农民起义300周年之际的1944年3月19日，郭沫若撰写的《甲申三百年祭》在重庆《新华日报》上发表，连载4天。该文在当时引发了一股舆论风潮，对它的评价也存有一定争议。

导师以引导学生学习为重点
——写给博士研究生的短札

博士生导师的主要职责是引导学生学习：一是引导学生熟悉本学科及相关领域的基础理论知识，学会运用基本理论和方法提出问题和解决问题；二是引导学生进行创造性学习，提高研究能力、提

2013年4月2日，作者（左三）与郑州大学新闻与传播学院全体教授座谈。

升学术品位。

有鉴于此，未来几年，对第一批、第二批招收的博士研究生，我将以引导学生学习为己任。至于论文，题目由你们自主选择，计划由你们自主调整，作品由你们自主定稿。"三个自主"可以防止依赖思想的产生，有利于你们积极性、主动性和创造性的充分发挥。当然，第四学年你们撰写毕业论文时，我会下功夫指导。

我办事的习惯是先定"原则"、梳理重点，就像就任郑州大学新闻与传播学院院长时作出三项承诺那样。明白了我的原则和重点，你和你未来的学弟学妹就可以自主安排学习和科研工作了。

2014年8月15日

博士生的阅读要广博
——写给博士研究生的短札

你信中谈到熟读马克思主义经典著作和"大量接触西方政治文化典籍"问题,这是我一贯的主张和做法。27年前,即1987年11月,我在《经济参考报》记者会议上讲了一次话,其中就谈到经济记者应该具有一定的学识水平和高尚品格,除了学习马克思主义经济理论,还应读一点西方经济学家的著作,吸收一点西方管理学方面的最新成果。这样做可以开阔视野,养成辩证思维习惯,防止片面性、表面性和绝对化。

2014年8月18日

读书要力求和研究课题联系起来
——写给博士研究生的短札

你这两周在读政治学随笔。新学期，读书要力求同你的研究课题联系起来。比如，《你永远都无法叫醒一个装睡的人》的作者周濂认为，"看似四通八达、互相链接的网络社会实则被细化、断裂成有着不同趣味、取向、话语习惯乃至行为规范的小社会：彼此壁垒分明、界限森然"。读这段话要同你的研究课题联系起来，看看对你理解现实生活中的"舆论场"有无帮助？

以上涉及吸收知识的方法问题。在读书过程中，你不妨多作尝试，以求从各类书籍中受到更多的启迪。

2014 年 8 月 29 日

如何防止断章取义
——写给博士研究生的短札

你关于"马克思主义新闻观"的摘录已阅。你读得认真,摘录得全面,较为得体。

你问及作者对马克思主义新闻观的理解是否全面,是否存在"选择性摘录"。既然"一千个观众眼中有一千个哈姆雷特",那么,读经典著作也免不了会有理解上的差异。全面、系统、准确地学习马克思主义新闻理论,了解经典作家所处时代的主要矛盾,理解无产阶级掌握政权前后新闻观的策略性调整,这是防止断章取义的有效途径。随着视野的日渐开阔,相信你会探寻到合情合理的答案。

2014 年 9 月 4 日

如何减压
——写给博士研究生的短札

最近你虽然工作繁忙，仍能坚持读书，并且记了读书笔记，我知道你是在咬牙坚持。为了减轻心理负担，向你介绍一种减压办法。

25年前我读到一则关于美国家庭主妇的新闻：她把家务劳动分成A、B、C三类。A类是效果明显而又必不可少的；B类是有点效果但可做可不做的；C类是没有效果纯属多余的。受此启发，我把有效且重要的事项列为"A"类，集中精力快办；把"C"类的事项砍掉；"B"类事项则视情况而定。"忙而不乱"就是这样概括出来的。这种办法你不妨一试。

2014年9月21日

做一个有学养的好人
——写给博士研究生的短札

你问我对自己是否过于苛刻了。其实，"严格自律"是一种习惯。这种习惯一旦养成，就变成非常自然的事情，不用多想就会作出选择，不觉得是一种"约束"，更不会感到委屈。何况，社会给予我的已经够多，无论是事业还是家庭，均属"喜出望外"，的确是别无所求。你不在高位，不必像我对待自己那样"严苛"，守住底线就可以了。

《现代汉语词典》将"学养"解释为"学问和修养"。学养是一个人的整体气质，是一种非常自然的、能够传递生命品味的书卷气。学养包括丰厚的学识、宽阔的胸怀、温文尔雅的气质，是经过长期学习和修炼才能达到的境界。"做一个有学养的好人"，这就是我对你的期待。

2014 年 11 月 7 日

丢掉"拐棍依赖"
——写给博士研究生的短札

凌晨重读陈平原《我的"读博"经历》，对王瑶先生"不给学生出论文题目"有了新的感悟。

确定论文选题、撰写论文是在读博士研究生的一项基本功。美国大学把培养传播研究、教学的一流学者作为博士生培养目标。博士生已经成为《论辩》《论辩与鼓吹》《媒介研究》《政治传播》《传播研究》《媒介传播批评研究》《科学传播》《健康传播》《电子传播政策》等国际知名传播学期刊的固定作者群。我国博士生在国际性刊物上发表论文较少，客观原因是存有语言障碍和理念上的差异，从主观上来分析，选题能力和论文水准的确有待提高。

科学研究必须按学术规律办事，不能越俎代庖、拔苗助长。让学生自主选择论文题目并独立完成论文，体现了对博士生志向、专长、兴趣、爱好和能力的尊重，符合学术规律。

50年前我走出校园到新华社山东分社当记者，总想让老记者带着采访。一位老记者对我说："不独自采访，总跟着别人旁听，时间一长，手里的拐棍就丢不掉了！"这几句话点醒了我。我把

这位老记者的经验之谈告诉你，是想让你早一点明白"拐棍依赖"的害处。

2014 年 11 月 11 日

第七辑

穆青同志题写的"勿忘人民"体现了马克思主义的"群众观",其警示价值至少有三个方面:勿忘人民的主体地位,殚精竭虑为"民族脊梁"立传;勿忘人民的哺育之恩,身居高位与基层百姓鱼水相依;勿忘人民的根本利益,谨防"惹怒上帝"的不正之风。

"勿忘人民"的警示价值

穆青1937年参加革命，1942年调到延安《解放日报》当记者，开始了长达61年的新闻生涯，其造诣博大精深。作为后辈，我难以全面诠释穆青精神，仅就"勿忘人民"的警示价值谈几点学习感悟。

"勿忘人民"是穆青同志25年前提出来的。1988年4月，穆青到福建省厦门市开展调查研究。4月17日，在厦门宾馆吃过早饭，陪同调研的福建分社社长崔葆章和厦门支社的同志恳请穆青为分社题词。穆青提笔写了"勿忘人民"四个大字。十几天以后，福建省一位新华社通讯员请穆青同志题词，穆青又一次题写了"勿忘人民"四个大字。1990年12月，《安阳日报》记者到北京向穆青同志汇报劳动模范任羊成的近况。临别时，记者请穆青同志题词。穆青在这位记者的笔记本上写的还是"勿忘人民"。

穆青同志为什么反复题写"勿忘人民"？从《穆青论新闻》一书中可以找到注脚。1991年3月，穆青在《记者应当建立调查研究的"生活基地"》一文中说："前不久，一家地区报的一位记者问我：'记者怎样才能尽快成才？'我告诉他，记者不能整天想着成才。成才没有捷径，也没有秘诀。我为他题写了'勿忘人民'四个大字，勉励他把根牢牢扎在人民群众之中。"3个月后,穆青在接受《新闻记者》杂志记者访问时说:"我告诉《安阳日报》的两位记者,要牢牢记住人民,只要对人民有感情,就能写出好新闻作品。我们就是需要那种同群众有血肉联系、对群众有深厚感情的记者,而不是那种高高在上的,自己把自己放在人民之上、放在党之上的记者。我给他们题写'勿忘人民'这四个字,就是这个意思。"

当前,全国各地正在开展党的群众路线教育实践活动,新闻战线"走基层、转作风、改文风"活动也日渐深入。在这样的大背景下,穆青所提"勿忘人民"的警示价值进一步显现出来。为了便于理解,我先讲三个"红色经典":

——1960年5月8日,毛泽东在郑州接见来我国参观访问的拉丁美洲8个国家的朋友。陪同的熊向晖送给毛主席的新闻稿中有一句话:"拉丁美洲8个国家的朋友们……热情地称赞中国人民在毛泽东主席领导下所取得的伟大成就。"毛主席把"在毛泽东主席领导下"几个字删掉了。熊向晖说,这句话是拉丁美洲朋友的原话,完全符合实际,我不理解主席为什么那样修改。毛泽东说,为什么一定要说毛泽东的领导呀,没有毛泽东,中国人民就取不得成就了?这是唯心史观,不是唯物史观。我把唯物史观概括成一句话,叫作"人民,只有人民,才是创造世界历史的动力。"实践证明,过去打仗,靠的是人民;现在建设,靠的还是人民;一切成就都来自人民自己的努力。[①]

——1949年3月25日,毛泽东来到颐和园,这里是中央领导人进北平后的第一个歇脚点。当时北平刚刚解放,潜伏特务较多,为了严防暗杀、爆炸，社会部部长李克农派人把颐和园的游人全都清理出去。毛泽东见颐和园冷冷清清，不见人影，就问身边的人，游客都到哪里去了？身边的人回答说，为了主席的安全，把人都清理出去了。毛泽东听了很生气，说："把水全排干了，你那个鱼还讲什么安全？你安安全全干死在那里，饿死在那里吧！"②

——20世纪60年代初，毛泽东主席到基层调研。一天，在专列上召集县以下干部代表开会。毛主席问地方干部："你们信不信上帝？"在场的没有人回答。毛主席说："你们不信，我信！这个上帝就是人民！谁惹怒了上帝，上帝是不留情面的，他必定要垮台！"③

这三个"红色经典"从不同侧面反映了中国共产党人的"群众观"。"勿忘人民"体现了马克思主义的"群众观"，其警示价值至少有三个方面：勿忘人民的主体地位，殚精竭虑为"民族脊梁"立传；勿忘人民的哺育之恩，身居高位与基层百姓鱼水相依；勿忘人民的根本利益，谨防"惹怒上帝"的不正之风。

一、勿忘人民的主体地位，殚精竭虑为"民族脊梁"立传

人民群众既是社会物质财富、精神财富的创造者，又是社会变革的决定力量。"勿忘人民"的一个重要内涵就是尊重人民的主体地位。

1978年12月，新华社召开了国内工作会议，就"十年教训"展开讨论。穆青在总结讲话中强调说："历史唯物主义告诉我们，人民群众是历史的创造者。在社会主义的新中国，人民是国家的主人，也是新闻报道中的主人。千百万群众的社会实践，应当是无产阶级新闻报道的主要内容,也是检验我们新闻报道正确或谬误的标准。"穆青不仅是"勿忘人民主体地位"的倡导者,更是"勿忘人民主体地位"的践行者。他一生中花费了很大精力为人民群众立传。

1942年,穆青进入延安《解放日报》的第二天,就同张铁夫一道采访了劳动模范赵占魁。赵占魁是陕甘宁边区农具厂的工人,老实肯干,不善言谈。穆青和张铁夫提出一连串问题,赵占魁的回答总是"没什么可说的"。没有办法,穆青和张铁夫只好同赵占魁一起生活:白天,两人给赵占魁打下手;夜晚,与赵占魁同睡一铺炕。在20多天时间里,穆青边观察,边体验,边收集素材。赵占魁主人翁式的劳动态度、不怕困难的顽强意志,质朴、平凡而又伟大的工人形象越来越清晰。穆青强烈地感受到,在抗日战争最困难的关头,革命队伍里多么需要赵占魁这样的榜样啊!他们充满激情,撰写了一篇题为《人们在谈说着赵占魁》的新闻稿,1942年9月7日在延安《解放日报》上发表。9月11日,《解放日报》发表《向模范工人赵占魁学习》的社论,赞扬赵占魁"始终如一、积极负责、老老实实、埋头苦干、大公无私、自我牺牲的精神"。9月13日、14日,《解放日报》又连续刊登穆青、张铁夫采写的长篇通讯《赵占魁同志》。中共中央职工运动委员会、边区政府在农具厂隆重举行颁奖大会,奖励了赵占魁。毛泽东听说后致电中共中央职工运动委员会书记邓发,称赞奖励赵占魁这件事做得很好。毛泽东说:"平时我听说你们要找斯达汉诺夫,赵占魁同志就是中国式的斯达汉诺夫。你们把他的优点总结起来,树立标兵,推广到各工厂各生产单位去。"

斯达汉诺夫是苏联的采煤工人,1935年8月31日,他在一班

工作时间内采煤102吨，超过普通采煤定额的13倍。"中国式的斯达汉诺夫"赵占魁的名字从此传遍了边区和敌后抗日根据地，成为鼓舞人们提高觉悟、努力工作、多作贡献的好教材。

1946年，穆青同志奉调到《东北日报》工作。他把人民群众作为新闻报道的主角，利用手中的笔歌颂英雄的部队和英雄的人民。《东北日报》编辑部负责人交给穆青的第一项任务就是采访原东北抗日联军负责人周保中。

周保中是威震敌胆的民族英雄。在东北沦陷14年当中，特别是在杨靖宇将军牺牲之后，周保中率领东北抗日联军出生入死，独撑危局，颇有传奇色彩。有幸采访周保中，穆青非常兴奋。他简单准备了行装，同作家魏东明一道，在一个班战士的护送下，乘卡车走了两天两夜，到达东北抗联司令部。

穆青一跨进司令部大门，一位身着将军服的中年人就急切地迎上前来，紧紧地同他拥抱。这个人就是周保中将军。穆青抓紧采写了一篇《周保中将军答记者问》，接着便开始搜集抗日联军14年斗争史的材料。周保中将军每天抽出半天时间同穆青谈话，一些熟悉情况的抗联老战士也三三两两地找穆青聊天。周保中给穆青讲了一件事：

有一次部队在战斗中转移，十几个重伤员怕连累部队，主动要求留下来。周保中说服不了他们，只好找一个隐蔽的山洞，留下一些粮食，还派了一名炊事员、一名卫生员负责看护这些伤员。过了一段时间，当部队来到山洞准备接他们返回时，发现伤员都饿死了。炊事员倒在山洞附近的水沟里，扁担、水桶在他身边不远的地方，显然是因为打水时体力不支，倒在水中起不来了。他们清点牺牲的人数，发现一个都没有少。周保中深情地对穆青说："我们的战士真是了不起的英雄，他们宁愿饿死，也不向敌人屈膝投降。等战争结束了，我一定要为牺牲的战士立一块碑作为纪念。"

一些抗联老战士侧重介绍周保中将军的事迹。在战斗中，周保中冲锋在前、退却在后，与战士生死与共。有一次周保中的肠子被打出来了，他伸手把肠子塞进肚子里，用绑腿布紧紧缠住，照样行军。

在另一次战斗中，周保中的左腿中了一颗子弹，他忍着剧痛指挥作战。直到战斗结束，周保中才请了一位土医生来做"手术"。当时缺医少药，没有麻醉针剂。土医生就用拔钉子的钳子，硬是从周保中的腿骨上把子弹拔了出来，将打烂的肉剪一剪，用水洗一洗伤口，敷药了事。手术过程中，周保中将军头上滴着豆大的汗珠，他咬紧牙关，没哼一声。抗联战士对穆青说，三国时，关云长刮骨疗毒，那是历史传说，谁也没有见过。但周保中将军的坚强意志和英雄气概，有目共睹！

日本鬼子对周保中将军恨之入骨，到处张贴周保中将军的画像，悬赏捉拿，宣布"谁割得周保中一两肉，可换一两金子"。但周保中与东北人民鱼水相依，在长达14年的浴血奋战中，为中华民族写下了一部惊天动地的英雄史诗。

穆青在周保中将军驻地住了将近半个月，每天都被这类英雄故事激励着、感染着。穆青说："我读过不少中外战争史，看到过不少反法西斯斗争英雄事迹的报道，但论起艰难和坚毅的程度，没有一个超过东北抗联指战员。中国人民正是依靠这批伟大的民族脊梁，依靠他们的不死的抗争精神,才免遭灭亡。"穆青边谈边写,边写边哭,终于将《抗日联军14年斗争史略》写了出来。这篇12000字的长篇纪实报道在《东北日报》和延安《解放日报》同时刊登,中共中央东北局还把这篇文章印成单行本,广为发行。

在战争年代,穆青给人们留下了许多英勇指战员的光辉形象;在和平年代,他依然殚精竭虑为"民族脊梁"立传。1966年2月《人民日报》刊登了穆青、冯健、周原写的长篇通讯《县委书记的榜样——焦裕禄》;1972年1月,新华社播发了穆青、高洁等同志写的《铁人王进喜》;1978年3月,《人民日报》刊登了穆青、陆拂为、廖由滨写的《为了周总理的嘱托——记农民科学家吴吉昌》;1979年4月,新华社播发了穆青、陆拂为写的《一篇没有写完的报道》;1990年7月新华社播发穆青、冯健、周原写的《人民呼唤焦裕禄》;1991年6月,新华社播发了穆青、孟宪俊写的通讯《改革大潮中的老支书》;1993年9月,穆青写了《泪洒偏关》,悼念自己的恩师——抗日战争中英勇牺牲的偏关县县长梁雷;1994年2月,新华社播发了穆青写的《两张闪光的照片》;1999年6月,穆青与陈大斌合作采写了《老书记与北干渠的故事》。这些人物通讯文风朴实、情思奔涌,充分展示了共产党人的高尚境界。有人评论说:"穆青笔下的典型人物,写一个,活一个,响一个,震撼了几代读者的心灵。"

拿植树老人潘从正来说吧。1965年的冬天,穆青在豫东平原采访焦裕禄同志的感人事迹时,听说宁陵县有一位植树老人潘从正,人称"老坚决"。为了在沙荒地带造林,潘从正肩上搭着布袋,怀里揣着桑剪,老远看见一棵树,他就奔过去,把落在树下的树种子捡起来装进布袋。每逢农村赶集，他随着卖水果的挑子转悠，看到小孩吃水果，他就蹲在旁边等候拣拾扔下的果核。日积月累，老汉把许多用材树、果木树都请到了沙荒地。由于"老坚决"坚持育苗，几年以后，沙荒地带破天荒地出现了一片片茂密的树林。1956年，潘从正被评选为河南省林业劳模。

没有料到的是，1958年秋天开始刮起一股"共产风"，人们杀猪砍树，刚刚培育起来的林木被一扫而光！许多人唉声叹气，而潘从正没有气馁。他说："毁了头一茬，再种第二茬！"这种精神感动了穆青。他准备报道完焦裕禄，就折回来采访这位与风沙搏斗的老英雄。然而，"文化大革命"爆发了，这一计划化为泡影。

十多年来，潘从正刚毅、纯朴的形象始终在穆青心头萦绕。1979年4月，穆青和陆拂为一行再访宁陵，他要还这笔"文债"。穆青一到万庄，就发现潘从正老两口还像过去一样，住在苗圃里。生产大队干部向穆青一行介绍了万庄防护林带三起三落的曲折经历。为了绿化沙荒，20年间潘从正老人抛家离舍，从住地窨子起，一直守护着自己的苗圃：风沙，吓不跑他；断粮，逼不走他。任何打击和挫折，都不能使他放弃为子孙后代造福的绿化事业。老人的执着，让穆青联想起在风口织网的蜘蛛：狂风把网撕破了，蜘蛛重新开始；又来了一阵风，把网撕破了，蜘蛛仍然继续织下去。一次、再次、三次，生命不息，吐丝不止。穆青认为这正是"老坚决"百折不挠精神的写照，是潘从正老人一生命运的缩影。有一次采访结束，穆青准备离开村子，"老坚决"拉着穆青的手说："俺不怕穷，只怕乱。今后可不能再折腾了！越折腾越穷，将来国家靠什么？"一个纯朴的农民，一句朴实的话语，竟让穆青流下了眼泪。穆青与陆拂为合写了《一篇没有写完的报道》，记载了特殊年代的历史，反映了历尽沧桑、饱经忧患的人民的呼声。

穆青晚年没有为自己写一部"自传"，也没有整理《穆青回忆录》，而是把一生撰写的人物通讯汇集成册，出版了一本《十个共产党员》。范敬宜在序言中写道：

"您是一位幸福的新闻工作者。第一，您有幸亲身经历了跨度达50年的伟大历史性变革，亲眼见到那么多的英雄人物；第二，您有幸写出了那么多震撼人心的作品，至少有两代人受到您作品中英雄模范人物的感染和熏陶；第三，您有幸受到那么多您报道过的主人公们的深情厚爱，比如植棉劳模吴吉昌，把您当作世界上最亲的亲人。这种幸福不是所有新闻工作者都能享受得到的……"

《十个共产党员》一书是穆青纯真信仰的结晶。辉县老百姓说穆青是"第十一个共产党员"；还有人说"张严平女士撰写的《穆青传》是《十个共产党员》的续集"。"口口相传"的民间评论，是对殚精竭虑为人民立传的穆青老人的由衷赞誉。

二、勿忘人民的哺育之恩，身居高位与基层百姓鱼水相依

1996年10月，穆青辞去新华社社长职务4年之后，中国记协和新华社联合主办了"穆青新闻作品研讨会"。闭幕那天，穆青敞开心扉，回顾了自己的成长历程。

穆青是在河南农村一个小镇里长大的，当地的小学是地下党活动中心，中学是地下党县委所在地。穆青的老师梁雷是共产党员，是他一手把穆青引上革命道路。穆青虽然只是一个高中一年级学生，

穆青与老农分享丰收的喜悦。

但到了贺龙领导的八路军120师,就成了"知识分子",得到多方面的关怀和爱护。穆青跟着部队挺进冀中,深入敌后,在战争岁月里经受了锻炼和考验。

穆青深情地说:"我的一生都离不开人民的哺育。年轻的同志没有见过旧社会我们的人民有多苦。我是亲眼看到的,特别是我们河南,更是个贫穷落后、苦难深重的地方。为此,我从小就有一个朴素的救国救民的愿望,以后参加了共产党,这个愿望就变成了终身的理想。我觉得作为一个共产党员,不论在什么情况下,都不应该忘掉人民。我永远忘不了在战争年代,处处都可以看到我们的老百姓怎么样地支援战争、支援抗日。父亲战死了,儿子去;哥哥战死了,弟弟去。一批一批的老百姓穿上军装跟着我们打日本、打老蒋,牺牲了多少人，救了我们多少伤员，掩护了我们多少同志……凡是有这种经历的同志都会有这种感受：我们不能忘记老百姓的恩情。"

那一天，我就坐在穆青身旁。讲到动情处，穆青几度流下眼泪。我理解了穆青晚年为什么常常回忆战争年代的往事，为什么念念不忘人民群众的"滴水之恩"。

1945年8月，日本宣布无条件投降。中共中央派遣10万干部和军队开赴东北。新华社和《解放日报》抽调编辑、记者、翻译、出版、电务、印刷等部门共16人组成挺进东北的先遣小分队，穆青是先遣小分队的一员。

从延安到东北，全程几千公里，不通汽车，也没有火车，大部分人要靠双脚走到目的地。1945年12月24日，小分队到达奉天（后改称辽宁）。

辽西丘陵地带遍地冰雪，每天早上起来看到的都是白茫茫的一片，积雪常常深到膝盖，风刮在脸上像刀子割一样疼。有一天，雪下得特别大，一步一个深深的雪窝，每走一步都要花很大的力气才能把脚从雪窝里拔出来，裤子上的雪越沾越多，最后结成了冰疙瘩，腿像棍子似的完全失去了知觉。好不容易走到宿营的村子，天已经完全黑了。

穆青和王揖住的那户人家，屋里只有一对老夫妇，得知他们是关内过来的抗日队伍，两位老人高兴得团团转。老妇人赶紧生火烧水，老汉则忙着招呼他们上炕取暖。看着王揖已经脱掉靴子上了炕，穆青也急忙拽住靴子往下脱，没想到靴子和腿已经冻在一起，怎么也脱不下来，他急得便让王揖帮忙拽，老汉连忙上前制止："孩子，千万不能硬拽,也不能拿热水猛浇,你的腿脚已经和靴子冻在一起,成了冰砣砣,硬拽连皮肉都要撕下来。要是用热水浇,肉就要烂,一烂恐怕连腿脚都难保住。"

老汉端来一盆冷水,把穆青的双脚连同靴子一起浸在冷水里,过了一会儿,冰碴渐渐化开了,他又小心地拽下靴子,然后解开自己身上的棉袄,把穆青两只冰凉的脚搂在胸前,用两只手慢慢地揉搓、按摩。过了好久,穆青麻木的双脚开始感到发痛,又过了一会儿,逐渐发热,最后终于恢复了知觉。那一瞬间,穆青能清楚地感受到老人胸怀间的温热透过双脚传到全身,一直传到他的心里。

穆青张开嘴想对老人说句什么,只见在昏暗的灯光下,善良的老人还一直抱着他的腿吃力地按摩着,一双眼睛里满是慈祥与爱怜。刹那间,穆青突然想起远在千里之外的父母,一种亲人般的温暖漫过他的心,只觉得鼻子发酸,喉头哽咽,说不出话来,泪水顺着脸颊大颗大颗地落下……

后来,穆青在一篇日记中写道:"多少年过去了,这个雪原上的小屋,这个如慈父般的老人,一直深深印在我的脑海里,我常常告诫自己,你的这双腿甚至生命都是老百姓保护下来的,今生今世,无论任何时候都不能忘记他们。"

法国哲学家卢梭说过:"没有感恩就没有真正的美德。"不忘人民的哺育之恩,就是穆青的一种美德。

新华社原总编辑冯健是穆青同志的"老搭档"。据冯健等同志回忆,从20世纪70年代到90年代,穆青六访兰考、八下扶沟、四去宁陵、八进辉县、两上红旗渠。穆青虽身居高位,却与基层百

姓心心相印、鱼水相依。

同穆青交往时间最长的是河南林县的任羊成。1966年初，穆青第一次到红旗渠工地采访，听到许多关于任羊成的故事。20世纪50年代修建红旗渠时，任羊成整天腰里系着一根粗麻绳，在太行山的悬崖峭壁之间凌空荡来荡去，用撬棍和铁锤，清除山体爆破后残留的龇牙咧嘴的危石。年长日久，任羊成的腰被绳子勒出一块块血痕，每天晚上收工，腰间总是血肉模糊，脱不下上衣，疼得钻心。当绕行于太行山腰的这条"天上运河"竣工，清凌凌的渠水流进干涸的土地和山民的水缸时，任羊成腰里结出了一圈黑紫黑紫的疤痕，穆青说这是一条"血腰带"。任羊成的故事还没有讲完，穆青已泪水盈眶。

在此后的日子里，穆青总忘不了任羊成那条"血腰带"和他凌空荡来荡去的身影。1991年初，穆青邀请任羊成到北京小住。几天后春节将至，老汉要回太行山，穆青特意买了一袋大米、一袋白面，对任羊成说："带回去吧，和修红旗渠的老伙计们一起包顿饺子吃，表表我的心意。"

得知穆青去世的消息，任羊成泣不成声。几天后，75岁的任老汉来北京，一跨进穆青的家门，就颤颤巍巍地在穆青遗像前磕了三个头，放声大哭："再也见不上了，再也见不上了！"这是太行山区老山民对一位老友的礼拜！

穆青结识吴吉昌是1966年的事。那年1月，周恩来总理在中南海拉着吴吉昌的手说："老吴啊，你57，我67，咱们一起用20年时间，把毛主席交给的解决棉花落铃任务完成！"从那时起，穆青同吴吉昌就结成了"亲戚"。

1978年初,"十年动乱"刚刚结束,新华社国内部收到山西分社一篇稿件,内容是介绍吴吉昌的植棉经验,其中简略地提到这位劳模在"十年动乱"中遭受的迫害。这一情况引起穆青的注意,他约请采写这篇稿件的记者廖由滨来编辑部详谈。廖由滨说:"吴吉昌的事迹很动人,但处处涉及'文革'的阴暗面,没法写公开报道。"穆青想,记者要有面对严酷现实的勇气,即使生活令人痛心疾首,也不应闭目回避。于是,穆青重新组织力量,去山西深入采访。穆青、陆拂为、廖由滨反复研究,决定采用白描笔法,再现"文化大革命"特殊年代的典型环境,用具体事实和鲜明形象来表达主题思想。

1978年3月,新华社播发了《为了周总理的嘱托——记农民科学家吴吉昌》。在通讯的结尾处,作者写道:"历史揭开了新的一页,像吴吉昌这样的遭遇,连同产生它的时代背景,都一去不复返了……"尽管表达方式比较含蓄,但读者还是能够听懂话语中的"潜台词"。这篇作品获全国优秀报告文学奖,并被收入高中语文课本。

多次采访吴吉昌,两位老人成为"莫逆之交"。吴吉昌当过全国人大代表,到北京开会时常到穆青家里做客。1980年底,吴吉昌进京开会,特意带了两棵用新技术种植的半人高的棉株,一棵送给邓颖超大姐,一棵送给了老友穆青。又过了两年,吴吉昌拿出两斤试验田里长出来的长绒优质籽棉,让老伴弹得暄暄的,亲自带到北京。吴吉昌对穆青说:"絮个褥子铺在身下,你暖和了,俺心里也暖和了!"

三、勿忘人民的根本利益，谨防"惹怒上帝"的不正之风

1985年3月，新华社召开年度国内工作会议。在讨论新华社干部队伍素质问题时，我发言说，即使在封建社会，也有一些廉洁的人和品格高尚的人。郑板桥当了12年县官，却是"宦海归来两袖空"。难道我们共产党人的品格还不如郑板桥？！

刚说到这里，参加我们小组讨论的穆青说："小南，我插你几句话。郑板桥有一首画竹诗：'衙斋卧听萧萧竹，疑是民间疾苦声。些小吾曹州县吏，一枝一叶总关情。'我喜欢这首诗，因为我的思想与这首诗是相通的。你想，封建朝代的县太爷能够写出这样的诗，表现出关心民众疾苦的情怀，我们是人民记者、共产党员，理应做得更好，应该更加体恤民情。"

穆青还说："最近我在看《诸葛亮传》，诸葛亮被刘备请出山以后，大事小事都亲自处理，做到了'鞠躬尽瘁，死而后已'。虽然有人说诸葛亮有点'事务主义'，但这种责任心是相当感人的。他敢于承担责任，'失街亭'之后，上疏'请自贬三等'。而且，诸葛亮不谋私利，身居高位，就在'公共食堂'吃饭。去世前，诸葛亮在写给后主的一份表奏中说：'成都有桑八百株，薄田十五顷，子弟衣食，自有余饶……若臣死之日，不使内有余帛，外有赢财，以负陛下。'诸葛亮死后，家里就只有一点田地和800棵桑树。"

穆青说："关于诸葛亮，我在日记里记了一大段。共产党人应该学习诸葛亮的精神与品德。"

这是我头一次近距离聆听穆青的教诲。这一年4月，我担任了新华社总编辑室副总编辑，10个月后又担任了总编辑室总编辑。同穆青朝夕相处，经常会听到他对不正之风的抨击。

1986年1月中下旬，新华社召开国内工作会议。穆青在讲话中对"拜金主义"提出尖锐批评。他说，有些人把商品交换的关系带到我们队伍中来了。他们不是把自己的职责和党的事业放在第一位，而是把个人的利益放在第一位。不讲尽职尽责，处处讲价钱，把新闻工作者变成了庸俗的商人。一切都是金钱，把荣誉、党性原则、个人灵魂都变成商品，不择手段地要钱，唯利是图，实在危险，实在应该引起我们的警惕。

这是27年前穆青讲过的一段话，今天重温这些话语，仍然是"振聋发聩、令人深省"！

穆青坚守"勿忘人民"底线，自觉维护人民利益，在农村第一步改革初期体现得也很突出。1976年10月粉碎"四人帮"，我国农村遭到破坏的生产力亟待恢复。但是，由于"左"的政策未能及时纠正，1977年刮起了一阵"过渡风"：人民公社基本核算单位由生产队向生产大队过渡，认为农业要大干快上，实现生产大队核算势在必行。"穷过渡"侵害了农民利益，不少地方杀猪、砍树，人心惶惶，怨声载道。"左"的政策惹怒了"上帝"，农民很不高兴。

1977年11月下旬，我从济南赶到北京，参加新华社国内部召开的农村记者座谈会。与会的20多名农村记者强烈要求总社如实向中央反映农村情况，反映农民群众的呼声和要求，建议中央采取更加开放的政策，扶持各地为改变贫困面貌大胆探索。

听了大家的发言，穆青心里很不平静。他说："大家都有一股子干劲，要让农村来一次革命。革命是怎么发生的？就是到了再也维持不下去了，才会爆发革命。现在大家觉得要爆发革命，认为有爆发革命的必要，事情就好办了。没有这种精神状态，就不能改变农村的面貌，就不能改变我们国家的面貌，也就不能改变农村报道的面貌。要革命，就要换一种思路，换一条路子走。过去那条路走不通了，实践证明是错误的路，就要把那一套东西推倒。推倒旧事物，肯定会有阻力，会有干扰。对于新闻工作者来说，最大的干扰就是我们脱离实际、脱离群众。要改革，首先要从这里改起。我们的农村记者要深入基层调查研究，要密切联系实际、密切联系群众，要反映人民群众的要求和呼声。"

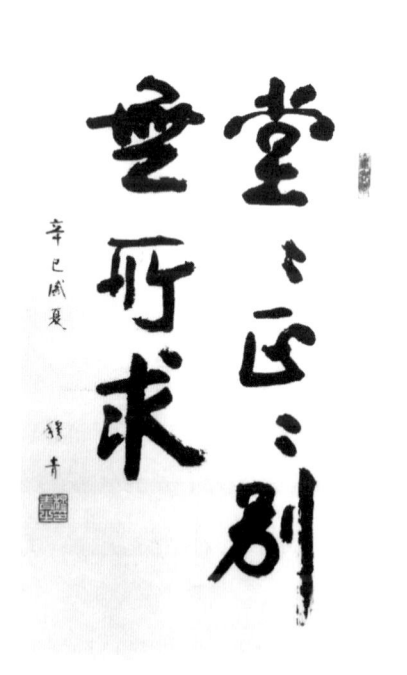

许多人知道，十一届三中全会前后新华社农村记者采写了大量反映中国农村实际的报道，除了与会者，很少有人知道穆青这段充满激情的讲话。2003年10月11日穆青同志不幸逝世，为了寄托哀思，我写了一篇题为《堂堂正正，别无所求》的悼念文章，专门从笔记本上把这段话摘抄了下来。正是穆青同志的"胆"与"识"，激励着新华社的编辑、记者。从20世纪70年代末到80年代初，新华社数以百计的农村记者深入到穷乡僻壤，采写了大量推进农村改革的稿件，为亿万农民摆脱贫困作出了积极贡献。

2001年夏天穆青为作者题写的"堂堂正正 别无所求"。

"勿忘人民根本利益",还体现在对不正之风的鞭挞上。1966年2月7日,新华社播发了穆青、冯健、周原合作采写的长篇通讯《县委书记的榜样——焦裕禄》。1990年夏天,在焦裕禄逝世26年之后,穆青、冯健、周原又采写了《人民呼唤焦裕禄》。

《人民呼唤焦裕禄》的前两部分写焦裕禄逝世后一批又一批年轻干部走上县委书记、县长的领导岗位。他们经过实践磨炼,不少人身上闪现着焦裕禄的精神风貌,成为新时代大潮的中流砥柱!第三部分话锋一转,开始揭露新形势下存在的种种消极腐败现象:

少数干部经不起执政和改革开放的考验,受到不正之风的影响和腐朽思想的侵蚀。他们把为人民服务的宗旨抛到了九霄云外,背离人民,违法乱纪,成为大潮奔泻中的泥沙。有些地方干群关系紧张,干部作风不正,官僚主义严重,有禁不止,有令不行,甚至滋长了腐败现象。

有的人随意侵犯群众利益,乱收费、乱摊派、乱罚款,一切向钱看。群众气愤地把这"三乱"比作新的"三害"。

有的人挥霍公款大吃海喝,群众指着他们的脊梁骨说:"你们把酒杯捏扁了,把筷子吃短了,把椅子坐散了。"

有的人不为群众办事,只顾自己"窝里斗",对群众疾苦视而不见,充耳不闻。

有的人弄虚作假,文过饰非,还向上邀功请赏,争名争利。

有的人贪赃枉法,胡作非为,不只自己侵吞公款公物盖私房,还为亲朋故旧、七姑八姨谋私利、捞便宜……

有一个老贫困县,十年九灾。全县128万亩耕地,有123万亩旱不能浇，涝不能排；人均收入 200 元以下，温饱问题一直没有解决。那里的干部本该发扬焦裕禄精神，咬紧牙关，艰苦奋斗几年，领导群众摆脱贫困。但令人痛心的是 1988 和 1989 两年，这个县一面吃着国家救济粮，用着国家救济款，一面竟然作出决定，让下级机关给领导干部"送红包"；而全县得"红包"金额最多的是原县委书记。这些腐败现象使广大群众心不平，气不顺，在干群之间、党群之间无形中筑起一道高墙，它隔断了党与群众的联系，玷污了党的形象，造成了许多不安定因素。

《人民呼唤焦裕禄》初稿写出之后，穆青约请《经济日报》总编辑范敬宜与冯健、周原一道，对稿件进行推敲，我也参加了这次"会诊"。在场的人中，我年纪最轻，穆青说："小南，你来读。读一段，大家议一段。"当我读完上面这一大段文字时，穆青插话说："这篇文章的价值在于揭露官僚主义和腐败现象。'千金易求，人心难得。'这是自古以来中国人民的箴言，也是关系我们党盛衰兴亡的一个大问题。不揭露这些问题，就不足以说明 26 年之后人民群众为什么还在呼唤焦裕禄。《人民呼唤焦裕禄》这篇通讯就是要为各级领导干部敲响警钟！"

这就是"勿忘人民"的现实意义！

这就是"勿忘人民"的警示价值！

【注释】

①卫建林：《毛泽东关于党同人民群众关系问题的独创见解——纪念毛泽东诞辰 117 周年》，载《红旗文稿》2010（24）。

②荔红:《领导干部要多"识水性"》,载《人民日报》2013-07-03,第4版;李魁彩:《跟毛泽东行读天下》,北京:当代中国出版社,2013。

③李光彩:《红墙内第一代女摄影家舒世俊回忆毛泽东》,载《党史文苑(纪实版)》2013(3)。

(本文是2013年9月13日南振中在郑州大学党委中心组学习报告会上的讲话)

珍惜回母校深造的机会

首先感谢母校为我提供了返校深造的机会，感谢新闻与传播学院老师和校友对我的信任与期待，还要感谢各位领导在百忙之中挤出时间出席今天的会议。

2013年3月中旬我卸下全国人大常委会委员、全国人大外事委员会副主任委员的担子。早在2012年12月28日，我就发函辞去北京华育助学理事会副会长一职，紧接着提出不再担任中国人大新闻奖评委会主任和中国人大制度新闻协会名誉会长的请求。我选择"全退"，主要是为了兑现23年前对家人的一句承诺。

1986年1月14日，我担任了新华社总编辑室总编辑，在这个岗位上度过了7899个日日夜夜，上不能尽孝，下没有尽养育之责，愧对父母、愧对妻子、愧对孩子。1990年我48岁生日时曾对家人作过承诺：60岁我准点退休，一定抽出时间孝敬母亲、照顾老伴、教育儿孙。

就在我临近退休之际，中央任命我为新华通讯社总编辑，退休年龄延至65岁。2003年3月，我被选为十届全国人大常委会委员、全国人大外事委员会副主任委员，2008年3月，在十一届全国人大一次会议上我又再次当选。如今我71岁，比当年承诺的退休时间推迟了11年。辞去各种社会兼职，回归家庭，兑现承诺，是我唯一的选择。

没有料到的是，2013年3月3日，母校郑永扣书记向我提出担任郑州大学新闻与传播学院院长的要求。退休以后的时间本来是留给老伴和孩子们的，接受不接受邀请，必须征求老伴的意见。老伴陈瑞芬是我在郑州大学学习时的同班同学。她说："'教书育人'是行善积德的好事；郑州大学是咱们的母校，对这一要求，'婉拒'了不好！"这次破例接受母校的聘任，主要是"母校情结"起了作用，可以说是两个郑大校友共同作出的选择。

我常住北京，不可能像各位领导那样处理学院繁重的日常工作。征得郑永扣书记和各位校领导的同意，学院各项工作仍由原来的党政领导班子负责。未来几年，我将根据母校和学院的安排，做好三件事：

第一，调查研究，向老师和同学请教。今天上午召开了教职工座谈会，议题是：您认为在我国中西部地区新闻院校中，郑州大学新闻与传播学院有哪些明显优势，办学特色是什么，怎样强化这一优势和办学特色？您认为学院在哪些方面还有发展潜力？出这几个题目，就是为了向教职工请教。郑州大学领导同志提出要努力打造优势和特色学科。新闻与传播学院应该认清自己的"比较优势"，凭借鲜明的"比较优势"，在中西部地区新闻院校中独树一帜。在探寻"比较优势"的过程中，我可以多少起一点参谋作用。

第二，德国哲学家雅斯贝尔斯认为，学生在大学里不仅要学习知识，而且要从教师的教诲中学习研究事物的态度，培养影响其一生的科学思维方式。每年新生入学，我将选择"学习点亮人生"等带有共性的问题，与年轻校友交流沟通，期待入学新生一融入学院的环境，就能从道德情操、治学态度、思维方式等方面受到启迪。

第三，英国哲学家怀特海认为，"成功的教育在其所传授的知识中必须具有一定的新颖性"。根据这一原则，我将对40多年的新闻从业经历进行梳理，选择若干个与现实需求相衔接的新闻学专题，通过讲座、座谈等形式，力求把相对新鲜、较为有用的知识呈现给学生。

"活到老，学到老"这句话激励着我孜孜不倦地学习。未来岁月，我会珍惜返校深造的机会，虚心向老师学习、向年轻校友学习。年逾古稀之人不敢奢望学有所成，但可追求"学有所得"。真诚希望母校各位领导、各位老师、各位校友不吝赐教。

（本文是2013年4月2日南振中在郑州大学新闻与传播学院院长聘任会上的讲话）

警惕校园中的"快活三里"现象

2013级新生是河南高考赛场的佼佼者。从收到录取通知书那一刻起,你们就盼望着走进航拍照片展示过的美丽校园、佩戴上郑州大学闪闪发亮的校徽,盼望着与老师和同学们早日欢聚。如今你们终于如愿以偿。我代表新传院党总支书记焦世君,代表全院师生,向你们表示热烈欢迎!

高中生是最辛苦的群体。高考前的冲刺阶段,你们中的不少人从凌晨苦读到深夜。大学的学习环境、学习方式、学习氛围与高中明显不同:高中生奋斗目标单一,大学生追求的目标多元;高中生学习主要靠"灌输",大学生学习主要靠"领悟"。走进大学校门,家长不可能再在你们耳边"唠叨",老师也不会整天盯着你们,催促你们读书。"自主学习""自我管理"必然导致"两极分化":部分学生珍惜来之不易的大学时光,刻苦吸收各类知识,努力提高专业素养;少数学生可能会放纵自己,白天睡觉,夜晚上网,周末逛街,假日聚餐,潇洒地消费着自己的青春。

不知道你们中间有没有人登过泰山。泰山中天门以北有个"快活三里",地势平坦,凉风习习,景色怡人。从山下艰难地攀登到中天门，非常疲劳，到了"快活三里"，真有一种"快活似神仙"的感觉。许多游客在这里歇息，观赏中天门景色。可是，挑着百十斤重担的"挑山工"从来不敢在这里久留。一位"挑山工"曾经告诉我，在这里休息的时间长了，腿容易"发懒"，再上前面的"十八盘"，就更加困难了。

同学们！你们现在所处的境地有点像泰山的"快活三里"。从小学到现在，你们的确付出了比同龄人多得多的心血和汗水。然而，现在还不是"潇洒"的时候，在你们面前是陡峻的"泰山十八盘"，1600多个台阶正等待着你们去攀登，这是引导你们成为优秀新闻人才的"天门云梯"。

2013年8月29日，《人民日报》刊登了一篇题为《如果求学时代再来一次》的文章。署名"跨越式过冬"的网友说："我最希望回到大学时代。希望听从校长的建议，每周读一本书；希望听父母的话，像高中时期那么努力学习；希望自己能懂得珍惜，不把时间浪费在无聊的事情上。"

为了几年后的成功，建议你们思考四个问题：

一、你们为什么选择郑大新传院，为什么喜欢从事新闻工作

这不是一个新问题，而是一道"跨世纪猜想"。1931年4月1日，《大公报》总编辑张季鸾写了一篇题为《新闻记者根本的根本》的文章，投寄燕京大学新闻系，开宗明义地询问新闻系学生为什么想做新闻记者？为什么入新闻系？张季鸾认为在成为新闻记者之前，有两层道理必须觉悟：

"第一，或者有人想，做记者可以得到物质上优厚的享受，这是错误。中国经济发达以后,经营报业的人可以获利,但是单纯做一个记者,靠薪水吃饭,我想在二三十年内,恐怕很难有得到优厚酬报的……所以从平凡而正当的途径上讲,做记者大概要一世穷。"

"第二,或者以为记者这种职业好玩,有兴趣,这话不假……不过诸君要知道,有兴趣的另一面,是格外劳苦。"

既然如此,你们为什么还要选择新闻学、广播电视新闻学、广告学专业?为什么选择待遇不高而又吃苦受累的新闻工作?这个问题属于"开放式问卷",没有整齐划一的"标准答案",也不要求你们立即回答。你们可以独立思考,慢慢品味和领悟,也可以与同室好友相互切磋。一旦你们把这个问题想明白了,你们就会自觉地爱上新传院,喜欢上将要贡献一生的新闻职业。这种自觉是愉快学习的动力之源。

二、你们到郑大新传院想学什么,在大学阶段你们期待收获什么

美国教育家弗莱克斯说过:"大学是这样一种机构:它自觉地献身于对知识的追求。"德国哲学家雅斯贝尔斯说过:"学生在大学里不仅要学习知识,而且要从教师的教诲中学习研究事物的态度,培养影响其一生的科学思维方式。"北京大学经济学教授厉以宁则认为,年轻人到北大"是来开阔视野的"。真是"仁者见仁,智者见智"。你们可以对其中的一种、两种或者三种表示认同,也可以在此基础上综合提炼,提出自己的新见解。无论作何选择,有三点可以告诉大家:一是新传院几十名教师中不乏专家、教授和学术领军人物。他们是你们的导师和朋友。善于梳理问题、思考问题和提出问题的学生,可以大胆地向他们请教。二是根据2013年5月师生代表提出的建议,孙保营副书记与新传院的专家、教授共同草拟了《郑州大学新闻与传播学院学生必读书目》,其中"人文社会科学通读类"100本,"专业基础类"80本。这些书读完了,可以为你们搭建起新闻工作者的"知识框架"。三是郑州大学图书馆有778万册藏书、3000多种中外文期刊、30多个中外文数据库。有求知欲望的年轻朋友不必为没有书籍而发愁,你们可以在知识的海洋里尽情泛舟。

三、是毕业后才开始锻炼自己的"新闻发现力",还是从现在起就注意培养自己的"新闻发现力"

2013年9月14日,作者出席郑州大学新闻与传播学院2013级新生开学典礼,并以"警惕校园中的'快活三里'现象"为题致辞。

有的新生可能会问："作为学生，还没有走向社会，怎么'发现'？"如果反问一句"大学校园是不是社会的组成部分"，你们该怎么回答？郑州大学有46个院（系），在校学生六七万人，是一个"小社会"。近六千名教职工中，既有两院院士、知名教授、国家教学名师，又有国家杰出青年基金获得者、国家级有突出贡献中青年专家和"中原学者"，他们的成才之路大都带有传奇色彩，难道不值得向省内外推介？

再说"载体"。郑州大学有校办报刊和网站；河南省和郑州市有许多报纸、电台、电视台。全国各地的新闻媒体就更多了。从新传院的实践经验来看，刚刚送走的2013届毕业生，学习期间在人民日报、新华社、中央电视台、光明日报、工人日报、第一财经日报、河南日报、大河报和一些知名网站发表的新闻作品数以千计。在"人人都有麦克风、人人都有摄像机"的时代，新传院的学生应该成为"校园新闻"的采集者和传播者；新传院有可能成为郑州大学不挂牌子的"对外新闻传播部"。几年之后，当你们把学习期间撰写的《新闻作品选》送到新闻单位时，负责招聘工作的专家会对你们的专业素养和动手能力作出公正评价。

四、你们的理想信念是什么，你们准备把自己锻炼成为什么样的人

2003年7月，我的《与年轻记者谈成才》一书脱稿，82岁高龄的穆青同志为这本书写了一篇序言。穆青认为年轻记者成才的先决条件是做一个堂堂正正的人。他说："做人是第一位的，成才是第二位的。如果连人都做不好，还谈什么成才！即使成了'才'，也是'歪才'。"没有想到，这篇写于2003年8月1日的序言，竟成为穆青同志公开发表的最后的文字。这篇序文洋溢着老一代新闻工作者的高尚情怀，体现了他们一生的追求，充满了对后来者的殷切期望。稍后同学们将面向穆青塑像宣读誓言，在未来的岁月里，相信你们对这一问题会作出负责任的回答。

同学们！2013年7月12日"世界后悔日"前夕，国外研究机构公布了一份调查报告，结果显示：72%的人后悔"年轻时努力不够"。在我国，不少网友留言说，一生中最后悔的事情是"上大学时没有好好学习，以致事业无成"。为了对得起你们的父母、对得起你们的青春，为了实现中华民族的伟大复兴，也为了将来少一些后悔和遗憾，希望你们不要在"快活三里"歇息得太久。只要永葆纯真、永葆自信、永葆勤奋，今天的入学新生，几年之后就会成为母校的骄傲。

真诚地祝福你们！

（本文是2013年9月14日南振中在郑州大学新闻与传播学院2013级新生开学典礼上的讲话）

心中别有欢喜事　向上应无快活人

今天的会场洋溢着青春的气息，一走进来，我就被你们的纯真、快乐和自信所感染。

别看我满头白发，我也曾经年轻。55 年前刚上大学时，跟你们的年龄差不多。那时还没有扩招，一个村子出不了几个大学生。走进大学校门，兴奋了好多天！

中文系辅导员郭双城老师送给我一句话：

"心中别有欢喜事，向上应无快活人。"

后来书看得多了，才知道这句话的知识产权属于唐代诗人白居易。"欢喜"是佛家词语，指的是心灵的愉悦，它与肉体的"快活"是两个概念。按照星云大师的解释，一个人心中别有向往、别有追求、别有期许，就会放弃许多世俗的"快活"，心甘情愿地吃苦受累，从而达到更高的人生境界。

从古到今，许多人喜欢这句诗。清末民初书法家、篆刻家吴昌硕以这两句诗为题材，创作了一副篆书联。20 世纪 60 年代，毛泽东同志的秘书田家英在杭州西泠印社看到这幅作品，爱不释手，便买了下来，挂在家里，作为自己的座右铭。

"心中别有欢喜事，向上应无快活人！"今天我把半个世纪以前辅导老师送给我的这句话转赠给你们。50年后，你们事业有成，"返校日"也许会聚在一起，希望你们中间有人还能记起这句话。让我们用一百年时间，共同讲述一个郑州大学"薪火相传"的故事。

衷心祝愿大家珍惜大学时光，为了明天，为了理想，好好学习、天天向上！

（本文是2015年9月13日南振中在郑州大学新闻与传播学院2015级新生开学典礼上的讲话）

毕业生是母校的"形象代言人"

古人用"十年寒窗"形容学子长期刻苦读书。同学们从小学一年级到现在，苦读了五六千天，比"十年寒窗"还多6到8年，就凭这一点，谁敢说我们的"90后"大学毕业生不能吃苦！

今天，你们学成正果，即将戴上学士帽和硕士帽。家长为你们骄傲，老师为你们自豪，就连你们的邻居也会议论："你看谁谁谁家的孩子多有出息！"你们是毕业典礼的主角。让我们把最热烈的掌声送给2013届的全体毕业生。在这激动人心的时刻，我们愿意分享你们的荣誉与快乐！

同学们！在你们即将离开母校的时候，不能只讲机遇不讲挑战，也不能只讲顺境不讲逆境。我要坦诚地告诉大家，你们一走出校门，就会面对就业的困境。2013年，全国普通高校毕业生699万人，比去年增加了19万人，在我国教育史上创下最高纪录。据教育部2013年2月初对近500家用人单位的调查，2013年计划招聘岗位数比上年平均降幅约为15%。部分毕业生对就业前景感到担忧，少数毕业生甚至感到焦虑，这并非杞人忧天。

为了应对挑战，我向同学们推荐一篇短文，题目是"铅笔有多

少种用途"。

美国纽约有一所穷人学校,数十年间,该校的毕业生在纽约警察局的犯罪记录最低。这是为什么?一位研究者通过对该校毕业生的问卷调查,得到了一个奇怪的答案——因为该学校的学生都知道铅笔有多少种用途。

原来在这所学校,学生入学后接受的第一堂课就是"一支铅笔有多少种用途"。比如,可以用来写字,也可以当尺子画线,笔芯磨成粉可做润滑粉,削下的木屑可以做成装饰画。通过这一课,老师让学生们懂得了一个道理:拥有眼睛、耳朵、大脑和手脚的人更是有无数种用途,并且任何一种用途都足以使一个人有尊严地生存下去。这种教育的结果是:从这所学校毕业的学生,无论他们的处境如何,都生活得非常快乐,因为他们永远对未来充满希望。

天有不测风云,没有谁在一生中总是一帆风顺。当你们遇到困难、挫折甚至觉得"走投无路"的时候,不妨读一读《铅笔有多少种用途》。这篇短文也许能给你们增添一点勇气、智慧和力量。

同学们!当今社会,越来越多的企业重视形象代言。你们可曾想过,谁是高等学府的"形象代言人"?郑州大学新闻与传播学院的形象代言人不是演艺界明星,而是人品、文品俱佳的优秀毕业生。走出校门,你们中的每一个人都自觉或不自觉地成为母校的"形象代言人"。你们的言行,你们的作风,你们的业绩,会演绎成用人单位"口口相传"的故事,积以时日,会形成一种"品牌效应"。我想就"形象代言"问题提几点建议,愿与大家共勉。

第一,要有坚定的理想信念。 当代大学生的理想信念建立在对科学理论的科学认同上，建立在对我国基本国情的准确把握上。大家知道，缺钙会导致骨质疏松。有了坚定的理想信念，就有了一种"内在的坚定性"，可以避免"精神缺钙"。正因为如此，坚定的理想信念应该成为母校"形象代言人"的最宝贵的品格。

第二，要踏实肯干。在参加集体劳动时，谁愿意同"耍奸磨滑"的人分在一个小组？用人单位更不喜欢"耍奸磨滑"的人。1964年3月，新华社制定了《工作人员培养规划纲要》，提出用7年时间增加编制2000人。当年计划从河南省高校中文系招收18名应届毕业生。因为郑大是一所新学校，第一年只给了8个名额，另外10个名额拨给了另外一所学校。经过一年试用，新华社发现郑大毕业生有一个显著特点，就是踏实肯干。第二年，河南省的18个名额全都给了郑州大学。由此可见，"踏实肯干"是用人单位评价应届毕业生的一项硬指标，这应成为母校"形象代言人"的基本品格。

第三，要爱岗敬业，不要三心二意。同一所大学毕业的年轻人，到工作岗位之后为什么会出现差异？爱岗敬业的程度是一个决定性因素。假设人的聪明程度可以用从一到十的数字来表示，"十分聪明"的人小算盘打得很勤，只舍得把"八分聪明"用到工作中去，另外"两分聪明"用到患得患失上去了；"九分聪明"的人杂念较少，舍得把全部聪明才智用到本职工作中去。几年之后，哪一个毕业生进步得更快一点呢？当然是"九分聪明"的人。实践证明，在工作岗位上"不分心"或者"少分心"的人，成才的机会就会多一些；对待工作三心二意，即使"聪明绝顶"，也难成正果。因此，"爱岗敬业"应成为母校"形象代言人"的基本品格。

第四，要勇于创新。创新是民族进步的灵魂。用人单位不喜欢因循守旧、不思进取、坐享其成的人，常常把机会留给善于创新的人。你们正值青春年华，最具创造精神和创造能力。要上下求索、开拓进取、创新创造，争取早日取得丰硕成果。勇于创新应该成为母校"形象代言人"的基本品格。

第五，要具备"再学习"能力。从学校到工作岗位是人生旅途的重大转折。要适应新的环境，单靠在学校学习的书本知识是远远不够的，必须具备"再学习"的能力。这好比汽车加油。汽车设计师为了让"嘎斯69"越野吉普车多跑一段路程，不仅设计了60公升的主油箱，而且设计了25公升到30公升的副油箱。在汽车出厂的时候，即使工人替你把主油箱和副油箱全都灌满，按照每公升汽油跑7千米来计算，充其量能从郑州开到北京。你们必须学会加油，必须知道什么地方有加油站，在什么时间、用什么方式加油。要根据新的工作需要，随时补充新的知识。较强的"再学习能力"应该成为母校"形象代言人"的基本品格。

一届接一届的毕业生，按照母校"形象代言人"的标准展示自己的才华，用人单位对你们赞不绝口，就会形成良好的口碑。这是母校在中西部崛起的"金字招牌"。

你们的付出既有利于你们自身的成长，也是在为学弟、学妹日后就业铺路。若干年后，一些用人单位会把郑大新传院的毕业生看作信誉度较高的"知名品牌"。毕业典礼前夕，他们派出的代表就会蜂拥而至，争先恐后地同你们的学弟、学妹签约。从中、长期发展趋势来看，这种场景不是梦！

衷心祝愿你们在社会实践中实现自己的人生梦想！你们的杰出表现会促使母校各项事业蒸蒸日上！

同学们！母校永远是你们的精神家园和温馨港湾。相信你们会像思念母亲那样，怀念母校。如有闲暇，期待同学们常回家看看！

（本文是 2013 年 5 月 24 日南振中在郑州大学新闻与传播学院 2013 届毕业生毕业典礼暨学位授予仪式上的讲话）

走出校园"不要怕"　30年后"不要悔"

历经十多年苦读，你们像鼓足风帆的舰船，即将离开母校，驶向辽阔的"社会海洋"。

你们前程似锦，但未来绝不会一帆风顺。2014年，全国高校毕业生727万，比号称"史上最难就业年"的2013年增加了28万。《2013典范企业人才招聘状况报告》显示，100家"最佳人力资源典范企业"2014年计划招聘大学毕业生数量比上年下降7.3%。离开校园，你们遇到的第一道难关就是寻找就业岗位。在纷繁复杂的社会生活中，你们还会遇到许多不尽如人意的事情：第一份工作是否称心如意？在单位里能否与同事和谐相处？技术更新速度加快，会不会因为自己知识陈旧而被淘汰？面对诸多压力，你们有没有勇气去应对？怎样才能实现真正的"自立""自强"？这是社会给你们出的"人生考题"。我虽然无权"替考"，但可以把从网上看到的一则故事讲给你们听。

从前，一个年轻人准备离开故乡，踏上人生的新征程。动身之前，他去拜访本族的族长，请求指点。族长正在练字，顺手写了3个大字："不要怕"。老族长望着年轻人说："孩子，人生的秘

2014年5月23日,作者在郑州大学新闻与传播学院2014届毕业生毕业典礼上谈《走出校园"不要怕" 30年后"不要悔"》。

诀只有 6 个字，今天先告诉你 3 个字，供你半生受用。"

离家 30 年后，这个年轻人有了一些成就，也遇到了许多伤心事。归程漫漫，回到家乡。他去族长家拜访，得知老人已经去世。族长的家人取出一封信，说："这是族长生前留给你的，他说有一天你会回来。"还乡游子拆开信封一看，信纸上赫然写着 3 个大字："不要悔"。

"走出校园不要怕、30 年后不要悔"，这是母校送给你们的临别赠言。

为什么强调"走出校园不要怕"？心理学家研究发现，当人们觉得靠自己的力量无法完成一件事情时，会产生一种恐惧感。勇敢地面对现实，开发和调动自己的潜能，伴随着一次次的成功，恐惧感就会逐渐消失。"走出校园不要怕"，靠的是内心深处的强大力量，这是一种"内在的坚定性"。郑大新传院 2014 届毕业生应建立起四种自信：

一、理想信念自信

新传院以穆青提出的"勿忘人民"为"院训"。在长达 60 年的新闻生涯中，穆青牢记党的新闻工作者的神圣责任，忠实反映人民群众的愿望和呼声。他与冯健、周原合写的《县委书记的榜样——焦裕禄》等著名新闻作品，教育和影响了几代人。只要我们像穆青同志那样，坚持党的"群众观"，做到勿忘人民的主体地位、勿忘人民的哺育之恩、勿忘人民的根本利益，就能从人民群众中汲取智慧和力量。有了这种理念上的自信，郑大新传院毕业生不用怕！

二、吃苦敬业自信

我从互联网上看到这样一段话:"这世界上真有成就的往往不是第一流的聪明人,而是第二流的聪明加第二流的愚笨的那种人。"人太聪明,就不肯做傻事,舍不得花笨功夫,不肯找难题让自己受苦,所以,他就没有希望了。值得庆幸的是,经过体检,你们中间尚未发现"第一流愚笨"的人。"第一流的聪明人"可能会有,但也不多。因此,你们中的多数人具备了作出成就的基本条件。只要自觉克服"第一流聪明人"的弱点,舍得花笨功夫,找难题让自己受苦,爱岗敬业,默默奉献,你们的成功指日可待。这是你们取得成就的"不二法门",是你们的希望所在。有了这种吃苦敬业的自信,郑大新传院毕业生不用怕!

三、专业素养自信

在校期间你们撰写了那么多的新闻作品,在核心期刊发表了那么多的优秀论文,在大学生作品大赛中获得了那么多的奖项,这足以说明你们具有应对挑战的学识和能力。有了这种专业素养自信,郑大新传院毕业生不用怕!

四、学习能力自信

从学校到工作岗位是人生旅途的重大转折。要适应新的环境,单靠在学校学习的书本知识是远远不够的,必须具备"再学习"的能力。2014年4月"世界读书日"前夕,郑大新传院发布了《推荐阅读书目》,要求大学生在校期间阅读200本各类书籍。近几年世界每年出版图书50多万种。即使你们将《推荐阅读书目》所列书籍全部读完,与海量知识相比,也不过是"沧海之一粟"。可喜的是,

母校浓郁的文化氛围陶冶了你们的情操，促使你们养成了良好的读书习惯。许多同学不仅萌生了获取知识的欲望，而且摸索到了获取知识的新途径，掌握了获取知识的新方法。有了这种学习能力自信，郑大新传院毕业生不用怕！

同学们！莎士比亚说过："患难可以试验一个人的品格；非常的境遇方才可以显出非常的气节；风平浪静的海面，所有船只都可以并驱竞胜；命运的铁拳击中要害的时候，只有大勇大智的人才能够处之泰然。"2044年5月23日，是你们毕业30周年纪念日，不少同学将返校参加校友聚会。到了那个时候，你们年过半百，历经千锤百炼，遍尝酸甜苦辣，深知"事业有成"背后的艰辛与付出。笑谈中，也许有人会记起"走出校园不要怕、30年后不要悔"的临别赠言。不论你们取得成就是大还是小，不论你们是清贫还是富有，也不论你们职位的高低，面对赤诚的老师和校友，只要你们敢对自己说一句"今生无悔、问心无愧"，老师和校友就会感到欣慰。

衷心地祝福你们，孩子们！

（本文是2014年5月23日南振中在郑州大学新闻与传播学院2014届毕业生毕业典礼上的讲话）

从母校带走一把"钥匙"

两个月前，高等院校应届毕业生就在互联网上谈论离校前一定要做的事情：在太阳还没有升起来的时候去操场跑一次步；校园里如果有山，就再爬一次山；记下同窗好友的联系方式；拜访你最尊敬的老师；尽可能送每一个你愿意去送的同学，要知道，他们中的某个人也许今生今世不会再见。

这些事情都值得一试，但更值得深思的是新传院一位同学提出的问题："大学是生命中一个重要的求知阶段，在大学生涯中，您得到的最大一笔财富是什么？"2015年4月3日，我把这道问答题转送给新传院即将毕业的30位同学。下面是回收的几份答卷：

陈丽颖：学习成绩、学习技能并不是我在郑州大学新闻与传播学院最大的收获，我获得的精神财富是内心的富足。我开始懂得了哪些是我擅长的、哪些是我薄弱的，这种体悟归功于在新闻与传播学院学习、生活的经历。现在我可以肯定地说："走出校园我不怕！"

韩婕：大学四年我遇到了种种挫折，支撑我不断克服困难并使我愈发坚强的动力是对待困难的态度——我认为困难和挫折终将转化为财富。

2015年5月25日，郑州大学新闻与传播学院部分师生在"勿忘人民"院训碑前合影。

夏厦：在大学生涯中，我得到的最大一笔财富是学会了选择，这是一个人成熟的标志。一旦作出选择，就要为其所有的后果负责。只要在自己选择的道路上坚持走下去，勇敢拼搏，我就不会后悔！

袁露：母校让我意识到了学无止境。在准备研究生复试期间，我重读了低年级专业书籍，发现很多之前认为无趣的理论对我很有帮助。未来岁月，我一定要刻苦钻研、认真读书，追求理想信念自信、吃苦敬业自信、专业素养自信、学习能力自信，争取做到"走出校园不要怕、30年后不要悔"！

无需一一列举，仅从以上这几份答卷就可看出，你们真的长大了！

1956年，郭超人从北京大学中文系毕业。由于去西藏工作的通知书下来了，为了抢在大雪封山以前赶到拉萨报到，他无法等待与其他同学一道去领取毕业证书，也来不及参加学校组织的隆重的欢送会，只是带着一件他认为最有象征意义的纪念品——曾经居住过的学生宿舍的房门钥匙，便匆匆忙忙登上了西去的列车。当时，郭超人是以"挂失"的名义，赔偿了宿舍管理部门5角钱，才带走这把钥匙的。

在离开北京大学的最初几年，无论郭超人走到哪里，身边总带着这把钥匙，他将这把钥匙看作北大最有特色的象征。后来成为我国著名记者和新华社负责人的郭超人回忆说，正是这把钥匙为他打开了人类知识宝库的大门，使他看到了一个浩如烟海的伟大世界；正是这把钥匙为他开启了人生的通道，使他得以投身到一个为真理而斗争的战场。这把小小的钥匙为他增添了克服困难的勇气和力量。

我并不是鼓励你们用"挂失"的方式把母校宿舍的钥匙带走。当然，如果大家有兴趣，将来新传院可以购买一批"纪念钥匙"，每把钥匙都附上一张精美卡片，写上宿舍楼号、房号、床位号、入住时间和室友姓名，作为你们大学生活的纪念。不过，有形钥匙并非必需，重要的是离开母校之前要想清楚"在大学生涯中，你得到的最大一笔财富是什么？"母校留给你们的精神财富，将会成为你们开启"知识之门"和"人生通道"的金钥匙。

（本文是2015年6月19日南振中写给郑州大学新闻与传播学院2015届毕业生的临别赠言）

"准记者"的新闻发现力

为了给新闻与传播学院学生提供实践平台,郑州大学党委宣传部批准组建了学生通讯员队伍。今天安排一次学生通讯员座谈会,就"'准记者'的新闻发现力"问题与大家交流沟通。

先讲一个故事:

2013年9月30日,《中国教育报》刊登题为"郑州大学五名保安考上名校研究生"的消息。报道说,郑州大学保卫处王强强等五名校卫队员,分别被西南政法大学、北京航空航天大学、郑州大学、华南理工大学、河海大学录取,成为在读硕士研究生。2009年王强强高中毕业后,从农村老家来到郑大当上了一名校卫队员。几年间,在完成值班和巡逻工作之余,靠自学考试先后获得大学专科学历和本科学历,并于2013年6月以高分考取了西南政法大学宪法学与行政法学专业硕士研究生。

郑州大学五名校卫队员考上名校研究生的消息被报道之后,在互联网上引起围观。有网友戏称:"想考研的学子们,现在要首先考虑去郑大做保安了!"在郑大南校门值班的一名校卫队员上年考研失利,但他不灰心、不放弃,业余时间仍在继续努力拼搏。不少

2014年6月18日，作者与郑州大学师生谈《"准记者"的新闻发现力》。

大一新生表示："连'保安哥'都这么刻苦，我们更要珍惜大学的学习时光！"

　　需要说明的是，这一新闻线索并不是专职记者最早发现的。郑州大学新闻中心记者团一名成员曾前往郑州大学保卫处了解有关情况，准备采写一篇"郑大保安考上名校研究生"的新闻稿。由于有的保安不想将这件事传扬出去，这位"准记者"放弃了追踪采访的念头，因而与这篇重点稿件失之交臂。

　　这个故事告诉我们，大学校园里并不缺少新闻，而是缺少发现，缺少锲而不舍、刨根问底的执着精神。郑州大学有46个院（系），全日制在校学生六七万人，是一个具有相当规模的"小社会"，每时每刻都会有"新闻事件"发生。在近六千名教职工中，既有两院院士、知名教授、国家级教学名师，又有国家杰出青年基金获得者、国家级有突出贡献中青年专家和"中原学者"，他们的成才之路带有传奇色彩，值得向省内外推介。

举一个例子：霍裕平院士作为首席科学家主持的"国际受控热核聚变实验堆计划"，已经成为我国科技界一项超大的国际合作研究项目。2007年8月24日上午，全国人大常委会在北京人民大会堂举行专题讲座，题目是《受控热核聚变能的研究与发展》，主讲人就是郑州大学教授霍裕平。听了讲座我才知道，受控热核聚变能的资源近乎无穷尽，又不会大量产生破坏环境的污染物与温室气体。受控热核聚变能在研发成功并大规模投入使用之后，有可能从根本上解决人类的能源瓶颈问题。如此重要的科研成果，极具新闻价值和传播价值。新传院的指导教师应该带领学生通讯员跟踪霍裕平院士主持的"国际受控热核聚变实验堆计划"项目，对于科研团队取得的新进展、新成果、新突破，只要不涉及国家秘密，都应该有选择地向国内外报道。

为了帮助学生通讯员走出"缺乏材料、无事可做"的困境，我想谈一谈对"新闻发现力"的认识过程。

我对"新闻发现力"的关注始于1985年。当年秋天，我随穆青同志到湖南张家界采访。这里奇峰连绵，怪石高耸，导游告诉我们，这一奇特的自然景观是20世纪60年代才被人发现的。

一根绣花针掉在地上，没有被人发现，比较容易理解；绵延三县的张家界武陵胜景，早在新石器时代就有人类活动，为什么这么晚才被人"发现"，简直不可思议。我向当地负责人提出了这个问题。

这位负责人告诉我们，张家界曾经有过繁华的年代。明朝洪武年间，这里设"九溪卫"，辖四大关口，盛极一时；后来撤销了"九溪卫"，兵荒马乱，加上山洪洗劫，人烟渐渐稀少，张家界就变成贫穷落后、神秘莫测的"世外桃源"。1969年1月，张家界范围内的慈利县开办"五七干校"，几百名机关干部被下放到距县城190多公里的索溪峪。干校驻地虽有10户人家，但他们天天砍柴、种地，为衣食而发愁，根本没有闲情逸致观赏景色，也不知道这里的山水与别处的山水有什么两样。下放干部就不同了，他们中间不乏有识之士，劳动之余，苦中求乐，品评张家界的奇特风光，有的说有"桂林之秀"，有的说有"华山之险"。"五七干校"撤销以后，这批"学员"大都回到原来的工作岗位，他们成了张家界迷人景色的义务宣传员。改革开放开阔了人们的视野；吃饱了肚子的人需要更加丰富的精神文化生活，越来越多的人意识到张家界的山水不仅具有观赏价值，而且具有旅游价值和经济价值。直到这时，张家界才渐渐为人们所认识。

这件事对我触动很大。从张家界回到北京，我开始琢磨人类的"发现滞后"现象。位于美国亚利桑那州西北部的科罗拉多大峡谷，被人们称为地球七大天然奇景之一。大峡谷以其蔚为壮观的地势、色彩斑斓的天空、风光明媚的景致闻名于世。大峡谷经历了漫长岁月，直到16世纪一支远征队来到峡谷的边沿，这个大峡谷才初为人知。19世纪美国陆军少校约翰·鲍华一行九人乘坐小艇，首次穿越大峡谷底部的科罗拉多河，才真正揭开了大峡谷的神秘面纱。

"发现滞后"不仅表现在人们对自然界的认识上，在科学研究领域，也有大量"发现滞后"的典型事例。1901 年，德国物理学家伦琴获得第一届诺贝尔物理学奖，因为他发现了 X 射线。这一发现宣布了现代物理学时代的到来，同时引发了医学革命。伦琴发现 X 射线的消息传出以后，有人说伦琴是幸运的，X 射线首先来到他的实验室。其实，这种伴随着阴极射线产生的新射线，在全世界上百个物理实验室里已经存在了半个世纪。比伦琴发现 X 射线早 20 年，英国科学家克鲁克斯在进行一项实验时，发现放在实验装置附近的没有打开的照相底片突然变得模糊不清。克鲁克斯没有想到这是一种新的未知射线照射的结果，误以为是照相底片质量有问题，还让生产厂家退了货。"发现滞后"，使这位很有才华的物理学家与 X 射线的发现失之交臂。

至于新闻界，"发现滞后"和"忽视发现"的案例就更多了。我翻阅过一本《发明发现大典》。当时萌生了一个念头：假如有人编辑出版一本《新闻记者发现大典》，让全国的新闻记者自己推荐入选作品，我们究竟能选出多少真正称得上"有所发现"的新闻作品呢？我们会不会为自己"发现"得太少而感到愧疚和遗憾呢？为了少留下一些愧疚和遗憾，应该从哪些方面入手开发自己的"发现力"呢？

同学们！新传院本科生和硕士研究生大都热爱新闻事业，富有献身精神，不怕吃苦，愿意深入到实际工作和人民群众的生活中去，这是培养和强化新闻发现力的基础和前提条件。为了增强新闻发现力，应该认真研究和思考影响新闻发现力的七个要素：

一、观察意识与发现力

"观察"是年轻记者发现新事物、探索新规律的最常用的武器。"发现力"减弱的主要原因不是生理"视力"的减弱,而是观察意识的淡漠。每一位年轻记者都应该成为我们国家的职业"观察家"。

观察家的观察不是一般意义上的"看",不能像一群看热闹的人那样漫不经心地瞟上一眼,而是有意识观察、集中精力观察、随时随地观察。现在的问题是,我们的观察意识不那么强烈,观察范围比较狭窄。每个人眼球后部视网膜上都有一个凹陷点,叫作盲点。这个地方没有视觉细胞,物体的影像落在这个地方也不能引起视觉。其实,在我们观察社会生活时,也存在着"盲点现象"。我们对于发生在自己身边的一些现象往往视而不见。只有自觉地消除"盲点",随时随地观察和研究,才有可能发现有价值的新闻。

拿上街买菜这件事来说吧,蔬菜关系到老百姓的生活保障和社会的安定,菜价是老百姓关心的重大问题之一,买菜不仅可以了解菜价,还可以听到社会各个阶层、各种人的意见和呼声。《菜价追踪》这篇通讯的主题就是在买菜过程中捕捉到的。

1994年3月下旬的一天,我同家里人一道到新华社附近的新文化街蔬菜市场买菜。我很少有工夫逛菜市场,一走进这条小街,我就开始打听各种蔬菜的价格。这里的蔬菜价格贵得令人吃惊:一公斤小辣椒8元多,一公斤圆白菜4元多,一公斤黄瓜3元多。我同买菜的市民交谈起来,他们说新文化街的菜贩子最宰人;宣武门附近有个蔬菜市场,大都是菜农直接运菜进城,菜价比这里低得多。有的菜贩子一大早从宣武门菜市场买一点菜,用三轮车拉到新文化街，1元一斤的黄瓜卖到 1.6 元，菜价陡涨 60%。我想，这两个市场相距一公里多，"菜价落差"就这么大，从大钟寺蔬菜批发市场到新文化街，"菜价落差"又是多少呢？从农村的蔬菜生产基地到新文化街，"菜价落差"又是多少呢？这个问题在我脑子里转了大半天。当天晚上，我找到分管国内报道的副总编辑曹绍平，让他从国内部派记者跟踪调查，研究和剖析这种"菜价落差"。

4月2日凌晨，山东分社记者王进业赶到寿光蔬菜批发市场，抄录了当日蔬菜的批发价格。当天下午3时，王进业又搭乘寿光一家蔬菜购销公司的一辆运菜的卡车上了路。经过12小时的长途跋涉，于次日凌晨3时进了北京的大钟寺。两个小时以后，记者所乘的运菜卡车上的蔬菜成交，每公斤圆白菜和黄瓜的售出价比寿光的收购价高0.4元。扣去车费和蔬菜代购费，千里迢迢，一公斤菜净赚一两角钱。

3日早晨7时，记者顾不上休息，跟随一辆刚从大钟寺批发完蔬菜的三轮车，来到西城区新文化街农贸市场。记者发现大钟寺的蔬菜一到这条小街，价格猛涨，平均菜价上涨 80% 左右，最高的涨幅达 125%。随后，王进业同北京分社记者苏会志又采访了北京市有关部门，了解造成这一现象的深层次原因。两位记者从观察现象入手，提出建立价格调控机制、抓好菜园子建设、增设蔬菜销售点等具体建议。这篇通讯见报当天，许多读者就打电话给编辑说："新华社记者坐运菜的大卡车跟踪采访，替老百姓说话，请代我们感谢这两位记者。"这篇通讯被评为中国新闻奖一等奖。

二、生活空间与发现力

记者的发现力与他的生活空间呈正比。生活空间越大，发现新闻的机会就越多；反之，发现新闻的机会就越少。如果我们整天待在大学校园里，与老百姓的交往越来越少，久而久之，就会得一种"新闻自闭症"。

高等院校有寒暑假，"准记者"应该利用假期走出校园，深入群众、深入生活、深入基层，尽量拓展自己的生活空间。

2005年春节，清华大学新闻与传播学院二年级学生李强利用寒假，按照"户—村—乡—县"的思路，对山西省3个村4个乡和2个县的农村现状进行了调查，并以札记的方式写成近4万字的调查报告《乡村八记》。这篇调查报告真实记录了新传院大学生在基层的"新发现"，被《人民日报》摘要刊登。

2005年1月28日，李强从太原坐上赴山西省沁源县的汽车，到交口乡尚义村他二姨家。姨夫、二姨生有两男一女，加上婆婆共6口人。家里6间房，4间住人，两间存放粮食以及一些器物。晚饭后，二姨开始计算这几天买卖的账目。李强想：何不将二姨家一年收支做一计算？这将是一份宝贵的调研资料。

二姨家共有耕地13亩，其中承包地10亩，自垦地3亩。主要种玉米和黄豆，共9.5亩；另有0.5亩种植万寿菊；剩余3亩地种植谷子、黍子和蔬菜，主要用于自食。家有农用车一辆，平时跑跑运输，做些买卖，据姨父说，当年赚了1万元，这是家庭非农收入的主要来源。全家全年各项收入共计14886.5元。

家庭支出情况是：全年税费支出107.26元；家庭吃用支出5428元；农机支出2000元；医疗支出50元。大女儿在读高一，住校，学费及日常开销共4400元/年。二儿子在读初一，住校，

学费较少，但住校日常开销不小，2000元/年。三儿子在读小学，原先在村小学就读，但后来花钱转至县城，寄住亲戚家，全年花销1800元。家庭教育投入共计8200元。全家全年各项支出共计15785.26元。

综上所述，2004年李强二姨家收支情况为：家庭总收入14886.5元减去家庭总支出15785.26元等于-898.76元。这一结果令李强大吃一惊。二姨家辛劳一年，竟然入不敷出！

李强在调查报告中写道："二姨家的情况也反映出，相当多的农民家庭的收支状况很不乐观。尤其是教育成本之高已使一部分农家子弟望而却步，使大部分农家不堪重负。"

《乡村八记》发表以后，在新闻传播院系师生中引起很大反响。许多新传院大学生表示要像李强那样深入基层，写出反映农村实际情况的调查报告。

郑州大学非常重视在校生的社会调查，2013年12月启动了2013—2014学年寒假大学生"百村调查"社会实践活动。全校5个院系163名学生参加，调查活动涉及全省18个地市的56个县、105个村庄，随手拍照片700多张、视频3部，形成调查报告70余篇。2014年3月27日，郑州大学召开大会，表彰2014年春"百村调查"社会实践优秀调研员。校领导要求在学生社会实践和社会调查方面形成长效机制，持续不断地做下去。学生通讯员应该以李强同学为榜样，利用寒暑假的12周时间，在调查研究方面取得新成果。

三、大局观念与发现力

"发现力"并不表现在把随便碰到的事情传播出去，而表现在用全局观点对典型事件新闻价值作出准确判断。2013年11月26日，河南卫视《河南新闻》报道郑州大学开展"光盘行动"，就体现了这种"价值判断"。为了提高学生节俭用餐的意识，郑州大学有关部门在餐厅的墙壁、桌面等地方贴上了"光盘"的提示性标语；学生志愿者在餐厅内外反复提醒大家不要浪费食物，要养成勤俭的美德。据郑州大学后勤集团饮食服务公司经理路志敏介绍，开展"光盘行动"之前，餐厅每顿饭要倒掉3至5桶泔水；开展"光盘行动"之后，餐厅每顿饭倒掉的泔水不超过2桶。

"光盘行动"这件事情并不算大，这则校园新闻为什么会引起媒体的重视？重要原因是"光盘行动"与13亿人的吃饭问题紧密相连。2014年5月22日，中国农业农村部网站发布了一条消息：近期，《谁能养活中国》一书的作者、美国地球政策研究所所长布朗再度挑起"世界能否养活中国"话题，称中国粮食进口急剧增加、结构性粮食缺口继续拉大、中国加快在国际上"抢粮"等，炒作"中国粮食威胁论"。农业农村部总经济师、新闻发言人毕美家回应说，中国用世界1/10的耕地，生产了全球1/4的粮食，养活了全世界1/5的人口。2013年，中国粮食产量达到12039亿斤，连续3年稳定超过11000亿斤，为世界粮食安全作出了贡献。

尽管农业农村部新闻发言人对"中国粮食威胁论"作了澄清，但这并不意味着中国不存在"粮食危机"。中商情报网2014年5月13日发布消息说，根据海关统计数据，2014年1—4月中国进口粮食3294.9万吨，同比增加44.8%。全国13亿多人口，如果粮食在总量上不够，依靠进口粮食来解决粮食消耗问题，无疑是十分

危险的。有了大局观念,再来看郑州大学开展的"光盘行动",就容易掂出它的分量。

四、理论素养与发现力

发现力并不是神秘莫测的东西。曾获得诺贝尔奖的奥·圣捷尔吉医生曾经说过:"所谓发现,就是见人之所皆见,而思人之所未思。"记者的发现包括对生活意蕴的深刻思考,没有一定的理论知识储备,很难有所发现。中国特色"休闲学"专栏的推出,就得益于休闲理论知识的储备。

2006年4月28日下午,新华社召开编务会议,研究"五一"长假报道问题。讨论中有同志谈到,2006年"五一"是第17个长假,在报道上要想有所突破,难度很大。

我对"休闲学"的关注始于20世纪90年代中期。世界上一些发达国家居民闲暇时间越来越多,不少人不知道闲下来的时间怎么度过,于是催生了一门新的学科——"闲暇学",后来又翻译成"休闲学"。2005年,我国人均GDP超过1000美元,达到1703美元。在这一发展阶段,老百姓会产生一种"休闲需求"。我认为向全社会推介"休闲学"的时机基本成熟。于是提出新华社各编辑部应从"休闲学"的角度切入,围绕闲暇时间与居民消费、闲暇时间与文化生活、闲暇时间与家庭亲情等主题,研究长假给人民群众物质和精神生活带来的诸多变化。

为了使大家对"休闲学"有初步了解,我把《休闲宪章》《休闲研究已成为一门学科》《西方休闲学研究述评》《中国休闲小康研究指数》《休闲产业与假日经济的可持续发展》《基础休闲学》

等资料推荐给编辑、记者。从4月29日开始,一个突击学习"休闲学"的"热潮"在新华社有关编辑部兴起。当时,离放假只剩下半个工作日。国内部"新华视点"室主任陈芸紧急联系采访对象。幸运的是,通过电信局114查号台辗转查询,终于同几位研究"休闲学"的专家取得了联系。"新华视点"室和服务专线的编辑、记者一起出动,半天时间访问了好几位休闲学专家,掌握了大量新鲜材料。各编辑部和国内外分社相互配合,围绕"长假与'休闲学'"这一主题播发了消息、特写、新闻分析、新闻述评、新华时评、专家访谈、新闻背景、新闻照片、新闻图表。这一战役性报道受到媒体和受众的欢迎。《陕西日报》一些同志认为,"长假与'休闲学'"专栏策划有创意,与老百姓生活贴得很近。《西藏日报》一些同志说,这组稿件抓住了长假期间读者的心态,报纸临时撤掉原先准备好的图片,改用《中国第一个"休闲小康指数"昭示生活方式变迁》。一些媒体认为,"长假与'休闲学'"专栏策划独到,以第一个"休闲小康指数"公布为契机,引领了"休闲学"新闻报道的潮流。

五、知识领域与发现力

登高才能望远。记者登高的阶梯就是各种各样的知识。记者的知识领域愈宽广,发现新鲜事实的机会就愈多。

2014年5月15日,《人民日报》刊登了王汉超的报告文学《三千年瓷火一夫立》,讲的是郑州大学陶瓷文化研究中心主任阎夫立痴迷钧瓷文化的故事。作者写道:"在郑州大学一处古旧的院落,夫妇二人过着简朴的生活。两人在大学食堂吃每顿几元钱的饭,烧出来藏家不计代价想入手的瓷,他们用积蓄捐图书馆、捐希望小学、捐地震灾区。居所满架琳琅，华彩惊人。阎夫立仍一身泥灰，一双粗手，书影青灯，忘乎俗尘。"多么熟悉的身影！郑州大学教授、高级美术师阎夫立，其实就生活在你们中间。

从下面两段文字中可以领略作者"专业知识素养"的魅力：

"汝、官、哥、钧、定，宋代五大名窑为后人留下诸多回味不尽的绝世之作。在这流光溢彩中，钧瓷尤以窑变之美吸引众生。有人倾其所有，只为家有钧瓷一片；更有人倾其一生，在烧窑制瓷的年华中老去，其人生况味与技艺，融汇在一件件作品中。"

"四周极静，火发出风一样的声音。阎夫立沉默凝神，似对炉火的走向了然于胸。在1300余摄氏度的高温下，泥土会气化，而瓷却在火的淬炼中，器身挺拔，釉料熔化，色彩盈动，瞬息绚烂。瓷胎入窑，还全然泥土本色，当窑炉开启，已是满膛珠玉。"

《三千年瓷火一夫立》一文发表后，叫好声一片。2014年5月17日，郑州大学校友曲昌荣在微信公众号《曲解直说》第113期对这篇报告文学进行了推介。曲昌荣写道："大曲在河南工作十年，跑遍中原山和水，就没写出一篇关于河南文化的美文。汉超就来了两年，我印象中至少写了三篇美文，把身边的壮美中原、厚重河南激活了。"这当然是曲昌荣校友的自谦之词，但有一点可以肯定：正是由于王汉超对中国瓷文化有透彻的了解，对钧瓷发展史和制瓷工艺作了较系统的研究，才发现了阎夫立这一典型人物并写出如此华美厚重的新闻作品。

六、透视能力与发现力

透视能力指的是看穿表面现象、洞察事物本质的能力。列宁在《黑格尔〈逻辑学〉一书摘要》中批了一段话:"泡沫在上面,深流在下面。然而就连泡沫也是本质的表现!"这段话通俗地阐明了现象同本质之间的必然联系。事物的本质总是透过许多"泡沫"一样的现象表现出来的。现象是本质的表现,规律是本质的反映。有经验的记者总是透过漂浮在水面上的"泡沫",潜入深流,揭示和反映许多人都感受到了但还未能理清头绪的"本质"。

2013年10月18日,《东方今报》刊登了一篇题为"状元辞别港大背后折射出什么"的新闻,就体现了这种透视生活的能力。

2013年10月11日,辽宁高考文科状元刘丁宁辞别香港大学,重回母校本溪高中备战2014年高考。本溪市高级中学校长李玉成证实,刘丁宁离开香港大学重回本溪市高级中学复读,只为追寻纯粹国学。这件事在互联网上报道之后引发了热议。《东方今报》记者为此访问了郑州大学文学院副教授王士祥。王士祥认为,国学本身是相对于"西学"而存在的。香港处在中西文化的交融地带,反而能让国学研究更灵活,也更具有全球视野。这个偶然性事件背后有着必然性的因素。孩子高考前要接受差不多12年教育,而内地长期以来的学习方式和环境形成了固定的模式。这种模式已经让学生形成了习惯,一旦改变就会难以适应。

王士祥还说,刘丁宁的选择也体现了家长和孩子普遍的矛盾。不少大学生上大学都是父母选的学校和专业,上学后才发现自己不喜欢或不适应。在我们的家庭教育中,家长的意志过强,孩子很多时候是为了满足家长的心愿。这与应试教育目标功利化、行为短期化有很大关系。每个家长都应该反思,让孩子形成独立的人格,有自我判断的能力，这比选择哪所名校更重要。透过"辞别香港大学"这一个别现象，剖析事件背后深层次的原因，"透视能力"使得这篇专访独具特色。

七、联想习惯与发现力

什么是联想？联想就是由于某人或某事物而想起其他相关的人或事物；由于某概念而引出其他相关的概念。事物之间的这种相关联性，其实就是事物之间的内在联系。在现实生活中，许多事物都有着千丝万缕的联系，只是有的联系比较明显，有的联系不那么明显，不容易被人发现。不养成联想的习惯，许多即将到手的新闻也会悄悄地消失。

以我撰写的《从篮球比赛规则想到的》为例。由于我要组织新华社关于亚运会、奥运会的报道，所以读了《篮球比赛规则》一书。一百多年前篮球运动诞生时，只是在球场两端挂两个篮筐，对双方上场运动员的人数和比赛时间都没有作严格规定。比赛开始时，裁判员把篮球往球场中央一抛，双方队员蜂拥进场，任意奔跑，粗暴抢球，互相扭打。为了改变球场上的混乱局面，篮球运动发明人詹姆斯·奈史密斯制订了13条非常简单的比赛规则，规定上场运动员不准抱球跑，不准抱人、推人、绊人，不准打人。有了这些原始的竞赛规则，篮球场上粗暴厮打的现象明显减少。此后的100多年，每当一种新的不文明动作在球场上出现，国际篮坛就着手研究抑制这种不文明动作的办法，对篮球比赛规则一次又一次地进行修改和补充。10年前，国际通用的篮球比赛规则已经发展到10章共61条，据说还有一些新的比赛规则在酝酿和试验的过程中。这些越来越细、越来越严的比赛规则，为参赛球队创造了一种公平竞争的环境，促进了世界篮球技术的进步。

从篮球比赛规则由无到有、由简到繁的发展史，我联想到市场经济与法制建设。社会主义市场经济是一种法制经济，没有健全的法制，市场自身的弱点和消极方面就会反映到社会生活中来。不规范的竞争必然会带来无序和混乱局面，价格欺诈、质量欺诈、品牌欺诈、服务承诺欺诈，一些稀奇古怪的事情时有发生。生产者、销售者、消费者之间互不信任。试想一下，在一个缺少规则、缺乏诚信的大市场上，经济活动怎么能正常开展？我觉得各级人民代表大会和各级人民政府的领导者都应该从篮球运动发展史受到启示，针对种种见利忘义的不文明行为，不断规范市场主体规则和市场客体规则，引导人们正确处理竞争与协作、自主与监督、效率与公平的关系。只有尽快建立起与社会主义市场经济体制相适应的法律法规体系，才能确保新机制的正常运行。于是我撰写了一篇题为"从篮球比赛规则想到的"评论文章。这篇稿件在《人民日报》刊登之后，引起读者的共鸣。《人民论坛精粹》一书的编者在对这篇文章进行评析时写道："文章的论题旨在论述健全法制对于规范竞争的重要性。应该说，这是一个比较严肃的问题。然而作者却别开生面地将这一较为抽象的议题，论述得如此深入浅出、娓娓动听，这主要取决于作者对面临的矛盾以及如何解决矛盾具有真切的认识和丰富的联想力，也得益于类比说理的魅力。"

2012年12月13日，微博上出现了一篇题为"出租车司机给CEO上的一堂MBA课"的帖文。作者讲述了他在上海乘坐出租车的经历。他要从上海徐家汇赶赴机场，一辆大众出租车非常专业地停在他面前。闲聊乱侃中，作者捕捉到了一个令人心动的故事。

司机对他说：做出租车司机，要懂得统计。我做过精确计算：每天要交380元份子钱，油费大概210元。一天开17小时，平均每小时成本34.5元左右。出租车的成本不能按里程计算，只能按时间计算。我做过数据分析：每次载客之间的空驶时间平均为7分钟。如果上来一个只交10元起步价的乘客，大概要开10分钟，加上7分钟的空驶时间，就是17分钟，时间成本为9.8元，不赚钱啊！

司机说，很多人抱怨生意不好做，油价又涨了，都从别人身上找原因。其实，要善于从自己身上找，看问题出在哪里。要用统计学的方法来做生意。天天在地铁站口排队，怎么能赚到钱？有一次一个人打车去火车站，我问他想怎么走。他说了一条路线，我说慢；我说了一条路线，他说绕远了。我告诉他没关系，我经常走，比他有经验。按他说的路线走车费是50元，按我说的路线走，等计价器到了50元，我就翻表，只给50元就行了，多的算我的。最后统计，这一趟多走了4公里，少收了乘客10元钱，我却省了25分钟。4公里对我来说就是多花了1元多的油钱，但我用这1元多买了25分钟。刚才算过了，一小时成本34.5元，你说我合算不合算！"

听完司机的一席话，博文作者联想到企业管理。到了机场，博文作者留给司机一张名片，说："你有没有兴趣给微软的员工讲一讲你怎么开出租车的？讲课时你可以打着表，60公里1小时，讲多长时间，我就付给你多少钱。"你们看，出租车司机的闲侃，本来与培养中高级职业经理人员的专业硕士学位风马牛不相及，竟然被有心人扯到了一起，可见"联想"有多么奇妙！

　　同学们！地质学家李四光说过："科学的存在全靠它的新发现，如果没有新发现，科学便死了。"大家试想一下，如果媒体没有新发现，还能不能生存？在座的学生通讯员应该珍惜学校为你们提供的实践平台，到联系单位去搜寻、去发现，到学校所在的郑州市和自己的家乡去搜寻、去发现。几年之后，当你们把在校期间撰写的《新闻作品选》投递给新闻单位时，负责招聘工作的专家会对你们的新闻发现力作出公正的评价。

（本文是2014年6月18日南振中在郑州大学新闻与传播学院"学生通讯员"座谈会上的讲话）

聚合资源　协同育人

2014年6月,新华社与郑州大学签约共建"穆青研究中心";12月,中共河南省委宣传部与郑州大学签约共建新闻与传播学院,包括共建学院管理机构、共建教学骨干队伍、共建学生实践基地、

2018年郑州大学新传院穆青实验班的同学到新华社参观学习,作者(前排中)与同学们合影。

共建学院基础设施。"两个共建"互为依托，相互促进，为卓越新闻人才的培养搭建了良好平台。

一、立德树人，把"勿忘人民"锻造成新闻后备军的军魂

任何一所学校，偶尔冒出一两个"尖子人才"并不困难。部校共建、社校共建期待的是卓越新闻人才的成批涌现。中外教育史和军事史不乏人才成批涌现的实例。

创立于1794年的巴黎高等师范学院，涌现出11位诺贝尔奖获得者和15位国际数学最高奖菲尔兹奖获得者。

中国人民解放军机械化步兵第379团的前身是叶挺独立团。几十年间，从这支部队走出3名元帅、2名大将、8名上将、18名中将、48名少将。

卓越人才为什么会成批涌现？电视连续剧《亮剑》中李云龙的一段话给出了答案。他说，一支具有优良传统的部队，往往具有培养英雄的土壤……传统是一种性格，是一种气质。这种传统与性格给这支部队注入了灵魂。从此不管岁月流逝、人员更迭，这支部队灵魂永在！这就是我们的军魂！高校新闻院系学生是新闻战线的后备军。这支后备军的"军魂"是什么？郑州大学新闻与传播学院选择了穆青同志倡导的"勿忘人民"。

作出这一选择有三条理由：

第一，在马克思主义理论宝库中有一个重要观点，就是报刊必须保持同人民群众的密切联系。马克思在《〈莱比锡总汇报〉的查封》一文中指出，报刊"生活在人民当中，它真诚地和人民共患难、同甘苦、齐爱憎"。在《摩塞尔记者的辩护》一文中，他强调，"人民的信

任是报刊赖以生存的条件，没有这种条件，报刊就会完全萎靡不振"。"勿忘人民"符合马克思主义新闻观；符合党的全心全意为人民服务的宗旨；符合关于党性和人民性相统一的论断；符合中宣部组织开展"走转改"活动的效果预期。

第二，早在2003年，中宣部就发出《关于在新闻宣传战线开展向穆青同志学习活动的通知》，号召新闻宣传战线的同志学习穆青全心全意为人民服务的精神，密切保持同人民群众的联系。穆青精神获得业界学界的认可，"勿忘人民"有一定的共识度。

第三，穆青的故乡在河南，他的许多新闻作品出自河南，全国高校专门从事穆青研究的学术机构"穆青研究中心"在河南、在郑州大学。地域的贴近性有助于穆青精神在郑大新传学院的传承和发扬。

弘扬一种精神并不是一件容易的事。当代大学生追求真理，但不喜欢"空对空"。为求实效，我们采用"还原感性"的方式，把穆青精神具体化。穆青研究中心聚合新华社和郑州大学的科研力量，开展穆青生平研究、穆青新闻实践研究、穆青新闻作品及笔下典型人物研究、穆青新闻思想研究。新华社记者张严平撰写的《穆青传》被列入学院推荐学生阅读书目。根据刘炯天校长的提议，穆青研究中心举办了"'勿忘人民'——穆青事迹纪念展"。"事迹纪念展"收集了200多幅珍贵照片和穆青同志的手稿，从"为国为民，无怨无悔""深入实际，心系群众""求真务实，实事求是""堂堂正正，别无所求"等方面展示穆青"勿忘人民"的精神内涵。

2015年7月，郑州大学创办了穆青新闻实验班，首届27名学生是从全校6个院系、9个专业全日制一年级本科生中选拔出来的。这个班采用媒体班主任和专业班主任配置，加强人文社科通识课程教育，倡导深入基层"重走穆青路"。2015年8月下旬，穆青班"重走穆青路"小分队来到穆青当年采访过的兰考县，在焦裕禄干部学院听了题为"焦裕禄在兰考的475天"的报告，焦裕禄全心全意为人民服务的崇高品德使年轻学子受到感染和激励。

二、协同共享，发挥业界学界优势资源的"嫁接效应"

2013年12月20日，中宣部、教育部在上海召开部校共建新闻学院现场会，强调发挥业界学界各自优势，携手培养有正确立场、人民情怀、责任担当的一流新闻人才。2015年4月26日，中宣部、教育部在江苏召开部校共建新闻学院工作推进会，强调聚合业界学界优势资源，搭建互利共赢的平台，深化高等院校和媒体的合作，协力培养卓越新闻传播人才。这两次会议倡导了一种办学理念：聚合资源、协同育人。

"聚合资源、协同育人"理念打破了眼界局限，让人们看到学校围墙外面的宝贵资源。部校共建协议要求学院加强对师生的马克思主义新闻观教育，全面提高学生素质和师资队伍的政治素质。据此，学院在本科生、研究生中开设了《马克思主义新闻思想研究》课程，开办了"马克思主义新闻观教育系列讲座"。学院现有40多名专业教师，分散在新闻学、广告学、广播电视学、网络与新媒体等4个本科专业，单靠本院师资力量难以承担这一繁重任务。按照"聚合业界学界优势资源"的思路，学院邀请省内外专家学者为师生作"马克思主义新闻观"系列专题报告。中共河南省委宣传部部长赵素萍，中国记协书记处原书记顾勇华，新华每日电讯原总编辑解国记，中国社科院中国特色社会主义理论体系研究中心主任尹韵公，中国人民大学教授陈力丹、郑保卫、胡百精，复旦大学教授童兵、朱春阳，清华大学教授陈昌凤，华中科技大学教授吴廷俊，浙江大学教授韦路等著名学者和省内业界学界知名专家，先后给学院师生作了17场专题报告。

在聚合校外优势资源的同时，新闻与传播学院加强了师资队伍建设。一年多来学院引进博士教授1名、博士7名；6名教师到媒体挂职或参加培训，5名中青年教师到国外名校访学。海内外跨界交流扩展了教师的学术视野，提升了科研能力。部校共建以来，新闻与传播学院获批4项国家社科基金项目，两个科研团队获批"河南省高等学校哲学社会科学创新团队"，1名教授参与中宣部、教育部《马克思主义新闻观十五讲》的研究和编写工作，80%以上的任课教师在"网上教评"中被评为"优秀"。

"聚合资源、协同育人"理念拓宽了人才培养渠道，业界学界优势资源的"嫁接效应"开始显现。美国社会批评家和畅销书作家杰里米·里夫金在《零边际成本社会》一书中提出了"协同共享"的概念。为了做到协同共享，从2015年3月开始，新闻与传播学院实施了"传媒专家进课堂"的教学计划。学院专业课教师根据课程特点和学生的实际需求，邀请传媒界实践能力较强的专家学者或编辑记者就该课程的某一章节、某一具体问题给学生授课。截至2016年6月底，走进学院课堂的传媒专家已有39人次。他们授课大都是从感性上升到理性，从个别上升到一般，学生听得懂、愿意听、记得住。

实践性教学在新闻与传播学院占据重要地位，但高年级学生常常为找不到实习单位而发愁。"聚合资源、协同育人"理念帮助学院破解了这道难题。2015年，学院与人民日报社河南分社、新华社河南分社、河南日报报业集团等7家媒体共建大学生实践基地，23名编辑、记者被聘为郑州大学学生校外实践教育指导教师。新华社同意学院安排优秀高年级学生到新华每日电讯等5家社办报刊实习。部校共建以来，学院126名硕士生、本科生到实践基地进行专业实习实践，在编辑、记者指导下锻炼新闻发现力和动手能力。与此同时，学院向校内各院（系）选派了60名学生通讯员，让他们在校园里锻炼新闻发现力和动手能力；每年寒暑假，学院倡导学生回乡调研，有时还组织部分学生"重走穆青路"，让他们在基层锻炼新闻发现力和动手能力。2016年6月由郑州大学出版社出版的《媒体发表作品集锦》和《寒假乡土纪实》，反映了学院学生参与新闻实践活动取得的成果。

"聚合资源、协同育人"理念帮助我们解放了思想，一些过去认为难以办到的事情已陆续启动。学院早就想建一个全媒体实验教学示范中心，但找不到合适的场地。刘炯天校长召开协调会，从主校区现有房产资源中调剂出1024平方米的用房面积，使全媒体实验教学示范中心建设得以顺利推进。在特色学科建设方面，学院"新媒体公共传播"新兴学科方向通过招标，确定了34项研究课题，已发表论文40多篇，出版著作5部。学院承担的"新媒体与意识形态传播"学科方向加入了学校"意识形态学与社会治理"学科群。

这一学科群被河南省教育厅确定为特色学科。为顺应数字信息时代发展需要，学院增设了"网络与新媒体"专业，学校已将这一专业列入2016年度本科招生计划并开始招生。

三、扎实推进，谨防部校共建的机遇变成"不会孵化的蛋"

部校共建、社校共建，签约容易落实难。抓住部校共建的机遇狠抓落实，可以促使学院学科建设和人才培养上一个档次；抓不住这一机遇，就会像英国作家乔治·爱略特所说的那样，让机会"随着时光的波浪流向茫茫的大海里去，而变成不会孵化的蛋"。为促进各项任务的落实，中共河南省委宣传部和郑州大学采取了三项措施：

第一，成立中共河南省委宣传部、郑州大学共建新闻与传播学院院务委员会。 由省委常委、宣传部部长任主任，省委宣传部分管副部长、省教育厅厅长、郑州大学党委书记和校长任副主任，省委宣传部、郑州大学和有关新闻单位领导、专家、学者担任委员。院务委员会负责研究决定学院发展规划、人才培养目标、人才培养机制改革、教师队伍建设、基础平台建设等重大事宜。2015年3月，院务委员会主任赵素萍主持召开会议，明确提出院务委员会不设"挂名"的成员单位，所有成员单位都要围绕部校共建总体目标，发挥业界学界各自优势，为培养卓越新闻传播人才办几件实事。每年年底召开院务委员会会议时，成员单位负责人不要泛泛地谈论如何"重视部校共建"，只谈一年间本部门、本单位为部校共建做了哪些具体事情，实际效果如何。这条"规矩"对抓落实起到了激励作用。

第二，倡导"细致、具体、有效"的工作作风。邓小平同志说过一句话："要全力以赴，抓得很细，很具体，很有效。"省委宣传部和郑州大学把"细致、具体、有效"作为对落实各项任务的基本要求。部校共建实施方案提出："在学位点建设上，支持新闻与传播学院获得目录外二级学科博士学位授权点。"为落实这一任务，学院两位业务副院长分别进行"可行性论证"和"不可行性论证"，在此基础上草拟了切合实际的"论证方案"。为了填写"设置二级博士学科点简况表"，根据学院学科方向设置，约请学院3位教授主持此事。在长达一年多的时间里，学院先后有20多位教授、副教授和博士参与了二级博士点的申报工作，"论证方案"和"简况表"

2016年6月17日，中宣部、教育部在郑州召开2016年部校共建新闻学院工作推进会，作者在会上介绍郑州大学新闻与传播学院"部校共建"工作情况。

四易其稿。"细致、具体、有效"的工作作风，使二级博士点申报工作顺利推进。复旦大学、华东师范大学公共管理学和新闻传播学专业的9名校外专家一致同意在郑州大学新闻与传播学院设置二级博士点。申报材料在教育部所属的中国学位与研究生教育信息网上公示后，郑州大学学位委员会于2016年6月18日表决通过了学院关于设置"公共传播"目录外二级博士点的申请。

第三，确定自查时间，确保部校共建各项任务如期完成。 出于对错失良机的担忧，2014年12月27日部校共建签约当天，学院就提出2017年3月31日要对部校共建效果进行一次严格的自查。2016年6月17日，中宣部、教育部在河南郑州召开部校共建新闻学院工作推进会，把学院原定的自查时间提前了9个月。推进会结束之后，郑州大学党委书记牛书成对共建工作提出了要求，校长刘炯天等同志来到新闻与传播学院，同大家一起研究兄弟院校的做法和经验，寻找自己的差距和薄弱环节。部校共建签约期还有18个月，下一阶段学院将加大师资队伍培养和引进力度；把邀请专家学者讲座和"传媒专家进课堂"同教材建设结合起来，推动马克思主义新闻观进教材、进课堂；与大学生校外实践基地建立良好互动关系，发挥实践基地导师的引领作用；强化大学生实践能力培养，每年寒暑假组织"大学生走基层"活动，并举办新闻作品大赛，出版大学生新闻作品选集；整合校内外资源，建成集报纸、广播、影视、网络业务于一体的传媒综合实验中心，力争使其成为河南省实验教学示范中心。对《部校共建实施方案》中尚未完成的其他事项，将逐项加以弥补。

部校共建新闻与传播学院院务委员会成员大都是热心肠，说话实在，办事更实在。有他们指导和推动，郑州大学新闻与传播学院不会让机会"流向茫茫的大海"，部校共建、社校共建绝不会变成"不会孵化的蛋"！

（本文原载《新闻战线》2016年第8期）

"学到老"不容易

党的十八大报告强调"完善终身教育体系,建设学习型社会"。按照"首届世界终身学习会议"达成的共识,要求每个社会成员将学习看作"贯穿于人的一生的、持续不断的过程",通俗地讲,就是"活到老、学到老"。

一、年逾花甲学法律

2003年3月,我担任全国人大常委会委员和外事委员会副主任委员。在全国人大常委会行使的21项职权中,有7项属于法律范畴,包括制定法律、修改法律、解释法律、撤销行政法规和监督宪法实施。要忠实履行职责,必须具备渊博的法律知识,而在我的知识结构中,法律是一个薄弱环节。尽管当时已"年逾花甲",我还是下决心要补上法律这一课。

决心虽然下了,但一开始就遇到难题:从改革开放之初到2003年,全国人大及其常委会审议通过了308部法律。加上国务院制定的942个行政法规、各省(区、市)制定的8000多个地方性法规、各民族自治地方制定的480多个自治条例和单行条例,我国的法律、法规、条例和司法解释超过一万个。海量的法律、法规,我不知道从何入手。

为了理清头绪，我首先学习了关于法律门类划分的基本知识。我国的法律分为7个门类：一是宪法及宪法相关法；二是民法商法；三是行政法；四是经济法；五是社会法；六是刑法；七是诉讼与非诉讼程序法。我首先学习了宪法、立法法、民族区域自治法、缔结条约程序法，与此同时，有选择地学习刑法、民法、行政法、经济法。白天要处理新华社的重要稿件，很难挤出时间，只好利用夜晚和凌晨突击阅读法律条文。

全国人大常委会组成人员中有不少法学专家，他们从法理层面提出的许多宝贵意见令人叹服。像我这样没有受过系统法学教育的人，在审议法律草案时有没有优势，怎样才能不辜负人民的重托，发挥一点作用？经过思考，我发现在新华社工作40多年，与人民群众有比较密切的联系，知道人民群众满意的是什么，不满意的是什么，了解他们的合理诉求。为了发挥这一优势，在全国人大常委会审议法律等议案时，我把关注点放在以下几个方面：

（一）提请全国人大常委会审议的各项法律草案，其立法宗旨同党和国家的根本宗旨是否一致，是否把维护最广大人民的根本利益作为立法工作的出发点和落脚点？

（二）"国家立法部门化、部门利益法律化"，是科学立法、民主立法的大忌。提请全国人大常委会审议的各项法律草案，在立项、起草、审议、修改各个环节，是否留下了部门利益的色彩和印记，是否因此而损害了国家的全局利益和最广大人民的根本利益？

（三）提请全国人大常委会审议的法律草案，条款中有没有偏

2003年3月5日上午8点13分，时任全国人大代表、新华社总编辑的作者在刷卡报到，他是当天第一位抵达人民大会堂的全国人大代表。当天上午9:00，第十届全国人大一次会议在北京人民大会堂开幕。

（新华社记者　樊如钧　摄）

重眼前利益而损害长远利益的现象，法律草案的有关规定是否符合科学发展观的要求，有没有"短视行为"，会不会因为决策不当而殃及子孙后代？

（四）提请全国人大常委会审议的法律草案是否体现了平等保护原则，城市与农村、东中西部地区的利益诉求是否得到尊重，能否确保公民、法人的合法权益不受侵害？

（五）提请全国人大常委会审议的法律草案有没有与宪法相违背之处，与上位法有没有不一致的地方，与同类法、相邻法的有关规定有无明显差异？

（六）提请全国人大常委会审议的法律草案，权力和责任、权利和义务关系的配置是否平衡，违反法律规定应该承担的法律责任是否适当，有无过轻或者过重的规定？

（七）提请全国人大常委会审议的法律草案，是否符合《中华人民共和国国家通用语言文字法》的有关规定，逻辑是否严谨，有无欠妥之处？

以维护职工合法权益为例。2006年8月23日，全国人大常委会分组审议企业破产法草案。我发言说，草案虽然规定了应当支付给职工的补偿金额的"优先清偿"原则，但是，由于被拖欠工资、基本社会保险费用的职工比较分散，每一个职工平均被拖欠的工资和基本社会保险费用的数额相对较少，他们在债权人中普遍处于弱势地位。为了维护职工的合法权益，在债权人会议中应当赋予职工或者职工代表必要的权利。我建议对草案第57条及其他相关条款作出修改，明确规定被拖欠工资和基本社会保险费用的职工或职工代表申报参加债权人会议的程序和方式。这条建议就是从维护破产企业职工合法权益出发的。

学习法律一旦同社会关注点结合起来，就容易把人民群众的意愿上升为国家意志。2007年8月24日，全国人大常委会分组审议反垄断法草案。在此之前，世界拉面协会中国分会多次组织、策划、协调企业商议方便面涨价幅度、步骤、时间，扰乱了市场价格秩序，损害了消费者的合法权益，人民群众对此议论纷纷，强烈要求执法机关依法予以惩处。

世界拉面协会中国分会的所作所为，向我们提出了一个重要问题，就是在社会主义市场经济条件下，如何正确引导行业协会发挥积极作用，防止中世纪"行帮习气"死灰复燃。在封建社会中期商品经济发展到一定程度时，社会上出现了一些行会，也有人称作"行帮"。这些"行会""行帮"组织产生之初，为促进手工业的巩固和发展曾经发挥了积极作用。但是，随着商品经济的发展，市场日益扩大，"行帮"出于保护本集团局部利益的目的，组织制定了严格的"行规"，通过规定商品价格、制定统一的度量衡等手段，限制降价、阻拦手工业者提高产品质量，用不正当手段保证本行业经营者获取丰厚的利润。"行帮"采取的这些措施，限制了行业内的竞争，侵害了消费者和其他经营者的利益。在当前形势下，个别企业协会幕后策划某些商品的涨价幅度、步骤、时间，这就沾染上了一些"行帮习气"。反垄断法草案应该为抑制"行帮习气"提供法律依据。

我在发言中说，草案第54条虽然规定"行业协会等组织实施的排除、限制竞争的行为，适用本法"，但不太具体，难以操作；第45条和第46条虽然规定对有垄断行为的经营者应停止违法行为，没收违法所得，并处上一年度销售额百分之一以上百分之十以下的罚款，但一些行业协会并没有"违法所得"，也无法计算其上一年度的"销售额"，这将导致反垄断法草案对行业协会失去约束力。从维护消费者的利益出发，我建议草案应将行业协会应负的法律责任具体化，明确规定行业协会等组织实施排除、限制竞争行为的，由反垄断执法机构责令停止违法行为，并处罚款。全国人大常委会采纳了这一建议，在审议通过的反垄断法第46条中增加了一款，明确规定："行业协会违反本法规定,组织本行业的经营者达成垄断协议的,反垄断执法机构可以处五十万元以下的罚款;情节严重的,社会团体登记管理机关可以依法撤销登记。"人民群众的意愿在法律条款中得到体现,对此,我由衷地感到高兴。

2010年是形成中国特色社会主义法律体系的标志性一年。中国特色社会主义法律体系的形成,是我国社会主义民主法制建设史上的重要里程碑,具有重大现实意义和深远历史意义。既然我有幸参与第十届、第十一届全国人大常委会的立法实践,就有责任、有义务把亲身经历写出来,作为中国民主立法的一个见证。从2011年元旦开始,我每天凌晨四五点钟起床,整理2003年以来在全国人大常委会上的发言稿,编写审议法律议案的"背景链接"。到2011年1月22日深夜,把《亲历中国民主立法——在全国人大常委会发言实录》一书撰写完毕。收入该书的176篇发言实录,就是我61岁之后围绕法律问题学习和思考的成果。8年间提出的98条建议,与全国人大常委会组成人员的主流意见不谋而合,因而被吸收到34部法律条款之中。

二、年逾花甲学"建言"

"建言"指的是提出建议,陈述自己的主张或意见。2003年12月24日,《人民日报》刊登了一篇题为《漫议直言》的文章,认为直言需要坦率和诚实的品格。作为全国人大常委会组成人员,不能保证所提建议都有吸纳价值,但必须做到敢于"直言"、问心无愧。

(一)关注"一府两院"报告的文风

2007年12月26日,卫生部部长陈竺受国务院委托,在全国人大常委会会议上作了关于城乡医疗卫生体制改革和加强食品药品安全监管情况的报告。分组审议报告时，我说，根据监督法的规定，国务院向全国人大常委会报告工作应积极回应全国人大常委会在执法检查中发现的突出问题和全国人大代表集中反映的问题，而不是展示成绩、介绍经验。陈竺部长所作的报告长达13000字，讲成绩的部分4600多字，占全篇的34%；讲问题的1600多字，仅占全篇的12%。我建议国务院有关部门在向全国人大常委会报告工作之前认真学习监督法，紧紧围绕在执法检查中发现的突出问题介绍情况，分析造成这些问题的原因，提出解决问题的对策和建议，千万不要把报告变成"经验介绍"。有用的报告五六千字就够了，不需要"洋洋万言"。我建议全国人大常委会把改进"一府两院"报告的文风当作一件大事来抓。

2008年1月2日，全国人大常委会委员长吴邦国在我提出的建议上作了批示。1月3日，温家宝总理也作出批示，要求国务院有关部门"切实改进向人大常委会作专项报告的工作。按照监督法的规定，认真负责地报告所做的工作和存在的问题，特别要重视回答人大常委会和广大人民群众关注的问题，努力提高报告质量"。温家宝还要求国务院办公厅对报告文风问题提出具体改进意见，并向各部门负责同志作一次通报。

（二）关注"三公消费"公开的时间表

2010年6月24日，十一届全国人大常委会第十五次会议分组审议国务院关于2009年中央决算报告时进行了专题询问。当时，我提了两个问题：

1.国务院的决算报告提出要大力推进预算公开,这句话顺乎民意。但遗憾的是报告既没有说"今年公开",也没有肯定地说"明年公开"。预算公开真有这么难吗,究竟难在什么地方,什么时候才能利利索索地把政府可公开的账本摊开来,让公民看得清清楚楚、明明白白?

2.公款出国、公款用车、公款接待是人民群众关注的三大热点。关于"三公"的公开,进展缓慢,这里面有没有害怕人民群众了解真相的因素?有人说"三公"公开的条件尚不成熟,国务院怎样为"三公"的公开创造这些条件,"三公"公开有无可操作、可检查、可监督的进展时间表?

2011年3月11日,《中国青年报》刊登了一篇题为《我代表人民询问你》的长篇通讯。记者写道:"近日,全国人大代表南振中心情很好。今年'两会'上传来消息:中央预算部门2011年'三公消费'将公开。'三公消费'的账本何时能摊在阳光下晒晒,代表委员和普通民众坚持不懈的追问,如今终于有了结果。"其实,我只是许许多多关注"三公消费"的全国人大代表中的一员。我所做的,只是如实反映人民群众的愿望和要求,仅此而已,没有个人的功劳可言。

(三)关注我国"贫困线"标准的调整

2010年3月7日上午,出席第十一届全国人大第三次会议的河南代表团举行全体会议,审议温家宝总理所作的《政府工作报告》。我在发言中谈到新一轮扶贫攻坚问题。我说,《政府工作报告》提出"进一步加大扶贫开发力度",但不够具体。温家宝总理在丹麦哥本哈根气候变化会议领导人会议上曾经谈到，按照联合国标准，中国还有 1.5 亿人生活在贫困线以下。建议按照这一标准，将 1.5 亿人作为扶贫目标，启动新一轮"扶贫攻坚"。我从 4 个方面阐述了大幅度提高"贫困线"标准的必要性和可能性。

2010 年 9 月 19 日上午，我收到国务院扶贫开发领导小组办公室"答复"。信中说，温家宝总理说"按照联合国标准还有 1.5 亿人生活在贫困线以下"，这是我国在减排问题国际斗争特定场合下，针对"中国威胁论"和"中国责任论"而使用的。从实际情况看，采用联合国或世界银行贫困线作为本国贫困标准的国家并不多，也不符合中国的实际。

我反复推敲扶贫办的答复意见，觉得不是我的建议不符合实际，而是扶贫办的答复不符合国情。国务院公布的农村扶贫对象为 4007 万人，这与"1.5 亿人生活在贫困线以下"的判断相去甚远。将前一个数据作为制定扶贫政策的依据，不符合贫困地区人民群众早日脱贫的愿望。于是，在"对承办单位的答复是否满意"一栏，我写了三个字："不满意"。在"对承办单位改进办理和答复工作的建议"一栏，我特意写了一段话：

"承办单位要增强责任意识。要对人民负责、对历史负责，做到尽职尽责、尽心尽力、问心无愧。"

2010 年 10 月 9 日，我再次收到国务院扶贫办就"以 1.5 亿人为目标启动新一轮扶贫攻坚的建议"给全国人大常委会办公厅的复函。复函说，"通过与南振中代表的接触，我们深切感受到他对贫困人口的关心和对扶贫工作的关注。对于他的建议，我们将在今后的工作中进一步研究。"

不管决策过程多么艰难,不论提高扶贫标准经历了多少次反复,2011年11月29日还是传出了令人振奋的消息:中央决定将农民人均纯收入2300元作为新的国家扶贫标准,比2009年的扶贫标准提高了92%。按照新标准,中国农村有1.28亿贫困人口,相当于原来贫困人口数的3.2倍。

从新华网看到这则"快讯",我立即用计算器进行了换算:当天我国汇率中间价为1美元兑人民币6.3587元。按照这一汇率,2300元相当于361.71美元,折合每天99.098美分,与联合国规定每人每天1美元的贫困线标准相吻合。中央决定把一亿多低收入人口纳入扶贫攻坚范围,是社会发展的进步,是以人为本的体现。能够为贫苦百姓做一点事情,我深感欣慰。

三、年逾花甲学"说话"

学说话本来是小孩子的事情,为什么到了老年还要补课?主要是因为社会上长话、空话、套话太多,不良话风的蔓延,使得一些成年人渐渐丧失了正常说话的能力。本来很简单的一件事,非要绕来绕去,洋洋万言,让人听不懂、不愿听、记不住。我到全国人大外事委员会工作以后,同外国议会代表团接触得多了,深感有重新学习"说话"的必要。

对于外国朋友来说,中国是一个相对陌生的国度。他们对中国历史、文化、风土人情了解甚少,如果不考虑他们接受信息的习惯,一厢情愿地灌输,效果不会太好。"文化大革命"中有个单位邀请外国记者观看芭蕾舞剧《沂蒙颂》。舞剧讲述的是沂蒙山区一位农村妇女用自己的乳汁救护八路军伤员的感人事迹。一位外国记者没有看懂，在消息中作了这样的介绍："《沂蒙颂》是一个军人和农妇的浪漫故事。这个美丽的农妇把解放军的一个士兵藏在山洞里，给他吃，给他喝，终于同他发生了爱情，最后给他生了一个孩子。"

这就是让人看不懂、听不懂的后果。

怎样让外国朋友看得懂、听得懂？周恩来总理的做法给了我很大启发。1954年的日内瓦会议是新中国作为五大国之一参加的重要国际会议。为了让西方记者了解中国文化，周总理让熊向晖为外国记者放映一场《梁祝哀史》。

《梁祝哀史》是依据越剧编拍的彩色戏剧片。熊向晖请人将剧情写成较详细的说明书，准备翻译成英文发给外国记者。周总理说："十几页的说明书，谁看？我要是记者就不看。"周总理出了个主意："只要你在请柬上写一句话：'请你欣赏一部彩色歌剧电影——中国的《罗密欧与朱丽叶》。'放映前，用英语作个三分钟说明，概括地介绍一下剧情，用词要有一点诗意，带点悲剧气氛，把观众的思路引入电影。"周总理还同熊向晖打了个赌：如果这样做不成功，他请熊向晖喝茅台酒；如果成功，熊向晖请他喝茅台酒。

按照周总理的安排，电影招待会如期举办。放映大厅250个位置座无虚席。放映过程中，全场肃静，演到"哭坟""化蝶"时，传出啜泣声。影片结束，当灯光亮起时，全场观众如醉如痴，沉静了一分钟后，才爆发出雷鸣般的掌声。

周总理赢了，他没有让熊向晖请客，而是自己拿出茅台酒，祝贺放映成功。周恩来总理指导放映《梁祝哀史》成为对外交往中的经典案例。

为了转变话语方式，我从以下三个方面做了一些尝试：

（一）"还原感性"，多讲带有情节的真实故事，防止"从概念到概念"

2008年6月23日，我应邀到瑞士驻华使馆做客，当谈起西藏自治区的变化时，我讲了一个关于西藏第一辆汽车的故事：

1907年，设在西藏江孜的英国商务代办奥康纳将一辆八马力的克莱门特汽车翻越喜马拉雅山口开进西藏，这是西藏历史上第一辆汽车。汽车开动之前，商务代办要准备一批牦牛，让牦牛紧跟在汽车后面。一旦汽车受阻，开不动了，牦牛就由"后队"变成"前队"，拖着汽车，在崎岖的道路上缓慢爬行。

1928年，十三世达赖喇嘛进口了两辆小汽车。因为拉萨没有公路，汽车只能在布达拉宫至罗布林卡这段一公里多的便道上和拉萨市区个别地段行驶。开了不长时间，汽车就抛了锚。1948年，拉萨只有三四辆马车，这就是中华人民共和国成立以前西藏的交通状况。

1950年，毛泽东主席提出要在西藏修筑公路。到2007年底，西藏自治区公路通车里程达到48000多公里。2007年，全区汽车保有量达到14.4万辆，平均20个西藏居民就拥有1辆私家汽车。采用"还原感性"的话语方式向外国朋友介绍情况，比讲空话、套话的效果要好一些。

（二）以诚相待，既讲明事理，又动之以情

许多发展中国家有着遭受帝国主义侵略和压迫的屈辱历史，所以把独立和尊严看得比什么都重要。他们既希望得到别国的援助，

又怕被人瞧不起，更怕被援助的"附加条件"搞乱阵脚，这是"自我保护意识"的体现。谁触犯了这一"心理防线"，谁就会冒犯人民的"情感禁忌"。在外事交往中，只有相互尊重、以诚相待，才能得到发展中国家朋友的信赖。

2008年6月，非洲法语国家议会友好人士考察团访问北京，由我出面宴请。在即席讲话中，我没有大段大段地谈论中国对非洲的无私援助，而是用较大篇幅回顾非洲国家对中国的支持。尤其是2008年四川汶川大地震发生后，非洲国家不仅以各种形式表示慰问，而且为灾区提供了力所能及的帮助，仅撒哈拉以南非洲国家向我捐款就折合人民币5700多万元，这就叫"患难见真情"。

在讲话的末尾，我谈了一点人生感悟：在中国农村，经常听到的一句话是"饱汉子不知道饿汉子饥"。如果村民遇到不幸，需要帮助，想让富人出一点钱，比登天还难。相反，通常是穷人与穷人之间的相互救济。国与国之间也是如此。一些特别富有的国家不仅不帮助发展中国家，而且对发展中国家指手画脚，甚至转嫁危机，这就叫"为富不仁"。

"饱汉子不知道饿汉子饥"这句话在宴会上引起了共鸣。考察团团长在答谢讲话中说："非洲也有类似'饱汉子不知道饿汉子饥'的说法。美国和西方一些发达国家就是'不知道饿汉子饥'的'饱汉子'！"这种情感上的交流与沟通，就是我们的"交友之道"。

（三）在对外交往中争论不可避免，要尽量选择有说服力的典型实例，力求做到理直气和、以理服人

2010年9月25日，我率领全国人大代表团赴比利时布鲁塞尔

出席第六届亚欧议会伙伴会议。一个西方国家的代表团团长在发言当中点了中国的名，提出中国作为二氧化碳排放大国，应该承担更多的减排责任。为了让与会代表了解中国在减缓温室气体排放方面所作的努力，我利用分配给中国代表团的5分钟发言时间，讲了一件非常具体的事情：2010年6月，中国商务部会同其他6个部委发出通知，要求加强对一次性筷子生产、流通、回收环节的监督，减少使用一次性筷子，提倡不使用一次性筷子。这件事经过美国《洛杉矶时报》报道以后，演绎成为一个全球性的故事。有人认为中国政府的手伸得太长了，连老百姓吃饭用的筷子都管。我说，当听完下面的介绍，也许你会改变看法。

中国有13亿人口，一年要用掉大约450亿双一次性筷子，平均每天近1.3亿双。为了满足这种需求，每年需要砍伐的树木大约1600万到2500万棵。中国现有森林面积19545万公顷，年固碳量3.59亿吨，吸收大气污染物量0.32亿吨，滞尘量50.01亿吨，森林生态系统年涵养水源量4947.66亿立方米，相当于12个三峡水库的库容量。从这个意义上讲，中国政府同一次性筷子作战，就是在保护我们人类共同的家园。

5分钟的发言，在会议上引起积极反响。一些国家议会代表团团长向我表示祝贺；有的代表向我索要发言稿。会议两位主席在总结发言中不约而同地提及中国人民减少使用一次性筷子、保护人类共同家园的事例。他们说，当一些国家的政治家还在围绕应对气候变化激烈争吵的时候，13亿中国人已经行动起来了。由此可见，在有些场合，"理直气和"比"剑拔弩张"更有力量。

2010年9月27日，作者在布鲁塞尔第六届亚欧议会伙伴会议上致辞。

"活到老，学到老"是一种生活态度，也是一种生存境界。

有专家指出，"学习兴趣丧失、学习能力减退"是老年痴呆的前兆。尽管我已年逾古稀，至今每天仍是凌晨 5 时起床，上网浏览当天出版的报纸版面，吸收各类有用的知识，整理和扩充自己的"数字图书馆"和"资料库"。"生命不息、学习不止"，这就是一个新华人的晚年追求。

（本文是 2012 年 12 月 13 日南振中在"书香新华"读书活动中作的专题辅导报告）

附 录

2015年5月6日,郑州大学举办"师德师风建设暨《大学该怎么读》出版座谈会",与会者围绕"师德师风建设"展开热烈讨论。附录内容为当时"师德师风建设暨《大学该怎么读》出版座谈会"现场发言摘要。

《给大学生的 75 封回信》
引发师德师风讨论

《郑州大学报》2015 年 5 月 13 日报道：《大学该怎么读——给大学生的 75 封回信》2015 年 4 月由新华出版社出版。2015 年 5 月 6 日，郑州大学举办"师德师风建设暨《大学该怎么读》出版座谈会"，与会者围绕"师德师风建设"展开热烈讨论。本章内容为当时"师德师风建设暨《大学该怎么读》出版座谈会"现场发言摘要（以发言先后为序）：

2015 年 5 月 6 日，郑州大学举办"师德师风建设暨《大学该怎么读》出版座谈会"。

进一步加强师德师风建设

——读南振中先生给大学生的75封信有感

郑州大学党委宣传部部长 张志坚

2015年元旦过后不久,郑州大学新闻与传播学院院长南振中先生面向全院学生发起了一次有关读书的问卷调查。在寒假期间,针对问卷中反映的问题,南先生亲自写了9万多字的回信。得知此事后,党委宣传部立即安排新闻中心记者团第一时间跟进采访,与新闻学院推出了题为《南振中先生特殊的"寒假作业"》第一期"郑大故事"。新闻推出后,相继被《河南商报》《郑州晚报》等媒体报道,中国青年网、中国日报网、中国网、环球网、凤凰网等媒体进行了转载,中央人民广播电台《新闻晚高峰》栏目、《河南日报》等媒体也对其进行了采访报道。今天,我们大家看到的这本《大学该怎么读》正是这75封回信的结集,也是南振中先生经过多个辛勤的日夜,凝结出的思想精华。此书饱含了他对教育的热情,对学生的热心,以及对生活的热忱,也是先生"勿忘人民"新闻思想的具体表现,展示了他崇高的师德师风。我谈三点体会:

一、坚持以马克思主义新闻观开展宣传思想工作

在多年的新闻实践中,南振中先生坚持运用马克思主义新闻观

做好新闻工作，并在担任新闻传播学院院长期间，向同学们深入贯彻马克思主义新闻观，用科学的新闻观和方法论解决学院和同学们面对的理论问题与实际问题。马克思主义新闻观要求我们实事求是，要求我们代表广大人民群众的利益。党委宣传部将始终坚持正确舆论导向，坚持党性与人民性相统一，以"服务全校师生"为宗旨，不断提高新闻宣传和舆论引导的质量和水平，做好新形势下的高校宣传思想工作，以实际行动践行马克思主义的新闻观。

二、把"勿忘人民"贯彻到宣传思想工作的全过程

南振中先生曾多次跟师生谈到"勿忘人民"的新闻思想，并将其定为我校新闻与传播学院院训，奉为当代新闻人的"军魂"。"勿忘人民"也是南振中先生坚持一生的职业精神，符合马克思主义新闻理论的基本原则，符合党所确立的价值取向，是党性与人民性相统一的重要基点。党委宣传部将继续深入学校基层开展调研，坚持报道基层院系尤其是广大师生的先进事迹，传递正能量，将"勿忘人民"理念贯穿于学校宣传思想工作的始终。

三、以弘扬师德师风为抓手，开展积极务实的宣传思想工作

南振中先生作为我国新闻领域的建设者，以实际行动诠释了教育者的内涵，是广大师生学习的榜样。在我校创建高水平大学的过程中，涌现出了一批以南振中先生为代表的先进事迹和典型人物。从本学期初开始，党委宣传部深入挖掘和报道辛勤工作在教学、科研和管理一线的团队和教职工个人，坚持讲好"郑大故事"，营造了良好的教书育人、立德树人的舆论氛围。党委宣传部将继续把师德师风宣传作为宣传思想工作的重要组成部分，按照学校的整体要

求，与人事处、教务处、校工会等部门一起制定郑州大学加强师德师风建设的实施意见，充分利用校园网、校报、广播、电视、微博、微信等传统和新型媒体，大力普及《郑州大学教师职业道德规范》，宣传师德典型，把社会主义核心价值观有机融入学校教育教学全过程，突出教师教书育人、立德树人的主导作用，突出文化育人春风化雨的独特作用，为师德师风建设营造良好舆论氛围。

神圣的职业　高尚的情操
——读南振中先生给大学生的 75 封信有感

郑州大学工会副主席　王大军

2015 年的春节，新闻与传播学院的同学们度过了一个激动而幸福的寒假，因为他们收到了一封厚礼——南院长给他们的回信。南先生的回信既朴实易懂，又全面深刻。从同学们普遍关心的学习方法、专业思想、综合素质、创新意识、心理健康、人生价值等多个方面和同学们进行交流。

南先生的回信内容，在很大程度上触及教育的本质，深刻而震撼，必须慢慢品读、仔细琢磨。

这些回信在郑大学子们中间传颂的同时，在广大教师中间也传播开来，引起教师们的议论与思考。师生交流本来是正常的教学活动，为什么看似平常的事情在学生和教师中引起巨大反响？进而被社会各界广泛关注？原因很多，我就从教师职业良心谈一点粗浅看法。

教师职业历来备受社会关注和尊重，人们对教师的专业知识和教学技能的期待、特别是对教师的道德期待很高。我国的高等教育明确规定，有两个专业的职业道德课程必须作为必修课开设，一个是师范教育、一个是医学教育。特别是良心与慎独教育是职业道德教育的重中之重。教师的职业良心就是教育良心，它是教育工作者必须具备的一种能力，他要求广大教育工作者在整个教育活动中对社会大众向教师提出的道德义务的高度自觉和情感认同，并在教学活动的各个环节自觉履行，它体现了教师的使命感、责任感，同时，在教育活动中，自觉抵御干扰和诱惑，对自己的教育行为进行道德调控和评价。

在教育工作者的职业行为中，行为者的道德境界特别是职业良心对职业行为的结果有着决定性影响。由于教师劳动的个体性和隐蔽性，教师的劳动就表现为"良心活"的特点。作为教师，同样的完成了教学计划，同样的授课、批改作业、回答学生提问等等，但是，如果他仅仅是为了完成自己的教学工作量，没有把关心学生全面发展和健康成长作为终极目标，那么，只能说他完成了教书的任务，而与育人的要求还相差很远。

因此，教师的职业良心作为一种道德自律机制对保障教育教学质量具有重要意义。同时，职业良心也会使教师拥有较高的人格，在教学活动中对学生成长具有潜移默化的作用。

我们认为，提高道德情操，培育教师职业良心在教师加强自我学习、自我提高的同时，学校和院系还应该从以下几个方面入手：

一、不断完善对新入职者的职业道德培训

最近几年我校人事处已经加大对新入职的博士教师的培训力度。在培训过程中要明确技能和德行是胜任教师职业的两大基础，而教师应该把职业操守放在第一位。因为教师与学生的交流是灵魂与灵魂的交流。2014 年，学校从专业思想、教学技能、职业道德等方面

对新入职教师进行了系统培训，取得很好效果。最近几年，我校引进大量优秀博士，他们专业知识扎实，教学技能也会经过三五年的时间获得较大提升，这些已经是不争的事实。但是，如何真正提升教师的责任心并培育他们的职业良心，还需要学校相关部门和各个院系密切配合，把入职培训的效果进一步向教学过程延伸，使之常态化，并制定具有可操作性的评价标准。

二、加强教师之间互评

教师的职业良心如何，在教学活动中的教学态度如何，同行心中都有一杆秤。各个院系从自身实际出发，制定切实可行的评价方案和具体的评价标准，同时把评价结果作为尽职晋级的重要指标。

三、学生参与评议

由于教育活动的特殊性，教师劳动的价值与意义只有在教育对象身上才能获得验证。所以学生的尊敬、赞扬或蔑视、批评对教师的道德行为会起非常大的制约作用。这种制约的长久影响最终也会影响教师的职业良心的形成。

总之，只有通过完善的制度，才能让南先生带给我们的财富保值增值，才能让我们郑州大学的师德师风有一个大的提升，并保持下去。

以南振中先生为榜样

以实际行动诠释教师传道授业解惑之天职

郑州大学信息工程学院教授　宋家友

认真读了南先生《大学该怎么读》一书后，我的感觉是很震撼。这本书切合实际、有厚重感、接地气，通过回信方式全方位解答了大学生在校期间的疑问和困惑，作为教师的我也深受教育。在此我将自己学习的心得体会与大家一起交流分享。

一、教书育人，要从心开始

书中前言点到许多在校大学生中存在"没有人关心我们"的怨言，我也遇到过有学生这么说，然而事实并非如此，只是大学中的关心不再像中学那样有家长在耳边不断的"唠叨"和老师整天催促读书的声音，因为大学教育更多强调的是自我学习、自我教育、自我管理。但是，通过阅读南先生这本书我体会到，虽然对学生有关心，但是我们并没有完全做到对学生真正的关注和倾听，没有真正体会学生面临的问题，了解学生存在的困惑，答疑解难。作为老师必须要有一颗博爱的心，要用心读懂学生，要专心了解学生，要铭心教育学生。南先生利用寒假休息时间给近百名学生回信，内容长达十余万字，不仅让人佩服，更让人感动，我感到南先生是在用心与学生交流，

让教育真正入心、入脑。

二、让学生感受关爱，明确目标

通过《大学该怎么读》这本书的阅读，发现学生的许多问题具有共性，而且也确实感觉到这些问题在困惑着青年学生，有些是目标的确立，有些是学习的方法和习惯，有些是做人的道理，方方面面，书中道理通俗易懂，而又画龙点睛，经过一番提炼。例如，在关于"大学有没有'起跑线'"的回信中说，从实际情况观察，大学生的现状大致分为三种情况：一是目标明确、主动性强，争分夺秒，抓紧起跑，刻苦吸收各类知识，努力提高专业素养；二是随大流，看见别人往前跑，自己也跟着往前跑；三是"发令枪"响过之后忘记或者不愿起跑，白天睡觉，夜晚上网，周末逛街，假日聚餐，滞留在"起跑线"上，"潇洒"地消费着自己的青春。其实，通过上课观察，我非常认同南先生对大学生现状的分析。虽然有相似的看法，但南先生能以澳大利亚短跑运动员舍里尔练习 100 米跑为例鼓励学生积极努力，还把大学四年按天、按小时测算，分析如果不努力会带来的损失，形象而具体，令人叹服。因此，作为教师的我感觉到，在课堂教学中应该关爱学生，答疑解惑的不仅仅只是专业课，要让学生确实通过交流感受到关注，体会到关爱，明晰目标，找准方向，健康成长。

三、与学生开展交流，让自己受益

正如南先生所讲，通过与学生的交流沟通，让自己更加了解学生的困难和问题。因此，通过本书的学习使我认识到，在以后的教学中，要争取更多的机会在课余与学生开展交流，让自己受益，做到学生学得明白，自己教得清楚。只有与学生沟通才能明白学生的疑惑，解除了疑惑学生才能明白学习的目标和学习的意义，才能找到学习的动力。通过这种探寻的过程，定会让自己找到差距，寻到不足，从而能有的放矢，将教学内容更好地融入课堂。

　　为师者学为人师，行为世范。作为教师，在日常教学过程中，应该从一言一行、一点一滴中透露出对学生的关爱、对教育事业的热爱。教师的职责就是传道、授业、解惑，在传授知识的同时，为学生指明前进的方向，这是老师义不容辞的责任。南先生的"寒假作业"，对我触动很大。我相信这是对一个教师群体的触动！作为老师，在以后的工作中，我将以南先生为榜样，传道、授业、解惑，从培养学生成长成才的目标出发，全面教育引导学生，让学生真正明白大学该怎么读。

德高为师身正为范
——《大学该怎么读》一书出版背景介绍

郑州大学新闻与传播学院党委书记　焦世君

我主要汇报两方面情况：一是《大学该怎么读》的成书经过；二是南院长在师德师风建设上的一些事例。

一、调查为证，用严谨和务实告诉学生"大学该怎么读"

南振中院长有一个习惯，特别重视调查研究，几乎可以说是"无调查，不发言"。到学院以后，他关注学生的培养质量，关心学生的读书问题。2014年世界读书日，由南院长倡导的《新闻与传播学院推荐阅读书目（200本）》正式发布；2015年寒假前夕，南院长又对我院部分本科生和研究生读书情况进行专项调研，共收到70份问卷，学生提出了几百个问题，其中有效问题75个，就是今天大家看到的给学生的75封回信中的问题。南院长在研究了学生的这些问题后，觉得每一个问题在大学生中都具有代表性，于是决定给每个孩子写一封回信。一开始只是想给每个提出问题的孩子一个认真的回应，在写作过程中，他逐渐产生了系统化地讨论大学生读书和学习问题的想法。整个寒假，包括春节，他每天凌晨三四点钟起床写回信。他一边写，一边把写好的部分发给学院的部分老师看，让大家帮忙提意见。听到南院长利用寒假给学生写回信的消息，新华出版社张百新社长亲自登门，他们相信这不是一本"畅销书"，而是一本"长效书"；不仅在一个学校具有指导价值，对全国高校在校大学生也是一本值得研读的书。所以，新华出版社精雕细刻，把这本书呈现给读者！我们眼前的这本书，就是南院长的"寒假作业"。

二、德高为师，用责任和奉献塑造其人格魅力

南院长来新闻学院那一年，已经是72岁的老人了，原计划要在家陪陪家人，可是他依然从北京来到母校，担任了新闻学院的院长，其背后深藏的是对母校深厚的热爱和回报母校的责任。他说过："母校就像母亲，母亲有事，孩子哪能不答应？如果不是母校，我哪里也不会去的！"他来到新闻学院之后，先是致力于寻找学院的发展特色，促成了新华社与郑州大学共建穆青研究中心、中共河南省委宣传部与郑州大学共建新闻与传播学院。除了两个"共建"，他先后给学生做了近10场讲座，开了20余次座谈会，和学院的每一位老师都做过至少两次谈话。

三、诉诸笔墨，用文字促进建设学院良好的师德文化

南院长到新闻学院以后，抓了学院文化建设：

一是把穆青"勿忘人民"的精神作为院训，植入新闻与传播学院的教学和管理中。

二是和全院教职工约定"互勉信条"：严谨治学，敬业爱生，以苦为乐，追求卓越；清廉从教，淡泊名利，堂堂正正，为人师表；增进理解、相互包容，同舟共济，情同家人。48字的"互勉信条"铸就了学院文化的基石。

三是提出党政领导班子成员之间的"互勉信条",强调"吃亏吃苦,任劳任怨,不争功、不诿过"。这些《互勉信条》促使班子内部形成相互理解、相互配合的良好工作氛围。

四、身正为范,用行为诠释什么是良好的师德师风

关于南院长的故事和传说很多,譬如他到哪里都不吃请,如果老师或学生们想和他一起吃个饭说说话,他会请大家一起喝"石头汤";譬如他招博士时的"三不原则":招生期间不见面,不回邮件,不回短信;譬如他坚持吃食堂……

在学院内部,南院长回信的事情也在教师和同学中引起了强烈反响。有的同学说,当初填写问卷时,根本没有想到能够收到回信,而且每封信都是对这个学生提出问题的具体回答。老师们也从这件事情中学习到如何关心学生,和学生建立起有效沟通的方式。现在,学院的老师,利用周末时间,义务组织读书会,带领学生读书、讨论。召开学生座谈会,和学生进行一对一的谈心,发现并解决学生学习、生活中的问题。可以说,一个"严谨治学,敬业爱生,以苦为乐,追求卓越"的良好氛围正在形成。

暖心的回信 前行的航标
——读南院长《大学该怎么读》有感

郑州大学新闻与传播学院 2012 级本科生　陈薇伊

很荣幸能参加这个座谈会并作为学生代表发言。

南院长在《大学该怎么读——给大学生的 75 封回信》的前言中引用陶行知先生的话说:"真正的教育是心心相印的活动,唯独从心里发出,才能到达心灵的深处。"南院长说他愿沿着这个方向去学习,思考和探索,为学生做一点实实在在的事情。南院长是这么说的,也是这么做的!之前在与南院长的每一次座谈中都向他表示了感谢,今天南院长虽然没有参加会议,但我仍想借用今天这个正式场合,代表新传院所有学生向南院长表示心中的敬意,感恩他的关注、他的倾听、他的坦诚对话。

毫不夸张地说,刚刚拿到这本签名版的赠书的时候,尚未打开,心中已经是满满的惊喜和激动;尚未阅读,心中似已有不少的受益和感悟了。惊喜和激动不必多言,心中敬仰的长者的签名赠书珍藏价值无须赘述。那就说说收益和感悟吧。俗话说得好,"桃李不言,下自成蹊"。南院长在用他的一言一行向我们这群尚显稚嫩的年轻人讲述着何以为人,何以为学。

首先是言必信、行必果。还记得任职仪式上，南院长说未来几年将根据母校和学院的安排做好三件事，其中第二、第三件事就是与年轻校友交流和以讲座座谈等形式，将新鲜有用的知识呈现给学生，而如今，这本书的出版，就是最好的证明。一次次的座谈、一份份的问卷、一场场的报告、一封封的回信，仿佛让我看到深夜还在台灯下奋笔疾书的70多岁的南老。敬意、佩服、崇拜油然而生！这也鞭策着自己，道不可坐论，德不能空谈，把握住这时代给予我们的大把机遇，知行合一，滴水石穿，一步一个脚印地向前走。

南院长亲身教给我们的还有谦逊和勤学，这两点在这本书中也可见一斑。40余年的新闻生涯，他见证了也经历了很多的起起伏伏，工作涉及的领域十分广泛，有着丰富的工作经历和人生经验。但是在回答我们的问题的时候，没有架子，没有姿态，信上常常会说"我愿意试着解答""以上建议，供你参考"。座谈会上，南院长总是笑眯眯的，边听我们说边记笔记。其实我们更爱称他为南爷爷。南爷爷真如范敬宜老师所言，以"润物细无声"的感觉与青年人平起平坐，平心静气，谈成长，谈人生。我没有做更精细的统计，但在这75封回信中常常会出现"为了弄清……我重新阅读……""为了理解……我查阅了……"等等探究思考式的文字，让我印象极其深刻。在山东沂蒙山区考察时，为了搞清农业生产责任制的方向到底对不对的问题，重新阅读了《论联合政府》；为了实现报社的无纸化操作，突击看书练习，两个礼拜学会键盘输入汉字；为了更好地履行人大代表的职责，年逾花甲学法律。而我们处在"恰同学少年"之时，风华正茂，指点江山，激扬文字，有博学的老师，有志同的朋友，有浩瀚的书籍，有心无旁骛安心向学的时间，此时不学，更待何时！

读完这本书，我将自己的感受总结成了一句话：有思有行向前冲。

这本书中有"数字化时代的笔记系统"等读书方法的传授，有"阅读专业书不必平均使用力量"等专业指南，还有"应聘者应该具备的品格和能力"等职业解密，更有"勿忘人民是新闻后备军的军魂"等对理想和信仰的塑造，"实现人生价值的三重境界"等对人生价值的感悟。让我们做一名有坚定理想信念的年轻人，让我们做一名既能仰望星空又能脚踏实地的年轻人，让我们做一名朝气蓬勃昂扬向前冲的年轻人。

教育：行胜于言

郑州大学新闻与传播学院副教授　李凌凌

今天能来参加这个会，是因为我还有另外一个身份，我是南振中先生招收的第一届博士生。2004年的这个时候，我投入老师门下，成为他的开门弟子。《大学该怎么读》里面"写给博士生的21条短札"，就是从老师写给我的电子邮件中精选出来的。

一年间，通过手机短信、微信和电子邮件，我有幸和老师进行着密切的、充分的交流。让我惊奇的，一是老师回信之快。短信微信都是即时回复，邮件通常在半小时内回复。他说，这是忙人的办事风格，因为忙人的工作源源不断，拖延不起，只能即来即办。在新华社做总编辑时，经常来送文件的同志还没走回自己的办公室，就已经收到了南先生秘书打来的电话，说文件已批复可以取回了。我试着学习老师的做法，觉得工作效率确实提高了不少。二是老师涉猎之广。基本上我提到的每一本书，无论专业内外，经典通俗，老师都能信手拈来，纵横联系。他除了家中三面满墙的书柜，在个人电子图书馆里还收藏了一万多册书。做了博士生导师后，他很留意一些著名大学开给学生的书单。经过检验，发现自己的知识结构基本合理，知识储备尚未过时，感到欣慰。三是老师表达之严谨。

基本上他的每一封信，都主题明确，逻辑严谨，不枝不蔓，不加整理就可以直接发表。书中选的这些短札，都是原来的电子邮件，加了标题就能够直接出版了。

平时聊天中，老师很少说"郑大"，总是说"母校"。有一次我到新华社去，碰到社里的人，他们聊天时也这样说，"南总回他的母校啦""南总的母校如何如何"。他经常讲，"祖国不能忘，母亲不能忘，故乡不能忘，母校不能忘"。说母校虽然不是母亲，但享受母亲待遇。有一次，在批评我之后，他发来一条短信说："为祖国培养一两个优秀博士，也许是此生对祖国的最后回报。这心境，望能体谅。"这话听起来都不太像是生活中的对话，但我知道，他这话发自至诚。他给我留的第一次作业就是关于忠诚，他对忠诚的解释是对祖国、对人民、对事业、对亲人忠贞不二，尽心尽力。我在和他的日常接触中，感受到他对母校、对事业的这份"尽心尽力"。有一次院里做一些申报材料，我们深夜才把材料做完发给他，结果半夜两点多，回复来了，提出了详细的修改意见。走在校园里，遇到学生给他打招呼，他总是停下来，和学生聊聊学习、实习之类的事儿。寒假里写这些信，经常凌晨三四点起床，家里人心疼他的身体，多次批评他，说"又没人给你任务，你这么拼命干啥"。但他说，"这是我自己愿意干的事，并不觉得累"。前些天媒体报道回信的事，他很严肃地和我们谈，必须打住，不许我们再接受任何采访了。我问为什么，他说，你为你母亲做点事，你还需要满世界声张吗？为你评个"省级孝子、全国孝子"？他常说，"问心无愧"是最高标准，凡事尽心尽力，问心无愧，就可以心安了。

从他身上我学到作为教育者，怎么做也许比怎么说更加重要。教育不是说教和灌输，不是管制和规训，而是注视和陪伴，是对话和激励。是用一棵树去摇动另一棵树，用一朵云去推动另一朵云，用一个灵魂去唤醒另一个灵魂。想清楚该做什么，然后做给学生看。永远不要指责学生让你失望。重要的是，你是否站在他的角度思考，你是否身体力行做给他看。这本书中讲到的很多学习方法非常有用，比如"怎样培育知识树""数字化时代的笔记系统"等，但我觉得，这件事最大的意义，恐怕还在书外。多年以后，收到信的学生可能已经忘记了信的内容，但他们一定还记得，2015年，那一个春天，70多岁的老院长，如此认真地倾听他们的声音，思考他们的问题，回答他们的疑问。这些信件中传达的老师对学生的关心以及做人做事的方式，将对包括我在内的很多学生的一生都会产生影响。从这个意义上说，这也是我们所有郑大学生的精神财富。

以南振中先生为榜样当好大学生的人生导师

公共卫生学院辅导员　曾鑫

五一假期，我认认真真读了南振中先生写给大学生的75封回信，受益匪浅。作为一名一线辅导员，借此机会，我结合工作向各位领导汇报一下自己的三点读书体会。

一、把职业当成事业

南先生作为新闻与传播学院院长，又是德高望重的学者，回到母校，在致力于新闻传播学科发展的同时，仍念念不忘关心大学生成长，这对我们辅导员来说，是一种鞭策。十八大报告指出，立德树人是教育的根本，而实现这个根本任务则需要高校形成育人合力，很庆幸的是在我们学校，全员、全过程、全方位育人的氛围非常浓厚。校领导非常关心大学生思想政治教育工作，各种机制体制不断健全，同时，我们还有像南先生一样关心学生成长的师长，所以，在郑大做学生工作是一件非常幸福的事情，而幸福之外，则是身上的责任和担子。辅导员要做大学生的知心朋友和人生导师。知心朋友怎么做？人生导师怎么当？立德树人怎样践行？南先生为我们树立了榜样，学校给我们营造了良好的氛围，因此，我们要珍惜这良好的育人环境，把教书育人的工作当成一项事业来做，在立德树人的伟大

事业中奉献自己的力量。

二、把倾听当成习惯

南先生这本著作的题目是《大学该怎么读》，读完之后，除了在读书、做人以及生活上获得的感悟之外，他带给我们另外一个重要的思考就是：大学生该怎么读？作为一名教育者我们应该如何去读懂当代大学生？南先生来郑大工作两年的时间里先后召开了20多次师生恳谈会，围绕学生成长中的困惑和问题认真倾听同学们的心声，并亲自撰写书信进行指导，总共写了9万多字的回信。这体现了一位教育者的严谨负责和对教育规律的充分尊重，同时也带给我们一个重要的启示，那就是思想政治教育工作一切都要从实际出发。教书育人，立德树人，首先要深入了解大学生，认真倾听同学们的声音，只有这样，我们才能够读懂大学生，从而有效的指导他们的成长。在日常工作中，我们也感受到了当前大学生群体所发生的改变，这些改变与我们的时代变化有着紧密的联系。到今天，我们国家的改革开放已经走过了30多年，中国接入互联网已经20周年，而中央十六号文件也已经走过了第一个10年，此情此境下，变化是常态，调研和倾听是我们做好工作的基础。因此，在新的形势下做好大学生的思想政治教育工作，把倾听当成习惯，把调研当成常态，是我们每一个教育者都应该静下心来认认真真去做的事情。

三、把学生当成朋友

2014年底，在学校领导和同事们的支持帮助下，我出版了自己关于学生工作的一本博文集——《一位高校辅导员的100篇微日志》，书中谈了一些指导学生成长的体会和对辅导员工作的思考。在2014

年全国高校辅导员十佳博客和百佳博文评选中，我也获了奖，尽管这是对自己工作的一点点肯定，但是通过认真阅读南先生给大学生的75封回信后，我觉得自己又受到了教育，得到了提高。让我感受非常深刻的是，作为教育者，我们应该如何实现与学生的平等对话。有时候，我们常常因为教育者的角色而将自己无意识地挂在了高处，工作中常常出现口号和灌输。而在南先生写给大学生的75封回信里，我们通篇看的是一位阅历丰富、平易近人的长者和智者在与大学生朋友平等对话。这是我们应该认真思考并且学习的地方。正如南先生所提出的"两个舆论场"的观点一样，其实在大学生的教育引导中，也存在着"两个话语体系"：一个是高高在上的"灌输体系"；一个是平等对话的"引导体系"。如何打破"二元话语体系"的束缚，将工作真正做到学生心坎里，南先生给我们上了生动一课。

加强我校师德师风建设
打造师德高尚、素质优良的教师队伍

郑州大学党委书记　郑永扣

刚才，几位老师和同学从不同角度对南振中教授《大学该怎么读》这本书都谈了自己的体会，我听了之后也很受教育和启发。

德高为师，学高为范。南振中教授是我们干事的模范、做人的表率、学习的榜样。他的事迹，生动诠释了社会主义核心价值观的深刻内涵和师德师风建设的根本要求，具有鲜明的时代特征。以南振中教授为榜样，学习他的思想、品格和作风，对于进一步加强我校师德师风建设，激励广大教师教书育人、恪尽职守、严谨笃学、奋发有为，打造一支师德高尚、素质优良的教师队伍，具有十分重要的现实意义。

我们以南振中教授为榜样，就要学习他严谨治学、追求卓越的学者品格。2013年4月，南振中教授辞去全部社会兼职，接受母校邀请，担任新闻与传播学院院长。两年间，他除了调研，为学院的发展理思路，为我们教师的提高、学生的培养做了工作，还做了一些标志性的事情。比如，促成了新华社与我校共建"穆青研究中心"，促成了中共河南省委宣传部与我校共建新闻与传播学院，为学院下一步的发展夯实了基础。他召开了数十次师生座谈会，与学院的每一位教师进行了一对一交流。他认真梳理了自己40多年的新闻从业经历，为师生奉献了一系列精彩的讲座，为我们提供了宝贵的精神财富。《大学该怎么读》这本书一共有75封信，回答了学生70份调查问卷中提出的数百个问题，使学生从道德情操、治学态度、学习方式等方面受到启迪。为了如期完成这份自己主动申请的"寒假作业"，南振中教授寒假期间经常凌晨三四点钟就开始写作，这种执着的敬业精神确实令我们感动。

我们以南振中教授为榜样，就要学习他谦虚谨慎、平等待人的大家风范。在学院，他倡导"严谨治学，敬业爱生，以苦为乐，追求卓越；清廉从教，淡泊名利，堂堂正正，为人师表；增进理解、相互包容，同舟共济，情同家人"的互勉信条，并且身体力行，通过自己的言行感染着每位师生。作为新闻与传播学院的院长，他是学院广大师生的良师益友，受到了我们师生发自内心的尊敬和爱戴。

我们以南振中教授为榜样，就要学习他关心学生、爱护后辈的师者仁心。翻阅这本《大学该怎么读》，我们看到了一位教师、一位长者对青年学生的深情和关爱。南振中教授关注学生所思所想，耐心倾听他们在前进道路上的困难和疑惑，用回信的方式实实在在地帮助学生们解决实际问题。作为新闻战线的老领导和学识渊博的老教授，他通过平实质朴的对话风格，设身处地、平心静气地与年轻学子们展开对话与探讨，把多年积累的丰厚学识和人生经验娓娓道来。渗透在字里行间的，是他关爱学生的师者情怀和教书育人的神圣使命感。

同志们，南振中教授为我们广大教师教书育人作出了表率，我们要以南振中教授《大学该怎么读》一书的出版为契机，在全校掀起加强和改进师德师风建设的新高潮，积极探索建立师德师风建设的长效机制。

一要进一步提高思想认识，深刻领会师德师风建设的重要意义。"立德树人"是高校办学的根本任务，高校教师是"立德树人"的具体实践者，是学生成长成才的引路人。加强和改进师德师风建设，是全面贯彻党的教育方针、培养中国特色社会主义事业合格建设者和可靠接班人的根本保证，是推进高等教育事业科学发展、实现中华民族伟大复兴中国梦的重要举措，对于我校培育优良的校风教风学风、加快高水平大学建设，具有十分重要的意义。

二要进一步加强典型宣传，为师德师风建设营造良好氛围。要把师德师风宣传作为宣传思想工作的重要组成部分，利用校园网、校报、广播、电视、微博、微信等媒体，大力宣传学校师德规范和要求，为师德师风建设营造良好舆论氛围。要深入挖掘一线优秀教师的先进事迹，组织开展师德典型宣传和优秀教师报告会，引导广大教师做学生敬仰爱戴的品行之师、学问之师，做师德师风建设的示范者、引领者。

三要完善工作机制，为师德师风建设提供制度保障。要把师德师风建设纳入年度工作计划，以党委中心组学习、教师政治理论学习、组织生活会、教学研究活动等为依托，多渠道、分层次开展多种形式的师德师风专题学习，不断增强学习针对性和实效性，努力形成师德师风教育长效机制，要把思想政治素质和道德品质作为聘用教师的重要考查内容，建立教学质量责任体系，创新教学考核激励机制，健全教师违反师德行为的惩处机制；要构建学校、教师、学生、家长和社会多方参与的师德师风监督体系，健全完善学生评教机制。要健全教师权益保障机制，进一步落实教师的办学主体地位。要适时出台学校《关于加强和改进师德师风建设的实施意见》，为师德师风建设提供坚实的制度保障。

鸣 谢

《大学该怎么读——给大学生的75封回信（增订本）》即将付梓，我首先感谢郑州大学新闻与传播学院向我提交答卷的同学们。如果他们不向我敞开心扉，提出学习中遇到的各种困惑，就不会有这75封回信。

感谢郑州大学新闻与传播学院焦世君、孙保营、陈晓伟、张淑华、郑素侠、李凌凌、常燕民等同志。他们在高校工作多年，对大学生的学习和生活情况比较熟悉。2015年寒假期间，我每写完一批回信，就送给他们过目。他们提出的一些意见和建议被吸收到给大学生的回信之中。

感谢新华出版社社长匡乐成、总编辑王永霞，责任编辑田丽丽、江文军、张永杰和新华出版社原社长张百新。他们精心编辑和审阅书稿，为这本书的出版作出了积极贡献。

感谢清华大学教授李彬和新华社原副社长兼常务副总

编辑马胜荣，他们在百忙之中为这本书撰写序言和推荐语，为拙作增色。

我还要感谢老伴陈瑞芬。她是我在郑州大学中文系学习时的同班同学。为了回报母校，她挤出时间帮我核校书稿，有时陪我熬到深夜。

为了增强回信的说服力，与大学生的有效沟通，书中引用了许多作者的论述，有的摘自纸质出版物，有的来自网络。借此机会，我向所有为这本书提供了帮助的朋友表示衷心感谢！

作者
2025 年 3 月 21 日